somos link

en DIGITAL

Licencia de **activación**

www.somoslink.com

Sigue estos sencillos pasos y podrás disponer de tu libro digital

#somos link en DIGITAL

1. Visita **www.edelvivesdigital.com** e introduce los datos que te solicita la plataforma desde **Regístrate aquí**.
2. Escribe, si lo deseas, el nombre de tu colegio.
3. **Empieza aquí y ahora**. Escribe la licencia de tu libro y haz clic en **Activar**.
4. Si eres docente, puedes crear tus grupos y si eres alumno, y tu profesor te ha dado un código de grupo, puedes introducirlo en este momento. Recuerda, este paso es voluntario y lo puedes hacer en cualquier otro momento.

Durante todo el proceso, se deberá prestar atención a las políticas de privacidad y demás avisos legales proporcionados por el Grupo Edelvives.

Licencia de activación:

Lengua Castellana y Literatura 4.º ESO

JUKOjSq

Para acceder al libro digital desde tu tableta puedes descárgate la aplicación

Edelvives_texto E_ disponible en los diferentes *stores*:

Descárgalo en el App Store | Android app on Google play | Disponible en Windows Store

Es importante que el registro se realice previamente desde la web.

Desde la plataforma, también está disponible la versión *offline* para ordenador: Versión de escritorio

¿Necesitas **ayuda**?

Elige el camino:

- Descargate los tutoriales en PDF que encontrarás en la *Zona de descarga* de nuestro *Soporte técnico*.
- Contacta con *Soporte técnico* a través de la página **www.edelvivesdigital.com**
- Escribe un correo a **digital@grupoedelvives.com**
- Llama al **902 40 80 61.**

www.edelvivesdigital.com

EDELVIVES

ESO 4

Lengua

LENGUA CASTELLANA Y LITERATURA

AUTORAS

Asociación Española de Comprensión Lectora

Raquel Benítez Burraco
María Isabel de Vicente-Yagüe Jara
Elena Jiménez Pérez
Carmen Sánchez Morillas

TRABAJO COOPERATIVO

Pere Pujolàs

FLIPPED CLASSROOM

The Flipped Classroom SL
Raúl Santiago Campión (coordinador)

PROYECTO PBL

Lourdes Carmona Fernández

EMPRENDIMIENTO

César García-Rincón de Castro
Jerónimo García Ugarte

REVISIÓN TÉCNICA

Carmen Chirivella Osma

El 0,7 % de la venta de este libro se destina a proyectos de desarrollo de la ONGD SED (www.sed-ongd.org).

ASÍ ES ESTE LIBRO

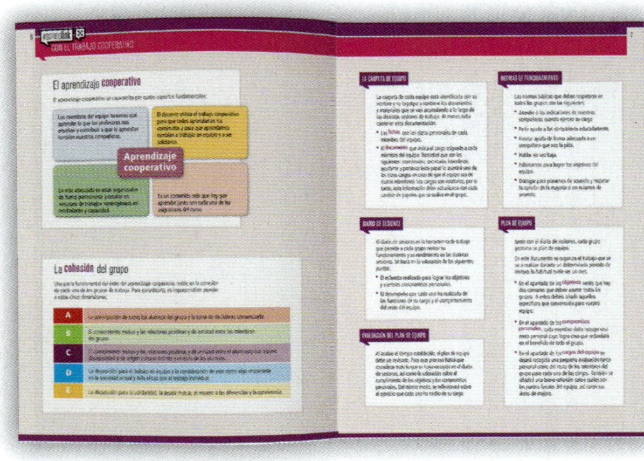

#SOMOSLINK CON EL TRABAJO COOPERATIVO

Pautas fundamentales para estructurar y organizar la clase de forma cooperativa: cómo se forman los grupos, qué función realizará cada alumno, qué dinámicas se seguirán, qué tipo de documentación habrá que manejar, etc.

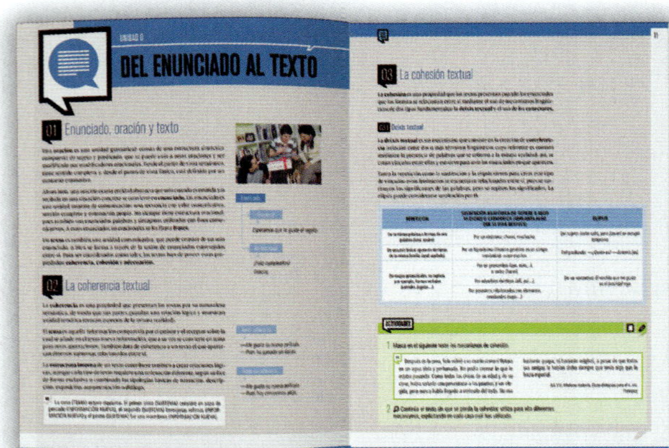

UNIDAD 0

Esta breve unidad sobre el texto pretende servir de repaso y de planteamiento de conceptos generales que ayudarán al alumno a contextualizar los contenidos del bloque de *Conocimiento de la lengua*.

PRESENTACIÓN DE LA UNIDAD

En cada unidad se parte de una imagen sugerente y de distintas cuestiones que invitan a la reflexión y al diálogo sobre experiencias, conocimientos, opiniones...

El trabajo con la destreza de escuchar se inicia en estas páginas a partir de un audio o un vídeo.

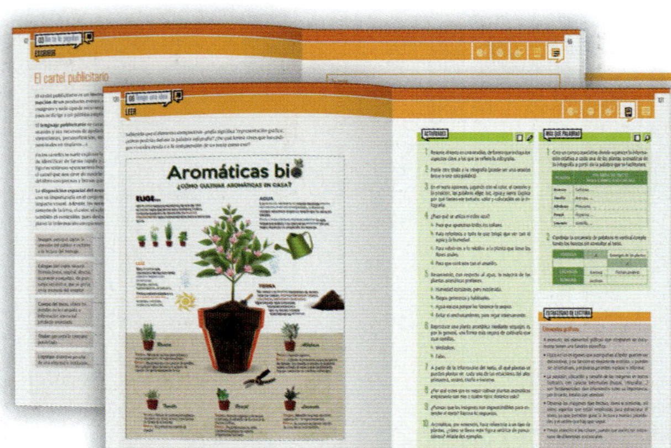

ESCUCHAR, HABLAR, LEER, ESCRIBIR

La práctica de las destrezas comunicativas se plantea a partir del análisis y la producción de distintos tipos de textos.

Se incluyen estrategias de lectura y propuestas para la autoevaluación del proceso creativo, así como indicaciones ortográficas.

CONTENIDOS Y ACTIVIDADES

Los contenidos del bloque de *Conocimiento de la lengua* se presentan de forma visual y apoyados siempre con ejemplos y textos. También hay notas de norma y ortografía.

La práctica se aborda con actividades variadas, basadas en textos siempre que es posible.

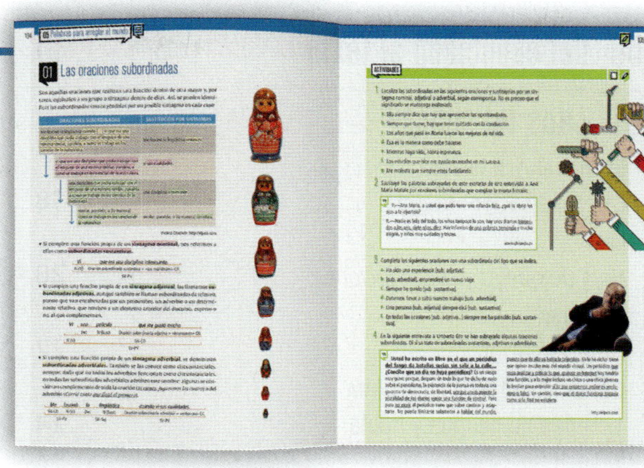

EVALUACIÓN

Todas las unidades concluyen con una propuesta de evaluación dividida en dos partes: la primera, a partir de un texto; y la segunda, con actividades tipo test.

El *Diario de aprendizaje* invita al alumno a reflexionar sobre su proceso de aprendizaje.

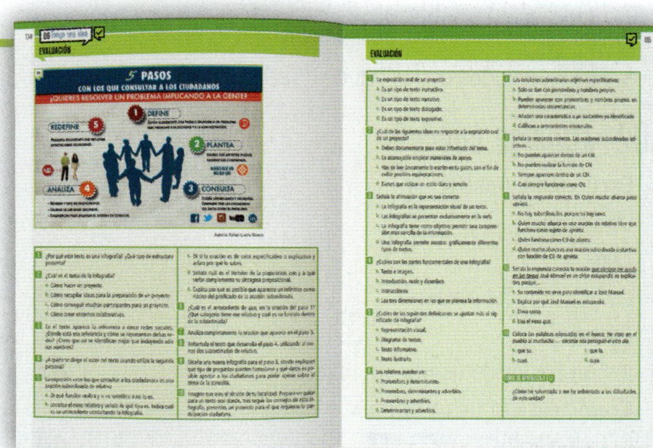

#SOMOSLINK CON LA INNOVACIÓN Y #SOMOSLINK CON PISA

Se incluyen propuestas de *flipped classroom,* PBL y evaluación del talento emprendedor.

También se ofrece un modelo de prueba PISA como orientación para propuestas de evaluación final.

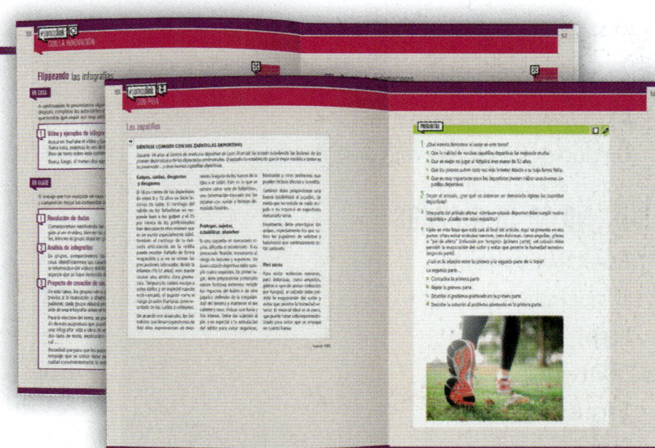

ANEXOS

El libro se completa con estos anexos:

- Animación a la lectura
- Repaso de ortografía
- Tipologías textuales

El aprendizaje **cooperativo**

El aprendizaje cooperativo se caracteriza por cuatro aspectos fundamentales:

Aprendizaje cooperativo

- Los miembros del equipo tenemos que aprender lo que los profesores nos enseñan y contribuir a que lo aprendan también nuestros compañeros.
- El docente utiliza el trabajo cooperativo para que todos aprendamos los contenidos y para que aprendamos también a trabajar en equipo y a ser solidarios.
- Lo más adecuado es estar organizados de forma permanente y estable en «equipos de trabajo» heterogéneos en rendimiento y capacidad.
- Es un contenido más que hay que aprender junto con cada una de las asignaturas del curso.

La **cohesión** del grupo

Una parte fundamental del éxito del aprendizaje cooperativo reside en la cohesión de cada uno de los grupos de trabajo. Para garantizarla, es imprescindible atender a estas cinco dimensiones:

A	La participación de todos los alumnos del grupo y la toma de decisiones consensuada.
B	El conocimiento mutuo y las relaciones positivas y de amistad entre los miembros del grupo.
C	El conocimiento mutuo y las relaciones positivas y de amistad entre el alumnado con alguna discapacidad o de origen cultural distinto y el resto de los alumnos.
D	La disposición para el trabajo en equipo y la consideración de este como algo importante en la sociedad actual y más eficaz que el trabajo individual.
E	La disposición para la solidaridad, la ayuda mutua, el respeto a las diferencias y la convivencia.

LA CARPETA DE EQUIPO

La carpeta de cada equipo está identificada con su nombre y su logotipo y contiene los documentos y materiales que se van acumulando a lo largo de las distintas sesiones de trabajo. Al menos debe contener esta documentación:

- Las fichas con los datos personales de cada miembro del equipo.
- El documento que indica el cargo asignado a cada miembro del equipo. Recordad que son los siguientes: coordinador, secretario, intendente, ayudante y portavoz (este papel lo asumirá uno de los otros cargos en caso de que el equipo sea de cuatro miembros). Los cargos son rotatorios, por lo tanto, esta información debe actualizarse con cada cambio de papeles que se realice en el grupo.

NORMAS DE FUNCIONAMIENTO

Las normas básicas que deben respetarse en todos los grupos son las siguientes:

- Atender a las indicaciones de nuestros compañeros cuando ejercen su cargo.
- Pedir ayuda a los compañeros educadamente.
- Prestar ayuda de forma adecuada a un compañero que nos la pida.
- Hablar en voz baja.
- Esforzarnos para lograr los objetivos del equipo.
- Dialogar para ponernos de acuerdo y respetar la opinión de la mayoría si no estamos de acuerdo.

DIARIO DE SESIONES

El diario de sesiones es la herramienta de trabajo que permite a cada grupo revisar su funcionamiento y su rendimiento en las distintas sesiones. Se basa en la valoración de los siguientes puntos:

- El esfuerzo realizado para lograr los objetivos y vuestros compromisos personales.
- El desempeño que cada uno ha realizado de las funciones de su cargo y el comportamiento del resto del equipo.

EVALUACIÓN DEL PLAN DE EQUIPO

Al acabar el tiempo establecido, el plan de equipo debe ser revisado. Para este proceso habrá que considerar todo lo que se haya recogido en el diario de sesiones, así como la valoración sobre el cumplimiento de los objetivos y los compromisos personales. Del mismo modo, se reflexionará sobre el ejercicio que cada uno ha hecho de su cargo.

PLAN DE EQUIPO

Junto con el diario de sesiones, cada grupo gestiona su plan de equipo.

En este documento se organiza el trabajo que se va a realizar durante un determinado periodo de tiempo; lo habitual suele ser un mes.

- En el apartado de los objetivos veréis que hay dos comunes que deben asumir todos los grupos. A estos debéis añadir aquellos específicos que consensuéis para vuestro equipo.
- En el apartado de los compromisos personales, cada miembro debe recoger una meta personal cuyo logro crea que redundará en el beneficio de todo el grupo.
- En el apartado de los cargos del equipo se dejará recogida una pequeña evaluación tanto personal como del resto de los miembros del grupo para cada uno de los cargos. También se añadirá una breve reflexión sobre cuáles son los puntos fuertes del equipo, así como sus áreas de mejora.

EVALUACIÓN DEL EQUIPO: DIARIO DE SESIONES Y VALORACIÓN DEL PLAN DE EQUIPO

OBJETIVOS	4	3	2	1	PUNTUACIÓN
1. Progresar en el aprendizaje	Todos los miembros del equipo hemos estado atentos y concentrados en la tarea.	Todos los miembros del equipo menos uno han estado atentos y concentrados en la tarea.	Solo uno o dos miembros del equipo han estado atentos y concentrados en la tarea.	Nadie o prácticamente nadie ha estado atento y concentrado en la tarea.	
	Hemos realizado todas las actividades planteadas.	Hemos realizado casi todas las actividades planteadas.	Solo hemos hecho una pequeña parte de las actividades planteadas.	No hemos acabado ninguna de las actividades propuestas, o hemos acabado muy pocas.	
2. Ayudarnos unos a otros	Si ha sido necesario, todos los miembros del equipo han pedido ayuda adecuadamente.	Si ha sido necesario, todos los miembros del equipo menos uno han pedido ayuda adecuadamente.	Si ha sido necesario, solo uno o dos miembros del equipo han pedido ayuda adecuadamente.	Si ha sido necesario, nadie o prácticamente nadie ha pedido ayuda adecuadamente.	
	Todos los miembros del equipo han ayudado correctamente (explicando cómo se hace, no dejando copiar) si alguien se lo ha pedido.	Todos los miembros del equipo menos uno han ayudado correctamente (explicando cómo se hace, no dejando copiar) si alguien se lo ha pedido.	Solo uno o dos miembros del equipo han ayudado correctamente (explicando cómo se hace, no dejando copiar) si alguien se lo ha pedido.	Nadie o prácticamente nadie ha ayudado correctamente (explicando cómo se hace, no dejando copiar) si alguien lo ha pedido.	
3. Objetivo específico	Lo hemos conseguido mucho...	Todos menos uno lo hemos conseguido...	Solo uno o dos lo han conseguido...	Lo hemos conseguido nada o muy poco...	
	Todos los miembros del equipo lo hemos tenido muy en cuenta...	Todos menos uno lo hemos tenido en cuenta...	Solo uno o dos lo han tenido en cuenta...	La mayoría de los miembros del equipo no lo han tenido en cuenta...	

EVALUACIÓN DEL EQUIPO: DESEMPEÑO DE LOS CARGOS

CARGO	4	3	2	1	PUNTUACIÓN
Coordinador	Sabía muy bien lo que teníamos que hacer y ha coordinado muy bien la tarea, haciendo seguir los pasos de la estructura propuesta.	Sabía bastante bien lo que teníamos que hacer y ha coordinado bastante bien la tarea, haciendo seguir los pasos de la estructura propuesta.	No sabía del todo qué había que hacer, o no ha hecho seguir suficientemente bien los pasos de la estructura propuesta.	No sabía qué había que hacer, o no ha hecho seguir los pasos de la estructura propuesta.	
	Los demás siempre le hemos hecho caso.	Aunque haya ejercido bien su función, los demás algunas veces no le hemos hecho suficiente caso.	Aunque haya ejercido bien su función, los demás le hemos hecho muy poco caso.	Aunque haya ejercido bien su función, los demás no le hemos hecho ningún caso.	

EVALUACIÓN DEL EQUIPO: DESEMPEÑO DE LOS CARGOS

CARGO	4	3	2	1	PUNTUACIÓN
Secretario	Ha controlado muy bien el tono de voz durante la sesión de trabajo y ha realizado muy bien sus otras funciones.	Ha controlado bastante bien el tono de voz durante la sesión de trabajo y ha realizado bastante bien sus otras funciones.	Ha controlado regular el tono de voz durante la sesión de trabajo y ha realizado regular sus otras funciones.	Ha controlado muy poco o nada el tono de voz durante la sesión, o lo ha controlado de forma incorrecta y no ha realizado bien sus otras funciones.	
	Los demás siempre le hemos hecho caso.	Aunque haya ejercido bien su función, los demás, algunas veces, no le hemos hecho suficiente caso.	Aunque haya ejercido bien su función, los demás le hemos hecho muy poco caso.	Aunque haya ejercido bien su función, los demás no le hemos hecho ningún caso.	
Ayudante	Ha sustituido muy bien en su cargo a un compañero que no ha asistido a clase. Ha ayudado de forma muy correcta a quien se lo ha pedido.	Ha sustituido bastante bien en su cargo a un compañero que no ha asistido a clase. Ha ayudado de forma bastante correcta a quien se lo ha pedido.	Ha sustituido regular en su cargo a un compañero que no ha asistido a clase. Ha ayudado regular a quien se lo ha pedido.	Ha sustituido muy poco o nada bien en su cargo a un compañero que no ha asistido a clase. Ha ayudado de forma poco correcta a quien se lo ha pedido.	
	Los demás siempre le hemos hecho caso y el que ha sido ayudado se lo ha pedido y se lo ha agradecido muy bien.	Aunque haya ejercido bien su función, los demás no le hemos hecho suficiente caso y el que ha sido ayudado no se lo ha pedido ni se lo ha agradecido suficientemente bien.	Aunque haya ejercido bien su función, los demás le hemos hecho poco caso y el que ha sido ayudado se lo ha pedido y se lo ha agradecido regular.	Aunque haya ejercido bien su función, los demás apenas le hemos hecho caso y el que ha sido ayudado se lo ha pedido y se lo ha agradecido de mala manera.	
Intendente	Se ha responsabilizado muy bien de que todos trajeran el material y cuidaran el material común y, si ha sido necesario, de que las mesas estuvieran bien dispuestas para trabajar en equipo.	Se ha responsabilizado bastante bien de que todos trajeran el material y cuidaran el material común y, si ha sido necesario, de que las mesas estuvieran bien dispuestas para trabajar en equipo.	Se ha responsabilizado poco de que todos trajeran el material y cuidaran el material común y, si ha sido necesario, de que las mesas estuvieran bien dispuestas para trabajar en equipo.	Se ha responsabilizado muy poco o nada de que todos trajeran el material y cuidaran el material común y, si ha sido necesario, de que las mesas estuvieran bien dispuestas para trabajar en equipo.	
	Los demás siempre le hemos hecho caso.	Aunque haya ejercido bien su función, los demás algunas veces no le hemos hecho suficiente caso.	Aunque haya ejercido bien su función, los demás le hemos hecho muy poco caso.	Aunque haya ejercido bien su función, los demás apenas le hemos hecho caso.	
Portavoz	Sabía muy bien lo que tenía que decir y lo ha dicho muy bien.	Sabía bastante bien lo que tenía que decir y lo ha dicho bastante bien.	Sabía a medias lo que tenía que decir y lo ha dicho regular.	No sabía lo que tenía que decir, y no lo ha dicho bien.	
	Los demás hemos colaborado y le hemos ayudado mucho.	Aunque haya ejercido bien su función, los demás no hemos colaborado ni le hemos ayudado suficientemente.	Aunque haya ejercido bien su función, los demás hemos colaborado y le hemos ayudado muy poco.	Aunque haya ejercido bien su función, los demás hemos colaborado y apenas le hemos ayudado.	

UNIDAD 0

DEL ENUNCIADO AL TEXTO

01 Enunciado, oración y texto

Una **oración** es una unidad gramatical: consta de una estructura sintáctica compuesta de sujeto y predicado, que se puede unir a otras oraciones y ser modificada por modificadores oracionales. Desde el punto de vista semántico, tiene sentido completo, y, desde el punto de vista fónico, está definida por un contorno entonativo.

Ahora bien, una oración es una entidad abstracta que solo cuando es emitida y/o recibida en una situación concreta se convierte en **enunciado.** Un enunciado es una unidad mínima de comunicación: una secuencia con valor comunicativo, sentido completo y entonación propia. No siempre tiene estructura oracional, pues también son enunciados palabras y sintagmas utilizados con fines comunicativos. A estos enunciados no oracionales se los llama **frases.**

Un **texto** es también una unidad comunicativa, que puede constar de un solo enunciado, o bien se forma a través de la unión de enunciados entretejidos entre sí. Para ser considerados como tales, los textos han de poseer estas propiedades: **coherencia, cohesión** y **adecuación.**

Enunciado

- Oracional
  - *Esperamos que te guste el regalo.*
- No oracional
  - *¡Feliz cumpleaños!*
  - *Gracias.*

02 La coherencia textual

La **coherencia** es una propiedad que presentan los textos por su naturaleza semántica, de modo que sus partes guardan una relación lógica y muestran unidad temática (evocan aspectos de la misma realidad).

El **tema** es aquella información compartida por el emisor y el receptor sobre la cual se añade en el texto nueva información, que a su vez se convierte en tema para otras aportaciones. También dota de coherencia a un texto el que aparezcan diversos subtemas relacionados entre sí.

La **estructura interna** de un texto contribuye también a crear relaciones lógicas, aunque cada tipo de texto requiere una ordenación diferente, según utilice de forma exclusiva o combinada las tipologías básicas de narración, descripción, exposición, argumentación o diálogo.

> La cena (TEMA) estuvo riquísima. El primer plato (SUBTEMA) consistió en sopa de pescado (INFORMACIÓN NUEVA), el segundo (SUBTEMA) berenjenas rellenas (INFORMACIÓN NUEVA) y el postre (SUBTEMA) fue una macedonia (INFORMACIÓN NUEVA).

Texto coherente

—Me gusta su nueva película.
—Pues ha ganado un óscar.

Texto no coherente

—Me gusta su nueva película
—Pues hoy cenaremos atún.

03 La cohesión textual

La **cohesión** es una propiedad que los textos presentan cuando los enunciados que los forman se relacionan entre sí mediante el uso de mecanismos lingüísticos de dos tipos fundamentales: la **deixis textual** y el uso de los **conectores.**

03.1 Deixis textual

La **deixis textual** es un mecanismo que consiste en la creación de **correferencia** (relación entre dos o más términos lingüísticos cuyo referente es común) mediante la presencia de palabras que se refieren a la misma realidad; así, se crean vínculos entre ellas y eso sirve para unir los enunciados en que aparecen.

Tanto la repetición como la sustitución y la elipsis sirven para crear este tipo de vínculos; estos fenómenos se encuentran relacionados entre sí, pues se sustituyen los significantes de las palabras, pero se repiten los significados. La elipsis puede considerarse sustitución por Ø.

REPETICIÓN	SUSTITUCIÓN ANAFÓRICA (SE REFIERE A ALGO YA DICHO) O CATAFÓRICA (ADELANTA ALGO QUE SE DIRÁ DESPUÉS)	ELIPSIS
De la misma palabra o formas de esa palabra *(azul, azules).*	Por un sinónimo: *chaval, muchacho.*	Del sujeto: *Javier salió, pero [Javier] se recogió temprano.*
De una raíz léxica: aparecen términos de la misma familia *(azul, azulado).*	Por un hiperónimo (término genérico en un campo semántico): *autor-escritor.*	Del predicado: *—¿Quién es? —Antonio [es].*
De rasgos gramaticales: se repiten, por ejemplo, formas verbales *(cantaba, jugaba…).*	Por un pronombre *(que, esto…),* o verbo *(hacer).*	De un sustantivo: *El vestido que me gusta es el [vestido] rojo.*
	Por adverbios deícticos *(allí, así…).*	
	Por posesivos relacionados con elementos nombrados *(suyo…).*	

ACTIVIDADES

1 Marca en el siguiente texto los mecanismos de cohesión.

> Después de la cena, Sole volvió a su cuarto como si flotara en un agua tibia y perfumada. No podía creerse lo que le estaba pasando. Como todas las chicas de su edad y de su clase, había soñado con presentarse a las pruebas y ser elegida, pero nunca había llegado a creérselo del todo. No era bastante guapa, ni bastante original, a pesar de que todas sus amigas le habían dicho siempre que tenía algo que la hacía especial.
>
> AA VV: *Mañana todavía. Doce distopías para el s.* XXI. Fantascy

2 Continúa el texto sin que se pierda la cohesión; utiliza para ello diferentes mecanismos, explicitando en cada caso cuál has utilizado.

03.2 Conectores

Los **conectores** son expresiones específicas que sirven para explicitar relaciones entre las partes de un texto. No tienen significado léxico, ni una función dentro de la oración, y suelen ser expresiones de tipo adverbial o conjuntivo y, por tanto, invariables. Se clasifican según el tipo de relación que indican:

ORGANIZADORES	**De ordenación**	Estructuran la información. Pueden incluir matiz espacial o temporal.	*En primer lugar, finalmente…*
	De ponderación	Destacan el grado de importancia de los elementos.	*Fundamentalmente, por cierto…*
ADITIVOS	**De refuerzo**	Afianzan una afirmación.	*De hecho…*
	De concreción	Ejemplifican o particularizan.	*Particularmente, por ejemplo…*
	De suma	Añaden información.	*Por añadidura…*
CONTRASTIVOS		Contraponen información.	*Antes bien, en cambio…*
CONSECUTIVOS Y CAUSALES		Expresan relaciones de causa-efecto.	*Por eso, así pues, por tanto…*
CONCESIVOS		Expresan una relación de oposición que no es efectiva.	*De todas formas, en cualquier caso…*
DE HIPÓTESIS Y CONDICIÓN		Indican un estado de cosas necesario o supuesto para que otro se dé.	*En ese caso…*
REFORMULADORES	**Explicativos**	Expresan de forma más clara lo afirmado previamente.	*A saber, es decir, o sea…*
	Matizadores	Modifican en algún sentido lo expresado anteriormente.	*Mejor dicho, más bien…*
	Recapituladores	Retoman lo dicho anteriormente de forma sintética o concluyente.	*En resumen, en suma, a fin de cuentas…*

ACTIVIDADES

3 Lee este texto, localiza los conectores que hay en él y di de qué tipo son:

> Sin embargo, diversos estudios realizados en los últimos años han descubierto algo extraordinario: el corazón tiene neuronas, decenas de miles de neuronas idénticas a las del cerebro. De hecho, del 60 % al 65 % de las células del corazón son células nerviosas, y funcionan exactamente igual que las cerebrales, supervisando y controlando los procesos de nuestro organismo e influyendo en las estructuras cognitivas del cerebro. O sea que pensamos también con el corazón; y parte de nuestro yo esquivo reside ahí, como siempre supimos intuitivamente.
>
> http://elpais.com

4 Aporta tu opinión sobre el tema «¿Qué nos define como humanos: la razón o el sentimiento?». Utiliza tus propios argumentos y selecciona los conectores que creas que son oportunos para organizar tu discurso.

04 Texto y contexto: la adecuación

El texto, como unidad comunicativa que es, tiene lugar, al igual que el enunciado, en un contexto lingüístico y extralingüístico o de situación concretos. En los textos suele haber referencias a la situación en que se producen mediante mecanismos de referencia o deixis externa *(Coge **eso** de **ahí**)*. Un texto será adecuado si encaja en ese entorno comunicativo.

¿Qué atuendo es el más adecuado para esta situación?

Del mismo modo que hay atuendos más adecuados para una determinada función, los textos deben adecuarse, no solo al ámbito o situación en que tienen lugar (personal, social, laboral y académico), sino también a la intención e implicación del emisor, su relación con el receptor, el canal y el medio utilizado, los códigos de que se sirve, el formato que muestra y la función comunicativa que predomina en el intercambio.

04.1 Funciones comunicativas

Un texto sirve a una o varias funciones comunicativas, que se manifiestan en rasgos lingüísticos característicos. Estas funciones o finalidades (que no suelen darse de forma aislada) se distinguen según el elemento de la comunicación en que se centren:

COMUNICACIÓN CENTRADA EN...	FUNCIÓN	EJEMPLO
Emisor	**Expresiva:** la finalidad de la emisión del mensaje es la manifestación de sentimientos y vivencias del emisor.	Carta de amor.
Receptor	**Conativa o exhortativa:** la comunicación persigue conseguir una reacción o respuesta por parte del receptor. Apelativa	Instrucciones para contestar a un examen.
Canal	**Fática:** la comunicación se centra en comprobar la validez del canal utilizado.	Saludo al contestar el teléfono.
Código	**Metalingüística:** el mensaje se emite para referirse a sí mismo.	Libro de gramática.
Mensaje	**Poética:** la comunicación tiene como fin elaborar y poner de manifiesto las cualidades verbales del mensaje.	Poema.
Situación	**Referencial, informativa o representativa:** la comunicación sirve para, a través del mensaje verbal, transmitir información sobre la realidad extralingüística.	Noticia.

04.2 El emisor y el receptor en la comunicación

La presencia del emisor en los textos se manifiesta en un mayor o menor grado de subjetividad, que ha de resultar adecuado para la finalidad comunicativa. Según el grado de presencia del emisor, los textos pueden ser:

Textos objetivos

- Presentan frecuentemente oraciones impersonales o bien oraciones pasivas (con verbo ser o pasivas reflejas), que se centran en el objeto sobre el que recae la acción.
- Muestran adjetivos de tipo descriptivo o especificativo.
- Hacen un uso denotativo del léxico.

> Denominamos eclipse de Sol al fenómeno por el cual la luz del Sol es total o parcialmente ocultada al interponerse un astro entre el Sol y el observador. [...] Desde el punto de vista del observador, los eclipses de Sol se clasifican en totales, anulares y parciales.
>
> http://www.oan.es

Textos subjetivos

- Presentan referencia a la primera persona verbal y abundantes adjetivos de tipo valorativo o sustantivos con morfología derivativa expresiva.
- Utilizan sentidos connotativos de las palabras y metáforas, comparaciones e hipérboles.
- Son frecuentes los adverbios de modalidad *(afortunadamente, por desgracia...)*.

> Mirábamos el sol con todo. [...] Al ocultarse el sol que, un momento antes, todo lo hacía dos, tres, cien veces más grande y mejor con sus complicaciones de luz y oro, todo, sin la transición larga del crepúsculo, lo dejaba solo y pobre, como si hubiera cambiado onzas primero y luego plata por cobre.
>
> Juan Ramón Jiménez: *Platero y yo*. Alianza.

El tipo de relación entre emisor y receptor (mayor o menor familiaridad, número de receptores, recepción inmediata o no) marcará, junto con la situación, el grado de formalidad y cortesía que ha de mostrar el texto para ser adecuado.

04.3 Canal, medio y ámbito

El **canal** (oral o escrito) y el **medio** (estático o dinámico) exigen ciertas características para que el texto resulte adecuado. Igualmente sucede con los **ámbitos de uso**, aunque hay que tener en cuenta que un mismo tipo de texto puede aparecer en varios ámbitos (las normas, por ejemplo, en el ámbito académico, social o laboral).

ÁMBITOS DE USO	ORAL / AUDIOVISUAL	ESCRITO	
		Continuo	Discontinuo
PERSONAL	Conversación. Canción protesta. Cortometraje.	Guion.	Instrucciones de uso. Caligrama.
ACADÉMICO O ESCOLAR	Documental Proyecto.	Reclamación. Normativa.	Portafolio. Foro.
PÚBLICO O SOCIAL	Receta. Normas de uso. Tertulia. Reportaje de viajes. Comentario radiofónico. Crítica de cine. Documental.	Reclamación, Normativa. Columna. Reseña literaria. Entrevista.	Infografía. Folleto de viajes. Reportaje con datos. Publicidad.
LABORAL	Videocurrículum, proyecto.		

Objetividad y tipología textual

Los textos científicos, administrativos, laborales y académicos muestran un alto grado de objetividad, mientras que los personales suelen ser más subjetivos.

En el ámbito social, dependiendo del género usado y la intención, se buscará una mayor o menor objetividad. Así, en el campo de los medios de comunicación, los géneros informativos persiguen la objetividad, mientras que los de opinión son marcadamente subjetivos, aunque también hay géneros mixtos.

05 Análisis de las propiedades textuales

Para realizar un análisis completo de un texto, es preciso indicar cómo se manifiestan en él las propiedades de adecuación, coherencia y cohesión.

> Los días 28, 29 y 30 de este mes, así como el 4 y 5 de enero, la Biblioteca Adolfo Suárez abrirá en horario de mañana, en concreto de 10.00 a 14.00 **hor**as, y de tarde, desde las 17.00 a las 20.00 **hor**as; los sábados 26 de diciembre y 2 de enero permanecerá cerrada.
>
> El **hora**rio habitual de este equipamiento educativo y cultural, que va de 9.00 a 21.00 **hor**as de forma ininterrumpida de lunes a viernes y de 9.00 a 14.00 **hor**as los sábados, permanecerá invariable hasta el 23 de diciembre y **se restablec**erá el 7 de enero.
>
> http://www.laverdaddeceuta.com

Adecuación

Este texto pertenece al ámbito público o social y pretende transmitir una información, por lo que su función básica es la referencial o informativa. Esto se refleja en la escasa presencia del emisor y el alto grado de **objetividad** (tercera persona en los verbos, uso de **pasiva refleja**, adjetivos especificativos...), tal como es esperable en este tipo de textos. El canal utilizado es el escrito, y el formato es continuo, estructurado en dos párrafos.

Coherencia

El **tema general** es el horario de la biblioteca citada, y se divide en dos subtemas, en orden decreciente de importancia: el primer subtema, en el párrafo inicial, es el horario especial de la biblioteca (cuál es y qué días tendrá lugar); en el segundo párrafo, el subtema es el horario habitual (cuál es y qué días se mantendrá). Sobre cada tema se aporta información nueva, por tanto, presenta una coherencia interna.

Cohesión

Aparece un **conector** de concreción, que aporta una información más ajustada, necesaria para la adecuación del texto a su función. En cuanto a la correferencia interna, la garantiza la repetición de palabras, **raíces** *(hor-)* y **desinencias verbales** *(-rá)*, la sustitución por el pronombre relativo anafórico *que*, la sustitución por un sinónimo referencial *(este mes-diciembre)* y por un hiperónimo (*equipamiento* es hiperónimo de *biblioteca*, pues la biblioteca es un tipo de equipamiento urbano), así como la aparición de palabras del mismo campo semántico: *educativo-cultural, mañana-tarde-horas-días-mes*. La elisión es un recurso muy presente en el texto, tanto de sujeto *([la biblioteca] permanecerá cerrada)*, como de predicado *([abrirá] de 10.00 a 14.00 horas)* o de sustantivos *([horario] de tarde)*.

ACTIVIDADES

5 Analiza las propiedades del siguiente texto contestando a estas preguntas:

a. ¿En qué ámbito se sitúa? ¿Es adecuado a la situación comunicativa? Indica el canal, el medio, el formato y la presencia del emisor y el receptor.

b. ¿Cómo organiza la información y cuál es su estructura interna?

c. ¿Qué conectores aparecen y cuál es su función? ¿Qué mecanismos de repetición, sustitución y elipsis le otorgan cohesión?

www.unicef.es

01 ¿Nos tuteamos?

¿Qué conocimientos sobre este tema tengo o debería tener?

1 ¿Qué diferencias encuentras entre una conversación formal y otra informal? Pon ejemplos con los personajes de la imagen.

2 ¿Qué crees que quiere decir la expresión «jerga de la medicina»? ¿Hablan de forma distinta los jóvenes y los mayores? Pon ejemplos de estas variedades.

AUDIO 1.1.
En tu libro digital

Tras oír el audio «Becas», contestad a las siguientes preguntas:

1 ¿Se trata de una conversación formal o informal? Justificad con ejemplos la respuesta.

2 ¿Se trata de hablantes cultos? ¿En qué se nota?

3 ¿Qué registro habría que usar para pedir información sobre una beca? Representad la situación.

La conversación informal

La conversación es un **texto oral dialogado** entre dos o más personas que interactúan para comunicar sus ideas, sus opiniones o situaciones acaecidas, alternándose en el turno de la palabra. La conversación es la forma más frecuente y cotidiana de comunicación y socialización. Se caracteriza por su **espontaneidad,** pues se habla de manera natural e improvisada, frente a la planificación o preparación previa de un debate o coloquio, por ejemplo.

Una conversación puede adoptar diferentes **registros,** que son el modo de expresarse que una persona elige en función de las circunstancias. Dependiendo del grado de cercanía o confianza entre los hablantes y la situación en la que tenga lugar, usamos un registro formal o uno coloquial, que es el más frecuente en la interacción cotidiana:

- El **registro formal** se utiliza en relaciones de jerarquía e intercambio con desconocidos, en el ámbito público. Se caracteriza por:
  - Uso de expresiones de cortesía: «¿Se puede?», «Disculpe».
  - Fórmulas de tratamiento que muestran distancia y respeto: «Usted».
- El **registro informal, coloquial** o **familiar** es el propio de las relaciones familiares y con amigos, en el ámbito privado. Se caracteriza por:
  - Una mayor expresividad del hablante: «¡Qué ganas tenía de verte!».
  - Uso de sufijos apreciativos: «Vino con su chaquetita nueva», «Grandote».
  - El empleo de expresiones de afecto: «Cariño, no lo sabía».
  - Las expresiones para retomar lo dicho: «Como te iba diciendo...».
  - Las repeticiones y muletillas: «Vamos a ver», «Bueno», «No sé si me explico».

No deben confundirse los registros **formal** e **informal** con los sociolectos culto y vulgar, los cuales dependen de la instrucción de los hablantes y la corrección de sus expresiones.

La conversación se rige por unas **estrategias** o **normas de interacción,** que deben ser conocidas y respetadas por los interlocutores:

- Adecuar el registro a la situación comunicativa.
- Dominar los turnos de palabra: saber señalar que se quiere empezar a hablar o que se ha terminado una intervención.
- Respetar los turnos de palabra: no interrumpir, tomar la palabra en el momento adecuado, saber ceder la palabra, no abusar de ella.
- Utilizar y saber interpretar los indicadores no verbales: volumen de voz, silencios, miradas, movimientos del cuerpo...
- Reconducir o terminar la conversación en función de las reacciones del interlocutor.
- Utilizar fórmulas de inicio y de cierre.

*

Elementos de la comunicación

- **Emisor:** persona que produce el mensaje.
- **Receptor:** persona que recibe e interpreta el mensaje.
- **Código:** unidades que se combinan para crear mensajes y reglas para combinarlas.
- **Mensaje:** información que el emisor transmite al receptor.
- **Canal:** medio físico a través del que se transmite el mensaje (oral, visual, táctil).
- **Contexto:** información que se transmite antes y después del mensaje.
- **Situación:** espacio y tiempo en el que tiene lugar la comunicación; son compartidos por el emisor y el receptor cuando la comunicación es directa.

Tu turno

1 Escucha la conversación titulada «De Tenerife a Italia» (situación 64) del corpus oral de la Universidad de Florencia (http://lablita.dit.unifi.it/app/cordial/corpus.php) y responde a las cuestiones:

AUDIO 1.2

- ¿Cuál es el tema central de la conversación?
- ¿En qué situación se produce esta conversación? ¿Qué están haciendo las interlocutoras? ¿Qué elementos te han permitido deducirlo?
- Según la manera en la que interactúan las interlocutoras de esta conversación, ¿qué tipo de relación mantienen? ¿Qué variedad de registro utilizan para comunicarse?
- Señala los rasgos que escuchas en la conversación que definen el registro utilizado, así como los indicadores no verbales.

2 Una conversación que emplee un registro informal ¿va ligada necesariamente a un sociolecto vulgar? Explica tu repuesta a partir de la conversación escuchada, tras haber contestado previamente a las siguientes cuestiones:

- ¿Encuentras algún uso incorrecto de la lengua en la conversación?
- ¿Los titubeos propios de una conversación espontánea pueden considerarse errores?
- Añade a la intervención de alguna de las interlocutoras alguna expresión vulgar.

3 Imagina ahora que la conversación escuchada es mantenida por dos jóvenes. Establece un diálogo con un compañero de clase, de forma que reproduzcáis la misma información, pero en un tipo de habla juvenil.

4 Practicad en clase el género de la conversación a partir de estas indicaciones:

1.º Formad grupos de cuatro o cinco alumnos.

2.º Cada grupo deberá escoger una de las situaciones siguientes y emplear el registro correspondiente:

- Conversación de amigos en la calle; habla juvenil.
- Conversación entre un profesor y sus alumnos; ámbito escolar.
- Conversación entre dos adultos y dos o tres chicos jóvenes que no conocen a los adultos sobre un incidente ocurrido en la calle.
- Conversación en la que una amiga confiesa un secreto a las otras en el domicilio de una de ellas.
- Conversación entre varios compañeros de trabajo en la cafetería de la empresa.
- Conversación entre varios compañeros de trabajo y su jefe en la oficina.

3.º Elegid un tema acorde con la situación anterior que hayáis escogido.

4.º Emplead los rasgos propios del registro formal o informal, según corresponda. Además, puesto que no habéis planificado las intervenciones, vuestros discursos serán espontáneos.

Debéis tener en cuenta las estrategias de interacción estudiadas por las que se rige toda comunicación. Respetad los turnos de palabra y utilizad e interpretad correctamente los indicadores no verbales.

LEER

Más de una vez habrás visto un cartel en un establecimiento público que indica que «hay hojas de quejas y reclamaciones a disposición del usuario», pero... ¿has visto alguna de estas hojas? ¿Qué partes crees que presentan estos textos?

Fíjate en el ejemplo y localiza los apartados que no están rellenos aún, y que serán imprescindibles para que la reclamación tenga validez legal.

HOJA DE QUEJAS Y RECLAMACIONES

CÓDIGO IDENTIFICATIVO

Nº REGISTRO - FECHA Y HORA

LUGAR DE LOS HECHOS: Gijón PROVINCIA: Gijón FECHA: 25/03/2015

DATOS DE LA PERSONA RECLAMANTE

NOMBRE: Dionistri APELLIDOS: Jipé Jipé SEXO: h EDAD: 45 DNI O PASAPORTE: 0123456789X

NACIONALIDAD: Española PROFESIÓN: Dentista DOMICILIO: Saint Éxupéry 25

MUNICIPIO: Gijón PROVINCIA: Gijón CÓD. POSTAL: 33201 TELÉFONO: 600 123 456

CORREO ELECTRÓNICO: Dionistri@jipe.com Nº FACTURA/Nº VUELO/OTROS:

¿ACEPTA LA REALIZACIÓN DE UN ARBITRAJE O DE UNA MEDIACIÓN PARA SOLUCIONAR EL PROBLEMA? ☐ SÍ, ACEPTO UN ARBITRAJE ☐ SÍ, ACEPTO UNA MEDIACIÓN

DATOS DE LA EMPRESA O PROFESIONAL

NOMBRE O RAZÓN: Monjans (almacén de muebles por encargo) NIF: X987654321

ACTIVIDAD: Alta Decoración DOMICILIO: Carretera Sinpolié s/n MUNICIPIO: Gijón

PROVINCIA: Gijón CÓDIGO POSTAL: 33203 TELÉFONO: 988 656 656

CORREO ELECTRÓNICO: info@monjans.com

¿ACEPTA LA REALIZACIÓN DE UN ARBITRAJE O DE UNA MEDIACIÓN PARA SOLUCIONAR EL PROBLEMA? ☐ SÍ, ACEPTO UN ARBITRAJE ☐ SÍ, ACEPTO UNA MEDIACIÓN

EXPONE

Que habiendo realizado una compra de un sofá Chaiselongue de 2,80 metros en piel por encargo según consta en el documento (ver albarán de pedido) por un importe de 3.989 euros, el sofá que se me entregó mide 2,88 metros y no cabe en el hueco de mi salón. Además, al ir a reclamar al mostrador de información, como me indicó que hiciera la vendedora (Sra. Gómelez), fui atendido por el dependiente (Sr. Postigo) en un tono y volumen muy inadecuados, quien me indicó que el albarán expone muy claramente que no se devuelve el dinero de los encargos a medida y que me fuera a mi casa con el sofá.

SOLICITA

Que me devuelvan el dinero, puesto que el producto no se ajusta a pedido, y que me pidan disculpas, por escrito, por el trato tan desagradable que he sufrido sin motivo alguno, ya que mi comportamiento ha sido adecuado en todo momento (aunque me hayan tratado como si fuera un primavera) y el fallo o error en la fabricación no puede achacarse a mi persona.

PERSONA CONSUMIDORA: Dionistri Jipé Jipé FIRMAS: PARTE RECLAMADA: Monjans

ACTIVIDADES

1 ¿Qué es lo que reclama el señor Jipé?

a. Que le devuelvan el dinero porque el producto no le gusta.

b. Que le den explicaciones de por qué el producto ha salido mal.

c. Que Monjaus se excuse por el trato injusto recibido y le devuelva el dinero.

d. Que el que le atendió le pida disculpas en persona y le hagan un nuevo sofá.

2 Indica si es verdadera o falsa la siguiente afirmación:

> El señor Dionistri Jipé exige que terceras personas se encarguen de solventar el problema, ya que está indignado por el trato recibido y el producto servido.

3 ¿Qué tipo de empresa es la receptora de la hoja de reclamaciones?

a. Unos grandes almacenes de muebles.

b. Una tienda de decoración.

c. Un almacén de muebles a medida.

d. Una gran superficie de muebles y decoración.

4 Tras la lectura de este texto, ¿cómo definirías qué es una hoja de reclamaciones?

5 Las personas implicadas en este asunto son:

a. El Sr. Jipé, la Sra. Gómelez y el Sr. Postigo.

b. El Sr. Jipé, las personas fabricantes, la Sra. Gómelez y el Sr. Postigo.

c. El Sr. Jipé y el Sr. Postigo.

d. El Sr. Jipé y el responsable de la empresa a quien se dirige la protesta.

6 Según lo que has podido leer, ¿piensas que el cliente tiene la razón o que la tiene la empresa? ¿Se ha expresado correctamente y con claridad? ¿Surtirá efecto su escrito?

7 Piensa en cómo tuvo que ser el diálogo entre el cliente y el Sr. Postigo; ¿te lo imaginas coloquial o vulgar? ¿Crees que lo ha transmitido correctamente por escrito? ¿Por qué?

MÁS QUE PALABRAS

1 Busca en el texto todas las palabras de la familia lírica de *adecuar* y, a partir de los contextos en que aparecen, sin buscar en el diccionario, explica en qué consiste la propiedad de la adecuación.

2 El cuerpo del texto se divide en dos partes, una encabezada por *EXPONE* y otra encabezada por *SOLICITA*, términos propios de los textos administrativos. Indica dos sinónimos para cada uno de ellos que, aunque signifiquen lo mismo, pertenezcan a registros menos formales.

3 La expresión «ser un primavera» es un coloquialismo que podría sustituirse por:

a. Ser un ingenuo.

b. Ser un histérico.

c. Ser un inexperto.

d. Ser un irresponsable.

ESTRATEGIAS DE LECTURA

Reclamaciones

Las reclamaciones son un tipo de texto que presenta una estructura visual bien definida. Para una correcta comprensión del texto:

- Presta atención a los elementos visuales (tipo y tamaño de letra, títulos, recuadros...) a fin de localizar la información y procesarla mejor.
- Trata de sintetizar cada párrafo con una oración o una frase.
- Ten en cuenta que los hechos guardan relaciones entre sí que no siempre están explícitas y que hay que identificar: en qué orden suceden, cuáles son consecuencia de otros, cuáles sirven para apoyar o refutar hipótesis u opiniones...
- Hay una serie de estructuras de contenido que se repiten en los textos de tipo expositivo-argumentativo: problema-solución, enumeración de elementos, exposición-petición, tesis-argumentos, datos-conclusión... Intenta localizar este tipo de relaciones.
- Deduce en qué situación se ha producido la reclamación y qué papel desempeñan el emisor y el receptor en esa situación, así como la relación que parecen tener.

La reclamación

Una **hoja de reclamaciones** es un documento que se cumplimenta para **mostrar un desacuerdo** o **conflicto** con una empresa o institución, en el que se ponen de manifiesto los hechos de forma razonada y se solicita una posible solución o una compensación por lo ocurrido. Se trata de un tipo de texto **expositivo** y **argumentativo,** empleado en un ámbito administrativo.

Para probar o justificar la veracidad de lo expuesto en la reclamación, se puede aportar **documentos**: facturas, contratos, billetes de avión, fotos de hotel...

La **estructura** de una hoja de reclamación presenta los siguientes elementos:

Encabezamiento

Identificación numérica y contextual de la reclamación.

Datos

De las personas o instituciones implicadas en la reclamación.

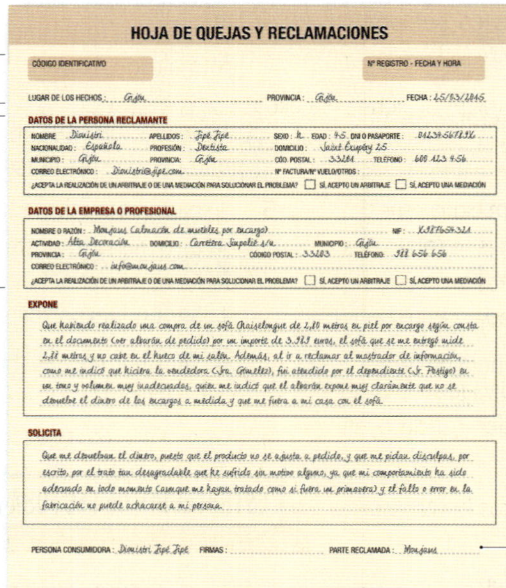

HOJA DE QUEJAS Y RECLAMACIONES

CÓDIGO IDENTIFICATIVO | Nº REGISTRO - FECHA Y HORA

LUGAR DE LOS HECHOS: Gijón PROVINCIA: Gijón FECHA: 25/03/2015

DATOS DE LA PERSONA RECLAMANTE

NOMBRE: Dionisio APELLIDOS: Jipé Jipé SEXO: h EDAD: 45 DNI O PASAPORTE: 012345678X
NACIONALIDAD: Española PROFESIÓN: Dentista DOMICILIO: Saint Exupéry 25
MUNICIPIO: Gijón PROVINCIA: Gijón CÓD. POSTAL: 33204 TELÉFONO: 600 123 456
CORREO ELECTRÓNICO: Dionisio@jipe.com Nº FACTURA/Nº VUELO/OTROS:
¿ACEPTA LA REALIZACIÓN DE UN ARBITRAJE O DE UNA MEDIACIÓN PARA SOLUCIONAR EL PROBLEMA? ☐ SÍ, ACEPTO UN ARBITRAJE ☐ SÍ, ACEPTO UNA MEDIACIÓN

DATOS DE LA EMPRESA O PROFESIONAL

NOMBRE O RAZÓN: Moujaus (Fabricación de muebles por encargo) NIF: X3876543 21
ACTIVIDAD: Alta Decoración DOMICILIO: Carretera Jimpolit s/n MUNICIPIO: Gijón
PROVINCIA: Gijón CÓDIGO POSTAL: 33203 TELÉFONO: 988 656 656
CORREO ELECTRÓNICO: info@moujaus.com
¿ACEPTA LA REALIZACIÓN DE UN ARBITRAJE O DE UNA MEDIACIÓN PARA SOLUCIONAR EL PROBLEMA? ☐ SÍ, ACEPTO UN ARBITRAJE ☐ SÍ, ACEPTO UNA MEDIACIÓN

EXPONE

Que habiendo realizado una compra de un sofá Chaiselongue de 2,80 metros en piel por encargo según consta en el documento (ver albarán de pedido) por un importe de 3.989 euros, el sofá que se me entregó mide 2,88 metros y no cabe en el hueco de mi salón. Además, al ir a reclamar al mostrador de información, como me indicó que hiciera la vendedora (Sra. González), fui atendido por el dependiente (Sr. Postigo) en un tono y volumen muy inadecuados, quien me indicó que el albarán expone muy claramente que no se devuelve el dinero de los encargos a medida y que me fuera a mi casa con el sofá.

SOLICITA

Que me devuelvan el dinero, puesto que el producto no se ajusta a pedido, y que me pidan disculpas, por escrito, por el trato tan desagradable que he sufrido sin motivo alguno, ya que mi comportamiento ha sido adecuado en todo momento (aunque me hayan tratado como si fuera un primavera) y el fallo o error en la fabricación no puede achacarse a mi persona.

PERSONA CONSUMIDORA: Dionisio Jipé Jipé FIRMAS: PARTE RECLAMADA: Moujaus

Cuerpo de la reclamación

- EXPONE (hechos o motivo de la queja): se expone de forma detallada lo ocurrido.
- SOLICITA (solución propuesta): se indica lo que el reclamante quiere pedir, con el fin de arreglar la situación con la que no está de acuerdo.

Cierre

Nombres y firmas de las personas implicadas.

El **estilo** de la reclamación se caracteriza por la **claridad** en la redacción y la **brevedad** en la exposición de los hechos. El reclamante ha de emplear un **registro formal,** pues no debe dejarse llevar emocionalmente por la situación de desacuerdo, y tiene que tratar cortés y educadamente a la persona, empresa o institución reclamada. Los rasgos lingüísticos empleados son los siguientes:

- Formas no personales del verbo (infinitivos, gerundios y participios): *habiendo dicho que, comprobar adjunto, leído el folleto...*
- Tercera persona del singular y primera del plural: *solicita, consideramos...*
- Formas con *se: se produjeron irregularidades, se entrevistó a los candidatos...*
- Construcciones nominales que sustituyen a verbos: *en la realización del examen,* en lugar de *al realizar el examen.*
- Uso del subjuntivo como consecuencia de la subordinación: *solicito que me solucionen, me dijeron que comprara...*
- Incisos explicativos por medio de paréntesis o comas: *el precio del producto (comprobar en la factura adjunta)...*
- Terminología específica según el ámbito: *albarán, contrato laboral...*

Las hojas de reclamación tienen diferentes **destinatarios** en función del tema tratado. Una reclamación por el retraso de un vuelo va dirigida a una compañía aérea; por el desacuerdo con la calificación obtenida en una asignatura, a una institución académica...

Las hojas de reclamación llevan un papel calco, que permite la realización de tres copias dirigidas a:

- El reclamante.
- El destinatario (entidad objeto de la reclamación).
- La administración.

Tu turno

1 La reclamación del señor Jipé a Monjaus está redactada en un registro formal. Imagina ahora la situación que debió de darse entre este y el dependiente, y redacta un breve diálogo en el que modifiques el registro formal de la reclamación por uno informal. Intenta concebir las palabras que se dijeron según puedes deducir del contenido de la reclamación:

– «Allí me habló el dependiente (Sr. Postigo) en un tono y un volumen muy inadecuados».

– «[...] el trato tan desagradable que he sufrido».

– «[...] aunque me hayan tratado como si fuera un primavera».

Fórmulas de tratamiento

Los tratamientos *usted, señor, don, fray, san(to), sor, reverendo...* se escriben con minúscula cuando se presentan en su forma completa. Sin embargo, cuando se emplea la abreviatura, se escriben con mayúscula inicial: *Ud., Sr., D., Fr., Sto., Rvdo.*

2 Realiza una reclamación en el ámbito académico. Sigue para ello los siguientes pasos:

1.º En primer lugar, fíjate en si hay un formulario específico para tu reclamación o bien tienes que redactar una instancia genérica en la que expongas tus razones y solicites la revisión de una decisión tomada. Céntrate en el objetivo fijado: por ejemplo, reclamar una calificación. De lo contrario, se puede caer en la divagación, en el alejamiento de los hechos fundamentales e, incluso, en la contradicción.

2.º Confecciona un esquema con los puntos fundamentales que quieres exponer.

3.º Redacta un borrador en el que desarrolles el esquema realizado.

4.º Recuerda que debes tratar de manera correcta al destinatario de tu reclamación, a pesar de que estés muy descontento con la situación ocurrida. Por tanto, cuida el registro empleado y las palabras escogidas al redactar tu queja.

5.º No olvides cumplimentar todos los datos exigidos en un documento de este tipo. Es fundamental indicar de forma correcta tanto tus datos, en calidad de reclamante, como los de la Administración correspondiente en su sección inicial, en caso de que no estén incluidos en el formulario.

6.º Adjunta a tu reclamación un documento que pruebe el contenido de lo expuesto: en el caso de una reclamación por una calificación académica, puedes aportar la programación didáctica, las pruebas realizadas...

7.º Revisa el texto creado y reformula aquello que consideres necesario según el consejo que te ofrecemos: intenta ponerte en el lugar de tu destinatario y piensa si el contenido y solución ofrecida en tu reclamación es comprensible. Igualmente, valora de nuevo si la parte reclamada puede sentirse ofendida con tus palabras.

AUTOEVALUACIÓN

Descubre si has realizado correctamente la reclamación, a partir de tus respuestas a las siguientes cuestiones:

- ¿El cuerpo de la reclamación presenta la información de modo ordenado?
- ¿El texto recoge de forma breve la información necesaria y detallada?
- ¿El registro empleado se corresponde con la formalidad exigida?
- ¿Crees que el hecho de haber realizado un esquema y un borrador te ha permitido desarrollar de un modo más adecuado tu reclamación final?

01 Lenguaje, lengua y habla

El **lenguaje** es la capacidad humana que permite crear mensajes mediante códigos verbales de comunicación llamados **lenguas.** Todas las lenguas son manifestaciones de una misma capacidad del lenguaje y, aunque parezcan muy diferentes, comparten unos mismos principios: son códigos que combinan un determinado tipo de unidades mediante reglas que forman estructuras.

Cuando esos códigos se utilizan para la comunicación, se realiza un acto de habla concreto. Al **habla** también se la llama **actuación.**

Todas las emisiones de los hablantes de una lengua han de cumplir con las reglas de creación de estructuras de esa lengua. A eso se lo denomina **gramaticalidad**. Así, por ejemplo, en español, el determinante artículo precede al sustantivo al que acompaña y concuerda con él en género y número. La expresión *Los libros son entretenidos* es gramatical en español. Pero no lo es la expresión **Libros los es entretenido*. En lingüística, cuando una secuencia es agramatical se indica mediante el asterisco que la precede.

Las lenguas son abstractas, puesto que son objetos mentales, códigos conocidos por todos los hablantes.

02 Unidades y reglas de combinación

Las **unidades lingüísticas**, excepto los fonemas y las sílabas, permiten comunicar, es decir, son signos, porque tienen una forma, a la que se llama **significante**, y un **significado** o concepto al que se asocia el significante.

Los fonemas no tienen significado por sí mismos, aunque ayudan a crear significados nuevos, como ocurre, con /a/ y /o/ en la alternancia *pato / pito*. Por eso, estas unidades y sus combinaciones (las sílabas), que forman parte del nivel fonológico, son distintas a todas las demás.

UNIDADES SIN SIGNIFICADO	NIVEL
Fonemas y sílabas	Fonológico
UNIDADES CON SIGNIFICADO	**NIVELES**
Morfemas	Morfológico
Palabras	Morfológico-sintáctico
Sintagmas o grupos	Sintáctico
Oraciones	Sintáctico

Una lengua es un sistema, es decir, sus elementos están interconectados entre sí. Para ello, además de estas unidades, hay que tener en cuenta la presencia de funciones que manifiestan diferentes relaciones entre ellos.

El nivel en el que se tratan unidades y relaciones de significado se llama **semántico**. La semántica puede referirse a la palabra y sus elementos (semántica léxica) o a sus combinaciones (semántica oracional).

SIGNIFICANTE
casa /kasa/
SIGNIFICADO
'Edificio para habitar'
REFERENTE

03 Unidad y variación en la lengua

El **habla,** por ser el resultado del uso que cada individuo hace del sistema lingüístico, es infinitamente más variada que este. Así, por ejemplo, las unidades lingüísticas del nivel fonológico, los fonemas, son modelos ideales a partir de los que se pronuncian sonidos distintos desde el punto de vista acústico y articulatorio. La /a/ producida por bocas diferentes y en momentos distintos origina ondas sonoras que difieren entre sí, pero que siempre captamos como /a/.

Dentro de la gramaticalidad, que supone el seguir las reglas de una lengua, hay tantas formas de hablar diferentes como personas; a dichas formas se las llama **idiolectos.** Pero, además, diversos **factores** provocan que una lengua no sea homogénea, sino que presente una rica **variación**:

El objetivo fundamental de la Real Academia Española de la Lengua es «velar por que la lengua española, en su continua adaptación a las necesidades de los hablantes, no quiebre su esencial unidad».

FACTORES	Tiempo	Espacio	Grupo social	Situación
VARIEDADES	Diacrónicas	Diatópicas	Diastráticas o sociolectos / jergas	Diafásicas o registros / estilos
EJEMPLOS	El castellano medieval	El murciano o el habla de Valladolid	La jerga médica o el habla juvenil	El registro coloquial

Estas variedades suelen aparecer relacionadas: así, por ejemplo, en situaciones informales se tiende a usar más el habla local; también, suele suceder que los grupos sociales con poca instrucción no dominen las variedades propias de situaciones de comunicación formal.

03.1 Estándar y norma

A pesar de la variación, los hablantes sienten la unidad de una lengua al compartir las reglas básicas de su código y adoptan una variedad lingüística ideal, como referencia básica a la que recurren a la hora de identificar su lengua. Este modelo ideal se denomina **estándar.** El estándar no se corresponde con ninguna variedad concreta de la lengua, aunque suele acercarse a aquella modalidad culta que refleja la escritura y es el utilizado en los medios de comunicación de amplia difusión. Es también, habitualmente, la base para la enseñanza de la lengua a extranjeros.

El estándar de una lengua da unidad a las variedades y define la lengua como conjunto. Este estándar se guía por la **norma** lingüística, que delimita los usos correctos e incorrectos de la lengua. La corrección es una cuestión de aceptación social y, por tanto, puede cambiar. Así, por ejemplo, ha ocurrido con el leísmo de persona masculino: la expresión *le vi* fue normativa hasta la mitad del siglo XIX, después se consideró incorrecta hasta la segunda mitad del XX y hoy es admitida en el estándar del español.

La variedad estándar en los medios de comunicación

Los medios de comunicación utilizan el estándar para que los hablantes de las distintas variedades se sientan identificados y cumplen una función no solo informativa, sino también de cohesión social.

04 Las variedades diastráticas o sociales

Las **variedades diastráticas** o **sociales** (sociolectos) son aquellas propias de un grupo que la sociedad considera delimitado por su función o su composición dentro de ella. Definir o delimitar los grupos sociales, y, por tanto, los sociolectos, es una labor muy complicada, pues, a pesar de que algunos factores parecen objetivos, los grupos que definen son casi siempre heterogéneos en la práctica.

La rama de la lingüística que estudia estas variedades es la **sociolingüística.**

Es un falso lugar común muy extendido la idea de que los jóvenes «corrompen» el lenguaje con su jerga. En realidad, las lenguas vivas siempre están cambiando, y el cambio no implica degeneración.

04.1 Factores que definen sociolectos

Cada individuo pertenece a diversos grupos sociales en virtud de factores distintos como su edad, su sexo, su profesión, el nivel de instrucción, sus ingresos... No todos estos factores inciden por igual en la formación de sociolectos. Por ejemplo, el nivel económico no parece influir decisivamente en este sentido.

La edad

A partir del momento en que el niño adquiere una lengua —entre los dos y tres años—, su facultad del lenguaje está plenamente formada, aunque aumentará un poco la complejidad sintáctica en las primeras etapas y el vocabulario crecerá durante toda la vida. La distinción entre habla infantil y juvenil es una cuestión social, pues se relaciona con el papel que el hablante adopta y no con su madurez cognitiva. Igualmente sucede con el habla adulta y el habla de los ancianos. No hay una edad exacta que delimite las fronteras entre grupos: aproximadamente los 25 años marcan el inicio de la edad adulta y los 65 su fin, pero la elección depende de cada investigación. En estas variedades sociales se mezcla la variación diacrónica, dado que el habla juvenil suele ser más innovadora que el habla del grupo de mayor edad.

El sexo

Cada vez son menores las diferencias entre la forma de hablar de personas de diferente sexo, aunque tradicionalmente se ha identificado un mayor respeto por la norma y abundancia de rasgos afectivos en el habla femenina.

La profesión. Las jergas o argots

Todos los grupos profesionales comparten expresiones, sobre todo léxicas, que son propias de su actividad y que, por tanto, pueden resultar desconocidas para los hablantes ajenos al grupo. Así, se habla de la «jerga de la medicina» o la «jerga de los abogados», haciendo referencia, especialmente, a los tecnicismos que son comunes en el ejercicio de estas profesiones. También hay expresiones morfosintácticas propias, como el uso del futuro de subjuntivo en la jerga legal.

Argot

El término *argot* procede del francés y originariamente se refería a una corporación de ladrones, por lo que en principio se aplicó a hablas de grupos marginales. Hoy se usan como sinónimos *argot* y *jerga*. En ocasiones, no solo para referirse a hablas propias de una profesión, sino a la de cualquier grupo social, especialmente con sentido peyorativo, como en «La jerga juvenil es incomprensible para mí».

El nivel de instrucción

Los estudios de sociolingüística suelen recurrir a este factor para definir modalidades de habla que oscilan entre el **sociolecto culto** y el **vulgar**.

Un alto nivel de instrucción permite al hablante manejar más variedades situacionales, y por ello el hablante culto presenta un abanico más amplio de uso que el hablante sin instrucción. Los hablantes que poseen menor instrucción incluyen en sus usos lingüísticos los llamados **vulgarismos**, que son expresiones lingüísticas que se asocian a un sociolecto de bajo nivel. La norma lingüística, que pretende reflejar un nivel sociocultural medio-alto, las marca como incorrectas y restringidas a estos grupos sociales.

Vulgarismo

El *Diccionario de la Real Academia Española* define *vulgarismo* como lo relativo al vulgo, es decir, al pueblo. Por ello, en ocasiones se habla también de habla popular como opuesta a culta, si bien en la actualidad, dado el alto nivel de alfabetización en el mundo hispánico, no se identifica «pueblo» con «carente de instrucción».

Estas expresiones pueden manifestarse en cualquier nivel de la lengua:

NIVELES	NIVEL FONOLÓGICO	NIVEL MORFOLÓGICO	NIVEL LÉXICO-SEMÁNTICO	NIVEL SINTÁCTICO
TIPOS DE VULGARISMOS	• Pronunciación descuidada que no se justifica por la procedencia geográfica del hablante o la situación comunicativa.	• Usos y formas incorrectas en formas verbales. • Creación de formas con supresión o adición de sonidos.	• Uso de las palabras y expresiones con sentidos que no poseen, por confusión. • Uso abundante de tabúes o expresiones malsonantes.	• Errores de concordancia. • Uso no admitido por la norma de pronombres átonos y nexos. • Uso erróneo de preposiciones. • Escasa complejidad sintáctica.
EJEMPLOS	*Comí(d)o, pa(ra e)l...*	*Habíamos allí...* *Amoto.* *¡Callarse ya!*	*Se puso hecha un obelisco.*	*Me se cayó...* *La dieron un libro.* *Pienso de que...*

Es habitual confundir un vulgarismo con una variedad dialectal o coloquial de la lengua. En el primer caso, porque hay hablas locales que por circunstancias históricas y sociales se han visto desprestigiadas a lo largo de los tiempos. Así, por ejemplo, la aspiración de la *-s* final de sílaba de las hablas meridionales se considera en algunos círculos un rasgo vulgar. En el segundo caso, porque son aceptables en el habla coloquial o familiar expresiones que no lo serían en una situación formal o en la escritura.

El *Diccionario de la Real Academia* incluye información acerca de qué palabras se consideran vulgares y, por tanto, restringidas a grupos sociales de poca instrucción. Suelen ser malsonantes y, en consecuencia, palabras tabú, prohibidas en ciertos círculos cultos. Con todo, los hablantes cultos también recurren a ellas en situaciones informales o en mensajes de alta carga emotiva.

La consideración de «vulgar» es inestable, ya que cambia del mismo modo que la norma lingüística. Esto es lo que afirma la Real Academia sobre este aspecto de la lengua:

> Los juicios normativos admiten, pues, una amplia gradación, que va desde la censura de lo claramente incorrecto por ser fruto del error, del descuido o del desconocimiento de las normas gramaticales, hasta la recomendación de lo que es simplemente preferible por estar de acuerdo con el uso mayoritario de los hablantes cultos de hoy, preferencia que pueden mantener, o variar, los hablantes cultos de mañana.
>
> http://www.rae.es

ACTIVIDADES

1 Hay fenómenos lingüísticos de variedades dialectales que gozan de mayor o menor prestigio social dentro de una lengua. ¿Por qué crees que ocurre eso? A partir del siguiente texto, explica con tus palabras la diferencia entre *vulgarismo* y *rasgo dialectal:*

La pérdida de la *-d-* intervocálica

Es un rasgo ya general en el español vulgar de casi todas partes (*maera, tó, ná,* etc.), sobre todo cuando forma parte de un sufijo o terminación verbal (*asaúra, cansá, comío,* etc.); no obstante, aquí hay que diferenciar sufijos como *-dor (corredor, pulidor)*, donde la *-d-* es mucho más resistente, de otros como los participios, en especial en *-ado,* donde la pronunciación *-ao* parece ya mayoritaria.

En Andalucía, pues, se produce también la pérdida de esta *-d-,* que igualmente se considera vulgarismo. Ahora bien, como ocurre con otros rasgos, puede darse, sin que resulte vulgar, con intención expresiva o en palabras marcadas (*cantaor, bailaor,* etc.).

http://grupo.us.es

2 En *Historias del Kronen*, novela escrita en 1994 por José Ángel Mañas, los protagonistas usan las siguientes expresiones. Indica si crees que son solo propias del sociolecto juvenil y si perduran hoy en día. Búscalas en el *DRAE* y detalla si las considera de uso social restringido. Finalmente, reescríbelas según piensas que se formularían en la lengua estándar.

Expresión	Extendida fuera del grupo joven	Perdura hoy	Forma en que aparece en el *DRAE*	Estándar
Pasan de todo el mundo.				
Se me había ido la *bola*.				
No le *mola*.				
Corta el *rollo*.				
Lo que *fliparía*.				
Vamos a otro *garito*.				
Es como es *y punto*.				

3 ¿A qué tipo de variedades se refiere esta advertencia del *Diccionario de la Real Academia Española*?

El Diccionario da cabida a aquellas voces y acepciones procedentes de los distintos campos del saber y de las actividades profesionales cuyo empleo actual —se excluyen también los arcaísmos técnicos— ha desbordado su ámbito de origen y se ha extendido al uso, frecuente u ocasional, de la lengua común y culta. Siempre que tal uso no se haya hecho general, las acepciones tienen una marca que las individualiza: Acús. ('acústica'), Estad. ('estadística'), Fil. ('filosofía'), Quím. ('química'), etc.

http://www.rae.es

4 Imagina que tienes que realizar un diccionario de jerga. Elige uno de estos temas y haz una lista de al menos seis palabras que tendrías que incluir, indicando, en cada una de ellas, su significado. Además, si la palabra existe en la lengua estándar con un sentido diferente, debes señalarlo también, incluyendo un ejemplo.

a. Videojuego.
b. Baloncesto.
c. Rap.
d. Redes sociales.
e. Periodismo.
f. Fútbol

5 Lee estas recomendaciones normativas de la Real Academia Española y realiza las actividades:

> En la lengua culta actual, la primera persona del plural del presente de indicativo del verbo *haber* es *hemos,* y no la arcaica *habemos,* cuyo uso en la formación de los tiempos compuestos de la conjugación es hoy un vulgarismo propio del habla popular que debe evitarse en el habla culta; así, no debe decirse [1], sino [2].
>
> También debe evitarse en el habla culta el uso de *habemos* con el sentido de 'somos o estamos', puesto que el verbo *haber,* cuando se emplea para denotar la presencia o existencia de personas o cosas, es impersonal y, como tal, se usa solo en tercera persona del singular: [3]; [4]. Por lo tanto, si quien habla desea incluirse en la referencia, no debe emplear el verbo *haber* en primera persona del plural, como se hace a veces en el habla popular, recurriendo, para el presente de indicativo, a la forma *habemos:* [5], [6].
>
> http://www.rae.es

a. Indica a qué tipo de variación se refiere el texto.

b. Explica por qué este texto gira en torno a la norma lingüística.

c. Se han eliminado los ejemplos ilustrativos, que han sido sustituidos por números. Completa tú con ejemplos adecuados.

d. Redacta un texto similar en el que des cuenta de los usos vulgares o incorrectos de alguna expresión que conozcas.

6 Fíjate en esta entrada del *Diccionario de la Real Academia Española* y contesta:

a. ¿Dónde se indica que esta forma está restringida a un sociolecto de nivel bajo?

b. ¿Qué nivel lingüístico se ve afectado en esta forma?

> **asín**
>
> De *así,* con la *n* de otras partículas.
>
> **1.** adv. vulg. **así.**

7 ¿Qué tipo de vulgarismo ejemplifican las palabras que aparecen en el siguiente texto?

> Fortunata no tenía educación; aquella boca tan linda se comía muchas letras, otras las equivocaba. Decía *indilugencias, golver, asín.*
>
> Benito PÉREZ GALDÓS: *Fortunata y Jacinta.* Cátedra.

05 Las variedades diafásicas o situacionales

Las **variedades diafásicas** o **situacionales** son también llamadas **estilos** o **registros** y, como su nombre indica, se usan en virtud de la situación en que se produce la comunicación.

05.1 Factores que definen estilos o registros

Los **estilos** o **registros** se sitúan entre dos extremos: el formal y el informal, también llamado coloquial o familiar. Todos los **elementos de la comunicación** influyen en mayor o menor medida en la configuración de estas variedades. No es lo mismo hacer una confidencia que una declaración a la prensa, aunque la información transmitida sea igual, pues no son iguales el contexto, la intención del emisor, la relación con el receptor o el canal utilizado.

Algunos géneros o tipologías textuales se asocian claramente a una variedad de estilo o registro concreta. Así, a una instancia, una conferencia o un examen corresponde un estilo o registro formal. Hay otros tipos de texto (una invitación, una conversación, un debate, un aviso...) que pueden usar registros formales o informales, dependiendo de cada caso.

En estos escenarios, las hablantes usan variedades situacionales diferentes.

El contexto

El lugar y el momento en que tiene lugar una comunicación influyen en la variedad lingüística utilizada. Algunas situaciones son de ámbito privado y otras son de ámbito público; el entorno físico (una sala de conferencias, un parque...) también determina el estilo de lengua elegido.

Intencionalidad del emisor

Del mismo modo, la intención del emisor (informar, entretener, convencer...) implica la elección de diferentes expresiones lingüísticas. Por ejemplo:

INFORMACIÓN	PERSUASIÓN
El cantante presentará su nuevo disco el próximo 13 de octubre en el auditorio.	No te pierdas la presentación del nuevo disco de tu cantante favorito el próximo 13 de octubre en el auditorio.

Relación emisor-receptor

El grado de cercanía entre el emisor y el receptor, así como las relaciones de jerarquía que se establecen entre ellos, determinarán la selección de fórmulas que indican respeto o distancia, por una parte, o familiaridad, por otra. El español marca esta distancia, por ejemplo, con la elección de *tú / usted* y la correspondiente persona verbal, al margen de otras expresiones («estimado señor» frente a «querido amigo», o «saludos cordiales» frente a «adiós»...).

El canal

El **canal oral** o **escrito** puede condicionar la elección de un registro u otro, pero no siempre se puede asociar registro informal con canal oral y registro formal con canal escrito.

La escritura, con la que se asocia la norma culta y el estándar de una lengua, ha sido tradicionalmente un canal que exigía un **registro formal,** incluso en el ámbito familiar. La escritura es meditada y perdura en el tiempo, por lo que prescinde de repeticiones y rectificaciones, que se encuentran de forma abundante en la comunicación inmediata. Actualmente, en cambio, el uso de sistemas de mensajería instantánea ha acortado las distancias entre emisor y receptor, por lo que es frecuente que la escritura refleje no solo el lenguaje no verbal (mediante los llamados *emoticonos*), sino también la espontaneidad del **registro informal**.

De la misma manera, no toda comunicación oral es espontánea e informal. Una lectura en voz alta, por ejemplo, o una noticia emitida en un telediario son orales, pero reproducen fielmente los signos escritos, por lo que el registro utilizado, a pesar del canal, será el propio de la elaboración de la lengua escrita.

05.2 El español coloquial

La expresión *español coloquial* se usa para referirse a un registro o estilo caracterizado por:

- **Cotidianeidad:** el tema suele ser no especializado.
- **Inmediatez:** el emisor y el receptor comparten contexto, lo que implica múltiples apelaciones al oyente, así como el uso de expresiones ambiguas o vagas que son comprendidas gracias al conocimiento de la situación.
- **Oralidad:** el canal utilizado es el canal vocal-auditivo, lo cual permite la rectificación inmediata y provoca la aparición de expresiones «de relleno» que conectan el discurso.
- **Familiaridad:** se da una relación cercana entre emisor y receptor.

Todo esto se manifiesta en rasgos como los siguientes:

> No sé si lo sabrán tus hermanas pero, duro no, durísimo. Pero además de una forma incontrolada, por lo menos en piano, o sea, de repente, de un año a otro, en piano están mandando hacer trabajos. En octavo hay que llevar todas las obras de memoria, el concier hay que llevar un concierto, que antes no se exigía. En Música de Cámara, por ejemplo, antes era solo práctica, ¿no?, tocar con instrumento y tal, bueno, ahora es teórica también, o sea, una pasada impresionante. Y ¿por qué será? ¿Porque cada vez va más gente y quieren…? Porque de repente les ha dado por subir el un el nivel, cosa que está muy bien, pero lo suben de golpe, en vez de de forma gradual, de golpe, y entonces el conservatorio de Segovia además otra cosa, me parece muy bien que subas el nivel, pero entonces tienes que subir también el nivel de los profesores.
>
> Real Academia Española: Banco de datos (CREA). Corpus de referencia del español actual. [Consulta 19/08/2015]

- Abundante repetición de términos.
- Intensificación.
- Expresividad.
- Oraciones incompletas.
- Rectificación.
- Apelación al oyente (elementos fáticos que sirven para controlar que el canal de comunicación sigue activo).
- Términos de jerga.
- Expresiones «de relleno» (muletillas).
- Conectores de reformulación.
- Palabras de significado amplio.

ACTIVIDADES

8 Hay lenguas que no marcan la distinción *tú / usted*. Si el español no presentara esta alternancia, ¿con qué diferentes expresiones crees que se podrían tratar estas personas en una conversación sobre la enfermedad de una de ellas, de manera que se reflejara la mayor o menor familiaridad que existe entre ellos?

a

b

9 Enumera situaciones que a tu parecer impliquen una diferencia jerárquica entre los interlocutores de una conversación.

10 Di si las siguientes tipologías textuales exigen un registro formal o informal:

a. Un boletín de calificaciones.

b. Una entrevista de trabajo.

c. Las instrucciones para un juego en un campamento escolar.

d. Una reclamación.

11 Redacta usando estilos diferentes (formal o coloquial) textos escritos que correspondan a:

a. Una felicitación. **b.** Un aviso. **c.** Una invitación.

¿Qué canal utilizarías en cada caso para transmitir tu mensaje al receptor?

12 ¿Qué rasgos propios del español coloquial encuentras en esta entrevista? También hay un rasgo morfológico dialectal: ¿cuál es?

E: ¿Y cómo hacían, cómo hacían?

I: Se cocía el arroz en una caldera y se le echaba pues eso, mantequilla del cerdo, y luego se le ponía el, el, el… ¿cómo se llama?, ¿cómo se llaman los…?, los condimentos, los…

E: ¿Especias o…?

I: ¡Eso!, especias, especias, ¡ea!, y lo preparaban bien prepara[d]o y luego con una… tijera q[ue] aún tendría por ahí [a]rriba una de mis padres, ahora llenaban el depósito aquel, que es un tubo así, y aquí [a]bajo llevan un tubico pequeño como si fuese un embudo, un embudo y, y llevaba una palanquica arriba y le apretabas la palanquica… ¡hala!, iba saliendo la morcillica, la morcillica o longanizas o chorizos o güeñas, lo que quieras… y otra mujer, pues atar, atar, ¡hala!, y luego a colgar.

http://www.lllf.uam.es

13 En la literatura se han imitado en numerosas ocasiones los estilos propios de la oralidad, pero siempre hay un grado de elaboración. ¿Qué rasgos del español coloquial aparecen en el texto de Juan García Hortelano? A continuación, reescribe la conversación de *Corpus Val.Es.Co 2.0* usando la variedad con la que aparecería dentro de una novela.

—¿Para qué necesitas el dinero?
—Para nada. Pero hay que acabar con ello.
—¿Con qué?
—Con eso. Con todo. Algún día me tendré que ir de este país, ¿no? No quiero convertirme en un provinciano, como Gregorio, ni ahogarme en esta pocilga de ambiente. No quiero. ¿Es buena época para vender?
—Pésima.
—¿Por qué?
—Porque es pésima. El dinero no vale nada.
—Le sacaría el doble de rendimiento a lo mío.

Juan García Hortelano: *Nuevas amistades*. Seix Barral.

A: §bueno pero esta mañana↑ no es esta tarde§
C: §ay pues→ entonces esta tarde↑/ será que no pensaban/ que no pensarán entrar por aquí ¿no? digo yo
A: no lo sé↓ pero/ yo→§
C: §yo tampoco lo sé ((o sea→))
A: lo que sí que te digo es que esta tarde no voy a estar en casa
C: pos yo tampoco/ yo [me piro]
A: [así que]/ si tienen que entrar que vuelen↓/ y si no↑ que hagan [lo que sea]
D: [pos nos abrirán la] la esa↓ los ventanales de ahí↓ y entrarán por la cara§
A: §¡AY! oye pues que entren por la cara§

Cabedo, Adrián y Pons, Salvador (eds.): *Corpus Val.Es.Co* 2.0.
Consultado online en http://www.valesco.es

Las flechas indican entonación ascendente, descendente o sostenida. Los signos [ ] indican que los participantes hablan a la vez. El signo § indica que no hay silencio entre las intervenciones. El signo / indica pausa corta.

14 A partir de esta información del *Diccionario de la Real Academia*, escribe dos textos breves donde se observen dos valores de significado distintos de este término.

brutalidad

De *brutal.*

1. f. Cualidad de bruto.
2. f. Excesivo desorden de los afectos y pasiones.
3. f. Acción torpe, grosera o cruel.
4. f. coloq. **barbaridad** (ǁ cantidad grande).

15 Señala en el siguiente texto de la web de la RAE qué expresiones se refieren a:

a. Variedades diatópicas.
b. Variedades diastráticas.
c. Variedades diafásicas.
d. Variedades diacrónicas.

Las variedades regionales tienen su ámbito propio de uso, pero resultan anómalas fuera de sus límites. Muchos modos de expresión que no son aceptables en la comunicación formal, sea escrita u oral, se juzgan perfectamente normales en la conversación coloquial, más espontánea y, por ello, más propensa al descuido y a la laxitud en la aplicación de ciertas normas de obligado cumplimiento en otros contextos comunicativos. Muchos usos ajenos al español estándar se deben, en ocasiones, a la contaminación de estructuras de una lengua a otra que se produce en hablantes o comunidades bilingües. Y hay, en fin, formas de expresión claramente desprestigiadas por considerarse propias del habla de personas de escasa instrucción. A todo esto se añade el hecho ya comentado de la evolución lingüística, que convierte en norma usos antaño censurados y expulsa de ella usos en otro tiempo aceptados.

EVALUACIÓN

¿Por qué es productivo trabajar con conversaciones coloquiales en la enseñanza de lenguas?

Resulta muy productivo para la labor del profesor de idiomas ser consciente de que la lengua que enseñamos presenta variedades diafásicas, es decir, dependientes de la situación de uso. Por un lado, sería conveniente que el profesor se habituara a indicar a los estudiantes el tipo de registro (formal o informal) al que se adscriben las formas y estructuras que trabaja. Por otro lado, cuando solicitemos a nuestros alumnos producir discursos deberíamos señalarles los parámetros situacionales en los que se enmarcan. Así pues, no será lo mismo elaborar un discurso dirigido a un interlocutor desconocido / conocido, con un tema especializado / no especializado, etc. Un modo concreto y eficaz de introducir los parámetros situacionales en nuestras clases de lengua es trabajando a partir de conversaciones coloquiales.

Los rasgos que definen el registro coloquial encajan perfectamente en la modalidad discursiva de la conversación, de manera que habitualmente la conversación adopta el registro coloquial. La conversación coloquial es la modalidad discursiva más frecuente y general en la comunicación social, y también lo es, por tanto, para los hablantes de español como lengua extranjera o segunda lengua. Parece lógico, por tanto, que uno de los objetivos prioritarios en el aprendizaje sea comprender el funcionamiento concreto en nuestra cultura de este género interaccional y saber desenvolverse en él.

Marta Albelda Marco, María José Fernández Colomer:
MarcoELE: Revista de Didáctica Español Lengua Extranjera, N.º 3, 2006.

1 Para las autoras de este texto, ¿quiénes son «nuestros alumnos»? ¿A qué se refieren con «formas y estructuras»?

2 ¿A qué se refieren las autoras con «parámetros situacionales»? Enumera los ejemplos que incluyen de este tipo de parámetros. A continuación, sugiere tú un ejemplo con una situación real y describe los elementos que la conforman, luego indica qué registro habría que usar en ella.

3 A partir del texto, y aportando lo que conoces sobre ellos, define los siguientes términos lingüísticos:

a. Variedades diafásicas.

b. Coloquial.

c. Género interaccional.

4 Dentro de los registros de una lengua, en la escala formal-informal, ¿dónde se encontraría la conversación coloquial? ¿Qué normas de interacción se deben seguir en una conversación para asegurar su éxito?

5 ¿Estás de acuerdo con la afirmación de las autoras de que «La conversación coloquial es la modalidad discursiva más frecuente y general en la comunicación social»? Aporta argumentos a tu respuesta.

6 Imagina que, como profesor de español para extranjeros, les estás explicando a tus alumnos cómo redactar una reclamación. Enumera las situaciones en que podrían necesitar esos conocimientos durante un viaje turístico por España.

7 Las autoras se refieren a las variedades diafásicas ¿Qué nombres les dan y qué tipos hay? ¿Qué otras variedades presentan las lenguas?

8 ¿A que´registro corresponde este texto? Justifica la respuesta. Argumenta si crees o no que podría decirse que se trata de un texto en «jerga».

9 Además de las variedades situacionales, ¿es conveniente enseñar a los estudiantes de una lengua extranjera los vulgarismos de esa lengua? ¿Y las variedades dialectales? Realiza una breve redacción en la que argumentes tu respuesta.

EVALUACIÓN

1 ¿Qué es una hoja de reclamaciones?

a. Una comunicación realizada por una empresa para ofrecer a sus trabajadores compensaciones.

b. Una comunicación realizada por un individuo para solicitar a una compañía privada diferentes documentos administrativos.

c. Una comunicación realizada por un individuo para mostrar un desacuerdo con una empresa o institución.

d. Una comunicación realizada por una compañía de seguros para ofrecer soluciones económicas a sus clientes.

2 Una reclamación es un tipo de texto:

a. Expositivo.

b. Instructivo.

c. Expositivo e instructivo.

d. Expositivo y argumentativo.

3 Indica cuál de las siguientes ideas no es verdadera:

a. La conversación puede emplear un registro formal o coloquial.

b. La conversación siempre debe emplear un sociolecto culto.

c. La reclamación siempre debe emplear un registro formal.

d. La reclamación siempre debe emplear un sociolecto culto.

4 Indica si las siguientes afirmaciones son verdaderas o falsas:

a. Las variedades diastráticas se refieren a las diferentes formas de hablar de cada lugar.

b. Las variedades diafásicas se definen por las situaciones de uso.

c. Las variedades diatópicas y las diafásicas las utilizan hablantes de nivel socio-cultural bajo.

d. Los sociolectos se definen por el nivel adquisitivo de los hablantes.

5 Di cuáles de estas afirmaciones son verdaderas:

a. Lenguaje y lengua son términos sinónimos.

b. El habla es una manifestación concreta de la lengua.

c. La lengua es la capacidad de comunicación humana.

d. El habla no sigue reglas gramaticales.

e. *Actuación* y *habla* son dos términos sinónimos.

f. Las lenguas son códigos de comunicación.

6 El canal que se usa para la comunicación:

a. No influye en la configuración del mensaje.

b. Determina el grado de formalidad del mensaje.

c. Influye en las formas lingüísticas utilizadas, pero puede presentar diferentes grados de modalidad.

d. Obliga a planificar el mensaje cuando se trata de un texto escrito.

7 A partir del texto, indica cuáles de las siguientes afirmaciones son verdaderas:

> Golpes, zumbidos, pitidos… las manifestaciones de los ruidos en los oídos (tinitus o acúfenos en la jerga médica) son tan variadas como insoportables. Sepa qué ofrece la ciencia para tratarlo.
>
> http://www.abc.es

a. La variedad lingüística de un grupo profesional recibe el nombre de jerga.

b. La expresión «ruidos en los oídos» pertenece a la jerga médica.

c. La palabra «acúfenos» pertenece a la jerga médica, pero «tinitus» no.

d. Las palabras «tinitus» y «acúfenos» pertenecen a la jerga médica.

e. El texto es un ejemplo de jerga o variedad profesional.

f. El texto está escrito en la variedad estándar del español.

8 El estándar de una lengua:

a. Se identifica con la variedad de la zona de mayor prestigio donde se habla esa lengua.

b. Incluye expresiones de sociolecto vulgar y situaciones familiares.

c. Incluye expresiones específicas de todas las jergas y grupos sociales.

d. Suele acercarse al sociolecto culto y la variedad formal de la lengua.

DIARIO DE APRENDIZAJE

¿Puedo confirmar o ampliar la relación de contenidos de esta unidad en mi entorno?

02 ¿Qué se cuece?

¿Qué relación encuentras entre esta unidad y tu entorno más cercano?

1 A juzgar por la imagen, ¿a qué tipo de texto se dedicará el cuaderno en blanco que se muestra? Menciona alguna característica de ese tipo de texto.

2 ¿Qué vale más: una imagen o mil palabras? ¿Crees que podrías hacer una receta oyendo un programa de radio? Debatid cuál es la mejor manera de comunicar cómo se realiza una receta.

3 Piensa en varias palabras relacionadas con objetos tecnológicos de uso cotidiano. ¿Puedes dividirlas en partes con significado? ¿Te ayuda la forma en que están formadas las palabras a comprender para qué sirven?

AUDIO 2.1
En tu libro digital

Escucha el siguiente audio del programa *Comer y cantar* de Radiotelevisión Española (RTVE) y contesta a las preguntas propuestas:

1 ¿Qué ingrediente principal del gazpacho quita el cocinero en la elaboración de esta receta?

2 ¿Qué recomendación ofrece el cocinero cuando una partida de fresón se te ha quedado algo pasada en su punto de madurez?

3 ¿Qué cantidad de ajo hay que emplear? ¿Por qué?

4 ¿Por qué es importante colar el gazpacho una vez triturado?

La receta

La receta es un tipo de **texto instructivo**, cuya intención comunicativa es ofrecer orientaciones y pautas para la realización de una determinada tarea, como la elaboración de un plato de cocina. También se incluyen secciones expositivas —cuando se enumeran los ingredientes y sus cantidades— y secciones descriptivas —al mencionar las características de los productos utilizados: sabor, color, textura...—

Encontramos recetas tanto en textos escritos como en discursos orales. Además, pueden presentarse en todos los **ámbitos de uso comunicativos:** personal (conversación entre amigos), académico/profesional (curso de cocina) y social (medios de comunicación).

En su vertiente oral, la receta se presenta en los medios de comunicación, en **programas de radio** y **televisión.** Puede haber un único emisor que exponga la receta, pero también es frecuente la presencia de una segunda persona (el presentador del programa) que conversa con el cocinero.

La **estructura** de la receta es la siguiente:

- Nombre de la receta.
- Relación de ingredientes y cantidades necesarias para su elaboración.
- Desarrollo de las instrucciones. Se explica el proceso de preparación del plato, indicando los pasos que deben seguirse.
- Síntesis o resumen de la receta. Se recuerdan los detalles o pasos principales como colofón del texto oral.

La receta se caracteriza por su **claridad** y **precisión.** El **estilo** que emplea reúne las siguientes características:

Los **presentadores** de los programas de cocina de radio o televisón cumplen estas funciones:

- Preguntar al cocinero sobre algún ingrediente o paso de la receta, para que aclare o matice las instrucciones.
- Repetir en algunos casos la información dada, con el fin de subrayar lo principal.
- Mostrar interés por la receta, realzando lo delicioso y apetitoso que va a resultar el plato, a través de enunciados exclamativos, para captar la atención del público.

Lenguaje accesible y sencillo

Permite seguir sin ambigüedad las orientaciones ofrecidas.

Uso del modo imperativo, infinitivos, formas con *se*

Indican las acciones que deben seguirse *(tritura el tomate, lavar la lechuga, se prepara el horno).*

Uso de conectores

Presentan de forma ordenada los pasos que requiere la receta *(en primer lugar, a continuación, después, por último…).*

Además, la exposición oral de la receta contiene:

- **Una elocución propia:** se caracteriza por un uso particular de las **pausas,** que permiten que el oyente pueda tomar nota de los ingredientes o pasos seguidos en la preparación de la receta, y una **entonación, acento** y **ritmo** que ayudan a captar la atención.
- **Digresiones:** rompen el hilo del discurso al introducir asuntos que se desvían del tema tratado, pero suelen abordar algún aspecto relacionado de algún modo con la preparación del plato.

Tu turno

AUDIO 2.1

1 Escucha la receta del gazpacho de fresones con crujiente de menta presentada en el programa de radio *Comer y cantar* y realiza estas actividades:

- Toma nota tanto de los ingredientes como de los pasos escuchados para la realización de la receta. Recoge la información de forma esquemática dividida en dos apartados y a través de guiones.
- Señala los rasgos que ilustran el estilo empleado en la receta.
- ¿Realizan digresiones los interlocutores en la presentación de la receta que interrumpan la continuidad de las partes de la receta? Indica en qué secciones de su estructura se encuentran. ¿Con qué pretexto se introducen?
- Ejemplifica las funciones de la presentadora a partir de la receta escuchada.

2 Señala algunas situaciones de tu vida en las que te encuentres con otro tipo de textos instructivos orales.

3 Formad grupos en clase de dos compañeros y realizad un programa de radio similar al escuchado en el que presentéis una sencilla receta de cocina.

1.º Pensad la receta que vais a exponer. Podéis pedir ayuda en casa previamente o utilizar las recetas que se ofrecen en las siguientes páginas: http://www.gastronomiaycia.com/category/recetas/ y http://www.recetasgratis.net

2.º Escribid un guion con los pasos de elaboración de la receta, con el fin de realizar una exposición ordenada y que los receptores reciban la información de manera clara.

- Debéis seguir la estructura estudiada.
- Utilizad los rasgos propios de este tipo de texto: modo imperativo, infinitivos y formas con *se*, conectores, vocabulario sencillo.
- Podéis incluir secciones expositivas y descriptivas en vuestra presentación.
- Insertad alguna digresión que se aleje de forma momentánea del principal asunto tratado.

3.º Cada uno de vosotros habrá de adoptar uno de los siguientes papeles: presentador del programa de radio o cocinero, y asumir sus funciones.

4.º Puesto que la receta va dirigida a un amplio abanico de oyentes, debéis emplear los recursos de la pronunciación que ayudan a captar su atención: entonación, acento y ritmo.

5.º Haced uso de pausas que ayuden a fijar por escrito al resto de vuestros compañeros de clase la receta expuesta.

AUTOEVALUACIÓN

Para valorar vuestras intervenciones, comprobad que estas afirmaciones son ciertas:

- Se ha utilizado un lenguaje claro y preciso.
- Se ha seguido la estructura estudiada.
- Se han empleado conectores que presentan de forma ordenada los pasos de la receta.
- Se han utilizado los recursos de la pronunciación: pausas, entonación, acento y ritmo.
- El presentador del programa ha realizado una exposición clara y atractiva.

LEER

La mayoría de los objetos tiene sus propias **instrucciones de uso.**

- ¿Qué cualidades debe tener un buen manual de instrucciones para ser entendido fácilmente por cualquier usuario?

Los manuales son textos discontinuos porque combinan imágenes y texto y reparten la información entre ambos elementos.

- ¿Qué es más importante o imprescindible en un manual: las imágenes o los textos? ¿Por qué?
- En el texto escrito se combinan partes descriptivas y partes instructivas. ¿Por qué crees que es así?

Colocación del parasol

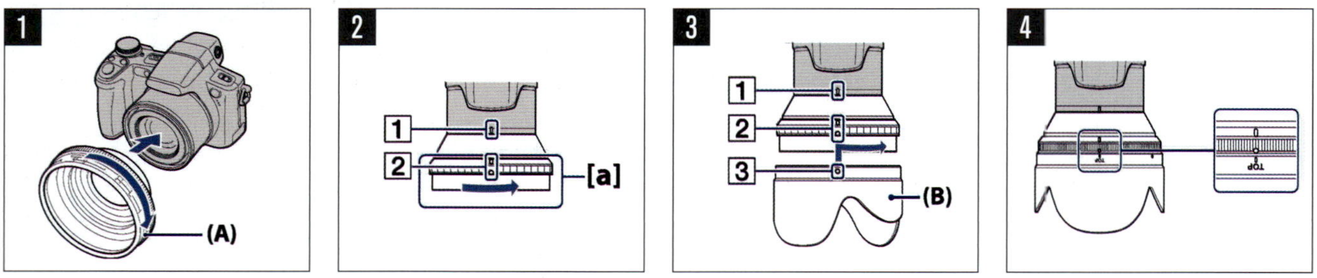

1 Coloque el anillo adaptador **(A)** con la cámara apagada.

2 Gire el área indicada con **[a]** del anillo adaptador en la dirección de la flecha y alinee el indicador [1] con el indicador [2].

3 Alinee el indicador [3] del parasol **(B)** con el indicador [2] y coloque el parasol. Gire el parasol en la dirección de la flecha hasta que encaje.

4 Compruebe que la indicación *«TOP»* queda en la posición mostrada en la ilustración. El parasol se instalará correctamente tal y como se indica en la ilustración.

- Después de colocar el parasol **(B),** el área indicada con **[a]** del anillo adaptador no girará. Si el parasol se coloca sin alinear correctamente, aparecerán sombras oscuras en las esquinas de la pantalla. Retire el parasol y vuelva a comenzar el procedimiento desde el paso **2**.

Almacenamiento del parasol

Coloque el parasol como se muestra en la imagen de la derecha y gírelo en el sentido de las agujas del reloj hasta que encaje.

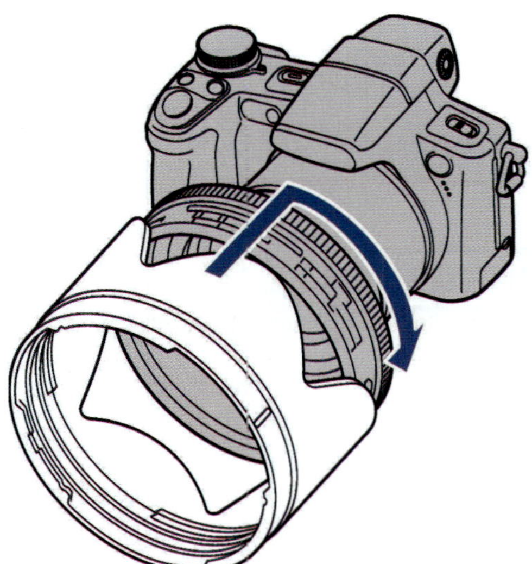

SONY Cyber-shot DS-50

ACTIVIDADES

1 En el texto se usa un recurso tipográfico para marcar diferentes apartados. ¿Cuál es ese recurso?

2 Hay un paso previo al almacenamiento del parasol que no aparece en las instrucciones; sin embargo, es evidente que antes de almacenar el parasol hay que:

a. Girarlo hacia la derecha.

b. Retirarlo.

c. Darle la vuelta.

d. Limpiarlo.

3 ¿De cuántas piezas separadas se habla en las instrucciones? ¿En qué posición con respecto a las demás está el anillo adaptador?

4 ¿Cuántos indicadores aparecen en el texto, en qué partes del objeto están y para qué sirven?

5 ¿En qué caso hay que retirar el parasol y volver a comenzar?

6 ¿Qué quiere decir «en el sentido de las agujas del reloj»? Busca en el texto otra expresión que se refiera al mismo movimiento.

MÁS QUE PALABRAS

1 En los títulos de los apartados, se ha utilizado la derivación con objeto de usar grupos o sintagmas nominales en vez de verbos: *colocación del parasol* (en lugar de *colocar el parasol*) o *almacenamiento del parasol* (en lugar de *almacenar el parasol*). ¿Qué sufijos son los que se han empleado para la transformación de verbos a sustantivos? Convierte, del mismo modo, las siguientes expresiones, explicitando la derivación morfológica realizada:

a. Limpiar el parasol.

b. Sustituir el parasol.

c. Ajustar el parasol.

d. Instalar el parasol.

e. Alinear el parasol.

f. Adaptar el parasol.

2 El autor del texto utiliza la palabra extranjera *TOP* porque es la indicación que hay en la parte superior del anillo. Define con tus palabras el término *top* en la expresión «un top». Después comprueba si está incluida en el *Diccionario de la Real Academia Española.* A continuación, explica el significado de las siguientes expresiones e intenta sustituirlas por una palabra o grupo de palabras del español:

a. *Top ten.*

b. *Top model.*

ESTRATEGIAS DE LECTURA

Textos discontinuos

En los textos discontinuos, la información verbal aparece dispersa y relacionada con imágenes, lo que puede acarrear dificultades de comprensión. Para evitar esas dificultades, ten en cuenta estos consejos:

- Asegúrate de localizar en las imágenes las referencias que el texto hace a ellas.
- Las acciones pueden expresarse mediante verbos o sustantivos. Fíjate en la raíz de los sustantivos que indican acciones para saber qué operación hay que realizar.
- Normalmente, el autor indica todos los pasos, pero a veces se presuponen algunos y deberás suplirlos con tu conocimiento. Así, para hervir unos macarrones, hay que echarlos en agua, y para introducir una batería en algún dispositivo electrónico, hay que comprobar los polos positivo y negativo.
- Aunque el orden en que están escritas las instrucciones suele corresponder a aquel en el que hay que realizar las acciones, esto no siempre es así: atento a expresiones como «una vez realizado…», «previa revisión…».
- Recuerda que las descripciones te indican cómo son los objetos y las instrucciones, qué hacer con ellos. Es conveniente separar un tipo de información de otro, con el fin de que no interfieran entre sí en tu comprensión. El objetivo último es utilizar el objeto, pero para ello hay que conocer cómo es y de qué partes consta.

Instrucciones de uso de un objeto

Los textos instructivos **dirigen al lector en la realización de una determinada tarea** a través de indicaciones técnicas o explicativas. Habitualmente acudimos a textos que nos indican cómo utilizar un televisor, cómo montar un armario, cómo colocar una lámpara, cómo instalar un programa informático... Las instrucciones se presentan en un **ámbito de uso social.**

La **estructura** de las instrucciones de uso se compone habitualmente de un listado de los elementos necesarios, así como de los pasos que deben ser seguidos en el proceso de montaje o manejo. Además del título (que indica la finalidad del texto), este tipo de información suele distribuirse de la siguiente manera:

Recursos de las instrucciones

- Léxico denotativo preciso, tecnicismos ...
- Sintaxis sencilla, oraciones breves.
- Uso de la segunda persona verbal: el texto apela a su receptor. También se pueden utilizar fórmulas en infinitivo o con se.
- Recursos tipográficos: títulos, subtítulos, diferentes letras...
- Gráficos, iconos, ilustraciones: apoyo visual al texto escrito.

Información verbal

Está secuenciada de forma numérica. El texto escrito es principalmente instructivo, pues contiene las indicaciones justas que debe realizar el lector.

Información visual

Las imágenes ofrecen un tipo de información descriptiva, al mostrar las características que definen las cualidades y características del objeto.

Las instrucciones se distinguen por ser **textos breves, claros** y **precisos.** Deben incluir únicamente la información básica y necesaria y evitar todo aquel contenido que distraiga del principal objetivo instructivo:

Colocación del parasol

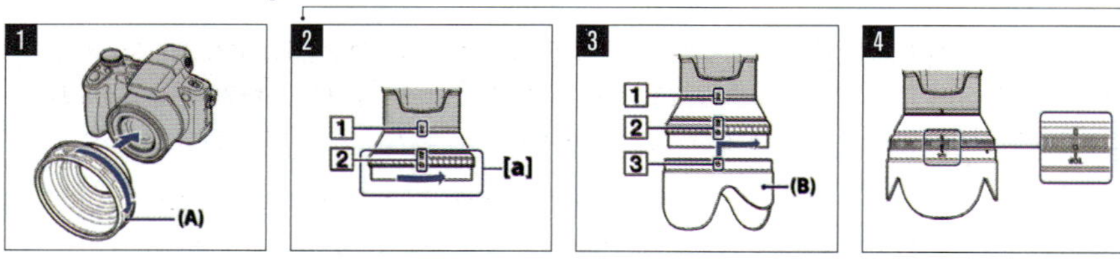

1 Coloque el anillo adaptador **(A)** con la cámara apagada.

2 Gire el área indicada con **[a]** del anillo adaptador en la dirección de la flecha y alinee el indicador [1] con el indicador [2].

3 Alinee el indicador [3] del parasol **(B)** con el indicador [1] y coloque el parasol. Gire el parasol en la dirección de la flecha hasta que encaje.

4 Compruebe que la indicación «TOP» queda en la posición mostrada en la ilustración. El parasol se instalará correctamente tal y como se indica en la ilustración.

• Después de colocar el parasol **(B)**, el área indicada con **[a]** del anillo adaptador no girará. Si el parasol se coloca sin alinear correctamente, aparecerán sombras oscuras en las esquinas de la pantalla. Retire el parasol y vuelva a comenzar el procedimiento desde el paso **2**.

Almacenamiento del parasol

Coloque el parasol como se muestra a la derecha y gírelo en el sentido de las agujas del reloj hasta que encaje.

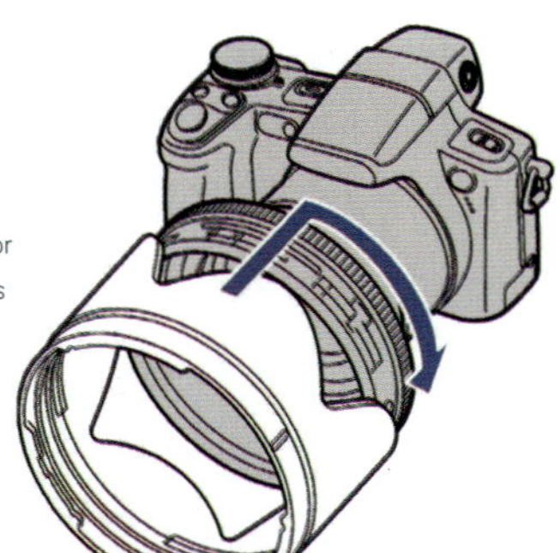

SONY Cyber-shot DS-50

Títulos de los apartados
Exposición de acciones mediante sustantivos.

Secuencia ordenada de forma numérica del texto y las imágenes
Contribuye a la organización y claridad del texto.

Letras y números en imágenes y texto
Identifican las partes del objeto y los pasos del proceso. Permiten relacionar el contenido verbal y el visual, al referirse con una misma letra o número a un mismo elemento explicado tanto en el texto como en la imagen.

Desarrollo
Exposición de acciones mediante verbos: uso del modo imperativo en la forma *usted* de cortesía.

Tu turno

1 Reescribe las anteriores instrucciones de uso a partir de las siguientes indicaciones:

- Sustituye la información visual ofrecida en las instrucciones de uso del parasol por un texto escrito que describa, a través de expresiones verbales las partes y elementos de la cámara.
- Reemplaza la numeración que ordena los pasos que han de seguirse en la colocación del parasol por conectores que organicen el texto. Por ejemplo: *en primer lugar, en segundo lugar, a continuación, después, finalmente...*
- Suprime las letras que relacionan la información verbal con la visual, pues en este nuevo formato desaparece la imagen, y redacta en su lugar la acción que debe realizarse.

¿Cuál de los dos textos crees que refleja de modo más claro el montaje y uso del parasol? ¿Por qué?

2 Redacta las instrucciones de uso de un objeto que sepas manejar, según las indicaciones que te ofrecemos a continuación:

1.º Elige el objeto. Puede ser un teléfono móvil, una tableta, una videoconsola...

2.º Realiza un esquema con los puntos que vas a tratar. Organiza y ordena la información según la secuencia de pasos que requiere su manejo.

3.º Redacta el texto en el modo verbal aconsejado para este tipo textual. Recuerda que el texto va dirigido directamente a un lector que seguirá tus indicaciones.

Debes ser breve y conciso, pues solo se ha de indicar lo fundamental en la realización de la tarea presentada. Emplea oraciones sencillas y recurre a los tecnicismos propios que definen el aparato elegido.

4.º Numera cada una de las indicaciones de forma que la información esté presentada de forma clara e inequívoca.

5.º Incluye imágenes que permitan visualizar y ejemplificar el contenido de tu texto escrito.

6.º Añade los indicadores numéricos o alfabéticos a las imágenes, de modo que se correspondan con los señalados en el texto y se compruebe su relación o identificación.

7.º Haz uso de los recursos tipográficos, con el fin de que tus instrucciones verbales se muestren visualmente de modo más claro: negrita, diferentes tamaños de letra...

8.º Incluye un título finalmente que englobe el objetivo instructivo de tu texto. Recuerda que puedes recurrir a la nominalización del verbo para referirte a la acción tratada.

9.º Relee tu texto y comprueba si tus indicaciones podrían resultar comprensibles a todo lector que quisiera seguirlas en el manejo del objeto escogido.

*

Cuando se adoptan extranjerismos para términos que no tienen equivalente en castellano, hay que tener en cuenta las siguientes opciones:

- **Mantenimiento de la grafía y pronunciación originarias.** Se escriben con comillas o cursiva. Ejemplos: *ballet, blues, jazz, software.*
- **Mantenimiento de la grafía original, pero con pronunciación y acentuación gráfica según las reglas del español.** Ejemplos: galicismo *quiche,* que se pronuncia en francés [kish].
- **Mantenimiento de la pronunciación original, pero adaptando la forma extranjera al sistema gráfico del español.** Ejemplo: el anglicismo *paddle* se adapta a *pádel.*

AUTOEVALUACIÓN

Evalúa las instrucciones redactadas a partir de tus respuestas a las siguientes preguntas:

- ¿Has presentado la información de manera ordenada y secuenciada numéricamente?
- ¿Has combinado el uso de la imagen con el texto?
- ¿Has incluido números o letras que relacionen texto e imagen?
- ¿Has sido breve y preciso en la redacción del texto?

01 La palabra

El código lingüístico usa unidades y reglas diferentes en cada uno de los niveles en los que se organiza.

EL NIVEL FONOLÓGICO	combina	fonemas.
EL NIVEL MORFOLÓGICO		morfemas.
EL NIVEL SINTÁCTICO		palabras, sintagmas (grupos) y oraciones.

Además, el nivel semántico utiliza rasgos de significado para conseguir que estas unidades evoquen una realidad en la mente de los oyentes.

La **palabra** se considera la unidad básica del código lingüístico, pues es la unidad máxima de la morfología y la mínima de la sintaxis. Desde el punto de vista gráfico, se encuentra aislada entre dos espacios en blanco.

Locuciones

Hay conjuntos de palabras que se encuentran lexicalizados, es decir, fijados por su uso unitario a lo largo del tiempo, y que, aunque no son «palabras» en un sentido estricto, se consideran unidades léxicas: son las **locuciones** (*de repente*).

01.1 El grupo fónico

Los grupos fónicos están formados por una secuencia de sílabas, de las cuales una es tónica y las demás átonas.

Es habitual que las palabras equivalgan a grupos fónicos, pues todas tienen una sílaba tónica y se pueden pronunciar aisladamente. Pero hay palabras, como algunos determinantes, pronombres o preposiciones, que siempre precisan de otra para ser pronunciadas, como ocurre, por ejemplo, con *a* en *A Juan*, que se pronuncia como una palabra (/ajuán/).

Morfemas

Los morfemas son las unidades mínimas con significado de una lengua y pueden presentar formas distintas con ligeras variaciones. Así, el plural en español es unas veces *-es* y otras *-s*, según el sonido precedente, y la raíz de *negar* adopta la forma *nieg-* cuando es tónica.

01.2 La palabra como unidad morfológica y sintáctica

La palabra es la unidad que sirve de punto de unión entre la morfología y la sintaxis: gracias a las reglas de la morfología se forman las palabras y, cuando ya están formadas, la sintaxis las combina:

Morfemas → Palabras → Sintagmas (o grupos) y oraciones

aceit-	*os*	*a*	*una*	*pasta*	*aceitosa*
MORFEMA	MORFEMA	MORFEMA	PALABRA	PALABRA	PALABRA
PALABRA			SINTAGMA (O GRUPO)		

Todas las palabras pertenecen a una categoría gramatical. No obstante, puede suceder que una palabra en la escritura agrupe a dos unidades categoriales. Por eso, es útil distinguir entre palabra gráfica (aislada por espacios en blanco) y categoría.

	PALABRAS GRÁFICAS	CATEGORÍAS
Los ingredientes de la receta	5. los-ingredientes-de-la-receta	5. det + sust + prep + det + sust
Los ingredientes del guiso	4. los-ingredientes-del-guiso	5. det + sust + prep + det + sust

02 Procesos morfológicos de formación de palabras

Algunas palabras están formadas por un solo morfema. Estas palabras suelen tener solamente **significado funcional** o gramatical, es decir, sirven para marcar relaciones entre las palabras *(de, sin, si...)*. Con todo, algunas, como ciertos adverbios de lugar, tiempo y modo *(mañana, bien...)*, también tienen **significado léxico,** porque se refieren a realidades externas a la propia lengua. La mayoría de las palabras consta de más de un morfema y se forma mediante procesos morfológicos.

02.1 Flexión

La **flexión** es el procedimiento por el que se agregan a la raíz léxica, que aporta el núcleo de significado de la palabra, **morfemas afijos** llamados **flexivos**, que sirven para que la palabra pueda funcionar en la oración.

MORFEMA 1	MORFEMA 2	MORFEMA 3
Raíz léxica	Afijo sufijo flexivo de género	Afijo sufijo flexivo de número
niñ-	*-o-*	*-s*

En español, estos morfemas son siempre sufijos, es decir, se sitúan detrás de la raíz. Cada categoría gramatical requiere un número y tipo de sufijos flexivos. Así, por ejemplo, el sustantivo presenta género y número, y el verbo presenta persona, número, tiempo, aspecto y modo.

Las palabras que solo tienen morfemas afijos flexivos se consideran **palabras primitivas,** puesto que no proceden de otras.

02.2 Derivación

La **derivación** es un proceso mediante el cual una raíz léxica recibe uno o más **afijos derivativos**. De esta manera se crea una palabra nueva, con cambio de significado:

- **Prefijos:** se sitúan delante de la raíz léxica *(**anti**-moho)*. Entre los valores de los prefijos destaca su uso expresivo, especialmente como intensificador en la conversación coloquial: ***super**interesante*, ***requete**listo*.
  - **Sufijos:** se sitúan detrás de la raíz léxica *(frut-**al**)*.
  - Pueden cambiar la categoría: *fruta* (sustantivo) > *frutal* (adjetivo).
  - Cuando hay ocasión de elegir entre varios sufijos de significado similar, es la variedad dialectal o la expresividad del hablante la que motiva la elección (*poqu**illo*** se considera más familiar que *poqu**ito***).
  - El uso de sufijos diminutivos suele vincularse con lo afectivo y familiar *(¡Échate una siestec**ita**!)*, mientras que el aumentativo puede tener valor admirativo o peyorativo *(Tiene un coch**azo**; ¡Eso es un lat**azo**!)*.
- **Interfijos:** se sitúan entre la raíz y los sufijos, o entre dos sufijos, como apoyo para la pronunciación, pero no aportan significado ni sirven por sí mismos para formar palabras nuevas *(sol-**ec**-ito)*.

Las diferentes formas que surgen de todas las posibles combinaciones de afijos flexivos conforman un **paradigma,** pero no se consideran palabras nuevas: el paradigma de todas las formas de un verbo se denomina conjugación.

02.3 Composición

La composición es un proceso por el que se unen **dos** o **más raíces léxicas** para crear una nueva palabra. Las categorías que se combinan pueden ser variadas: *verdiblanco* (adj + adj), *cazatalentos* (verbo + sust)... Según el grado de integración o fusión entre los elementos del compuesto, aparecen diversas opciones en la escritura: algunos compuestos se escriben como una sola palabra *(limpiabotas)*, mientras que otros están formados por dos palabras *(hombre orquesta)*, en ocasiones con un guion como unión *(teórico-práctico)*.

El plural en las palabras compuestas

Una prueba de que los compuestos funcionan como una unidad a pesar de mostrar dos palabras separadas en la escritura es que solo una de ellas recibe la flexión de plural: teórico-prácticos, hombres orquesta.

02.4 Parasíntesis

El procedimiento de la parasíntesis se aplica a los casos en los que una palabra compuesta recibe sufijos derivativos (*centrocampista*), o bien a los casos específicos de derivación en los que un prefijo y un sufijo deben aparecer conjuntamente *(abotonar)*. En estos casos también se puede llamar a esta unión de prefijo + sufijo un **afijo discontinuo** *(a...ar)*.

02.5 Elementos compositivos cultos

Gran parte del vocabulario científico y técnico se compone de **elementos latinos** y **griegos:** no solamente de prefijos y sufijos cultos, sino también de otros que se han llamado *bases* o *elementos compositivos*, por encontrarse a medio camino entre afijos y raíces. Se diferencian de los prefijos y sufijos, aunque a veces ocupan el mismo lugar que ellos, en el hecho de que pueden aparecer formando una palabra sin intervención de otra raíz patrimonial *(cleptomanía)*, en que pueden recibir prefijos y sufijos a su vez, como raíces para formar palabras *(hidro- + -ico = hídrico)*, y en que algunos pueden alternar en su colocación: *cinéfilo / filósofo*.

Conviene conocer el significado de estas bases compositivas para deducir el sentido de términos técnicos cuyo significado específico se desconoce, ya que la etimología, es decir, el origen de la palabra, puede explicar su sentido actual.

BASE GRECOLATINA 1	BASE GRECOLATINA 2	SIGNIFICADO DE LA PALABRA
Clepto-, 'robar'	*-manía*, 'hábito patológico'	*Cleptomanía:* trastorno psíquico por el que una persona comete pequeños robos sin plena conciencia.
Foto-, 'luz'	*-fobia*, 'odio'	*Fotofobia:* rechazo patológico a la luz.
Demo-, 'pueblo'	*-cracia*, 'poder'	*Democracia:* mecanismo político en que el pueblo participa en la elección de sus representantes.
Bio-, 'vida'	*-logía*, 'ciencia'	*Biología:* ciencia que estudia la vida.

02.6 Lexicalización

Este fenómeno se produce en algunos sintagmas (o grupos) cuando adquieren el valor de elementos léxicos por su uso repetido. Este es el caso de las locuciones, cuyo significado no se deduce de la suma de sus partes: *a sabiendas, estirar la pata, como el rosario de la aurora*...

03 Procedimientos léxicos de creación de palabras

03.1 Etimología popular

La falsa creencia sobre el origen etimológico de una palabra puede provocar la creación de una nueva. Así, por ejemplo, la palabra **mondarina* procede de la relación, históricamente falsa, con *mondar:* 'quitar la cáscara a las frutas'. La mayoría se consideran vulgares, si bien algunas llegan a instalarse en la lengua normativa, como *altozano,* creada por etimología popular desde *antozano.*

Onomatopeyas

Las onomatopeyas consisten en la imitación de sonidos reales o movimientos: *zigzag, tic-tac, zzzzzzz…*

03.2 Eponimia

Los nombres propios dan lugar, a veces, a nombres comunes. Así ocurre con algunos personajes que han pasado a encarnar un tipo *(un quijote),* con marcas comerciales que por similitud o antonomasia designan un objeto *(michelín)* o con inventores que dan nombre a su creación *(saxo).*

03.3 Préstamo y extranjerismo

Todas las lenguas reciben, en su devenir histórico, palabras que proceden de otras con las que entran en contacto. Así, el castellano recibió del árabe la palabra *aceite* y relegó la patrimonial de origen latino *óleo* a usos cultos. Igualmente, son **préstamos** en español *chubasco* (del portugués), *peaje* (del francés), *tomate* (del náhuatl) y muchos otros términos. Todos ellos siguen los procesos morfológicos propios del español y están plenamente adaptados. Cuando los términos aún no están adaptados, y mantienen su grafía original, se llaman **extranjerismos** o **xenismos.**

Tipos de extranjerismos

La RAE distingue entre:

- Extranjerismos «superfluos o innecesarios»: aquellos para los que existe un equivalente español en uso (como *abstract* para resumen, o *back-up*, para copia de seguridad).
- Extranjerismos «necesarios o muy extendidos»: aquellos que sirven para designar realidades para las que no es fácil encontrar un equivalente español (*chat, software…*).

04 Procedimientos fónicos de creación de palabras

04.1 Sigla y acrónimo

Las **siglas** están formadas por las letras iniciales de una secuencia, como *CD (compact disc)*; si permiten ser pronunciadas como una palabra, se llaman **acrónimos** (*ovni*). Los acrónimos pueden incluirse en el léxico de una lengua (*láser).*

04.2 Acortamiento

Surgen palabras por truncamiento o acortamiento cuando los hablantes prefieren la versión breve de otra más larga, como en *foto* (fotografía).

ACTIVIDADES

1 Identifica en este texto aquellos casos en que las palabras gráficas incluyen más de una categoría:

«Coloque la correa y pase la mano a través del lazo para evitar que pueda caérsele la cámara y dañarse.»

2 En el siguiente texto, indica cuáles son los morfemas flexivos que se pueden identificar en las palabras subrayadas y qué información aportan.

Ejemplos de uso de RefShare

- Colgar <u>bibliografías</u> temáticas en una página web.
- Proporcionar acceso rápido a información para <u>investigadores</u> de <u>diferentes</u> instituciones que colaboren en un mismo proyecto.
- Proporcionar un enlace a la <u>bibliografía publicada</u> por un departamento o <u>investigador</u> en concreto.
- <u>Publicar</u> una base de datos interna de referencias dentro de una misma organización.

Manual de uso de RefWorks. UCM.

3 Extrae del siguiente texto todos los sustantivos primitivos y todos los derivados. ¿Qué tipo es más frecuente? ¿Crees que esto es así normalmente en las instrucciones de uso? ¿Por qué?

En el horno existen tres secuencias de <u>descongelamiento</u> <u>prefijadas</u>. La característica de DESCONGELADO AUTOMÁTICO le brinda el mejor método para <u>descongelar</u> sus alimentos de una manera más rápida. La guía de cocción le mostrará <u>la secuencia</u> de <u>descongelamiento</u> requerida. Con el sistema de DESCONGELADO AUTOMÁTICO el horno ajusta el nivel de potencia y el tiempo. El peso de los alimentos determinará el tiempo y la potencia.

LG. Horno microondas. Manual de usuario. MODELO: Ms-0746T

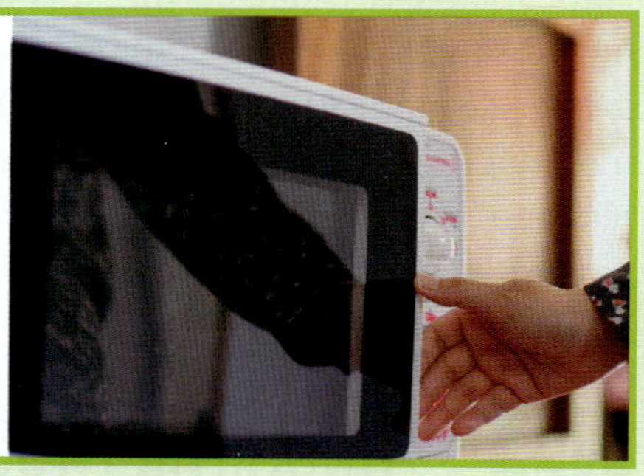

4 Escribe tres ejemplos de palabras formadas por parasíntesis. Señala la raíz o raíces y los morfemas derivativos que muestran.

5 Utiliza los sufijos que sean precisos para crear adjetivos a partir de los siguientes sustantivos: *flor, luna, viento, mar* y *sol*.

6 Identifica en el texto propuesto el uso afectivo de sufijos:

ZAPATERO. ¡Ca! Estoy convencido… yo creo que esto lo hace por atormentarme; porque, estoy seguro…, ella me odia. Al principio creí que la dominaría con mi carácter dulzón y mis regalillos: collares de coral, cintillos, peinetas de concha… ¡hasta unas ligas! Pero ella… ¡es siempre ella!

Federico García Lorca: *La zapatera prodigiosa*. Alianza.

7 Realiza un análisis morfológico de las palabras propuestas siguiendo estos pasos:

1.º Indica si la palabra es primitiva, derivada o compuesta.

2.º Localiza la raíz o raíces. Para ello, puedes comparar con otras palabras que compartan la misma raíz.

3.º Localiza los afijos derivativos e indica si son prefijos, sufijos o interfijos. Además, di si dan lugar a una palabra de una nueva categoría.

4.º Señala los sufijos flexivos y la información que aportan. Si la ausencia de sufijo explícito aporta alguna información, indícalo también.

a. desautorizaron **b.** indeseables **c.** guardapolvo **d.** sietemesino

8 Di a qué categoría pertenecen las siguientes palabras compuestas y de qué categoría son las raíces que se unen en ellas.

a. sordomudo **b.** guardabosques **c.** siempreviva
d. radiodifusión **e.** pasapuré

9 Localiza en el siguiente texto tanto los prefijos como los elementos compositivos grecolatinos en las palabras subrayadas y busca en el diccionario el significado de aquellas que desconozcas:

> **<u>transductor</u>:** dispositivo que transforma una forma de energía en otra. Los transductores <u>ecográficos</u> contienen elementos piezoeléctricos que, cuando se activan electrónicamente, emiten energía acústica. Al transmitir la energía acústica al cuerpo, esta viaja hasta encontrar una <u>interfase</u>, o cambia las propiedades del tejido. [...] Consulte transductor curvo, <u>intracavitario</u>, lineal y <u>microcurvo</u>.
>
> Sonosite, Inc: *Manual para el usuario del sistema de ecografía.*

10 ¿Cuáles crees que son los errores etimológicos que han provocado la aparición de las formas *andalia* por *sandalia*, *vagamundo* por *vagabundo*, *alicóptero* por helicóptero, *saltibajo* por *altibajo*, *esparatrapo* por *esparadrapo* y *testaduro* por *testarudo*?

11 Los siguientes nombres son epónimos; averigua cuál es su procedencia y anótala: *pósit, celo, aspirina* y *tirita*.

12 Clasifica las siguientes palabras en siglas o acrónimos y explica por qué has elegido una u otra categoría en cada caso: *IP, ESO, RTVE, UNICEF, FP, DVD* y *ONU*.

13 ¿Cómo se han adaptado al español estos préstamos?

a. Eslogan. **c.** Pirsin. **e.** Sunami.
b. Sándwich. **d.** Esmoquin. **f.** Espagueti.

05 La lexicografía y el diccionario

Hay varias disciplinas lingüísticas que tienen como ámbito de estudio el significado de las palabras y su uso. De ellas, destaca la **lexicografía**, que es una disciplina aplicada, pues su fin es la elaboración de diccionarios.

Un **diccionario** es una colección ordenada de palabras y locuciones de una lengua, o de un aspecto de la realidad, que incluye su significado y sus usos contextuales, o bien una traducción a otra lengua.

Los **diccionarios impresos,** en su casi totalidad, ordenan las palabras alfabéticamente, de forma consecutiva, en uno o varios volúmenes. Es posible encontrar diccionarios en formato digital que son mera reproducción, en un archivo, de las páginas de un diccionario impreso. En cambio, los **diccionarios electrónicos** almacenan la información en una base de datos y permiten el acceso del usuario sin hacer uso del orden alfabético, sino tecleando la palabra deseada en una interfaz.

También se utilizan hipervínculos para desplazarse de un término a otro sin necesidad de teclear este último:

harpa

V. arpa.

coger

18. tr. **pillar** (II aprisionar con daño). *La puerta le cogió un dedo.* U. t. c. prnl.

Algunos diccionarios generales incluyen los prefijos y los elementos compositivos:

pre- (Del lat. *prae-*). pref. Indica anterioridad local o temporal, prioridad o encarecimiento. *Prefijar, prehistoria, prepósito, preclaro.*

-logía- (Del gr. *-logía*). elem. compos. Significa 'tratado', 'estudio', 'ciencia'. *Mineralogía, lexicología.*

RAE *Diccionario de la lengua española.*

05.1 Tipos de diccionarios

Hay diferentes tipos de diccionarios según criterios distintos:

Criterio	Tipo	Descripción
Según el número de lenguas implicadas	Monolingüe	Utiliza una sola lengua.
	Bilingüe o multilingüe	Establece equivalencias entre palabras con el mismo significado de dos o más lenguas.
Según la temática o ámbitos abarcados	General	Abarca el léxico total de una lengua.
	Especializado	Se refiere a un único campo del saber.
Según el tipo de información de las entradas	Lingüístico	Incluye la definición y los usos más comunes de un término.
	Enciclopédico	Aporta información complementaria y, en muchas ocasiones, incluye nombres propios.
	Etimológico	Aporta datos sobre el origen y evolución del significado de un término.
	De dudas	Ofrece información metalingüística sobre la norma de una lengua o dificultades de traducción.

Además de estos, contamos con los diccionarios de **sinónimos**, que se ofrecen como ayuda para la redacción de textos, pues aportan, para cada lema o término estudiado, una serie de alternativas de significado similar, que sirven para evitar repeticiones. Los diccionarios de **antónimos** asocian un término con aquellos de significado contrario.

06 Macroestructura y microestructura

A la forma de organizar un diccionario se la llama **macroestructura.** El **lema** es cada uno de los elementos (palabras, locuciones, afijos...) que se definen, y la **entrada** o **artículo,** el conjunto de lema y definición.

La **microestructura,** por su parte, es la organización de la información de las entradas. En cada una de ellas aparecen los diversos sentidos y acepciones, así como construcciones generalizadas que incluyen el lema.

La información que da una entrada es muy abundante y abarca mucho más que las definiciones de los significados:

Las definiciones de las palabras que aparecen en el contenido de esta unidad han sido tomadas del *Diccionario de la lengua española* de la RAE (www.rae.es).

cómico, ca

Del lat. *comĭcus*, y este del gr. κωμικός kōmikós.

1. adj. Que divierte y hace reír. *Situación cómica*.

2. adj. Perteneciente o relativo a la comedia.

3. adj. Dicho de un actor: Que representa papeles **cómicos.** U. t. c. s.

4. adj. Dicho de un autor antiguo: Que escribía comedias. U. t. c. s

5. m. y f. **comediante** (|| actor).

6. f. *Pan.* **historieta** (|| serie de dibujos). U. m. en pl.

7. f. *Pan.* **dibujos animados.**

cómico, ca de la legua

1. m. y f. **cómico** itinerante que hacía sus representaciones de pueblo en pueblo.

dar, o **poner, la cómica**

1. locs. verbs. coloqs. *Ven.* Hacer el ridículo.

ponerse cómico, ca

1. loc. verb. coloq. *Ven.* Contrariar los deseos o aspiraciones de alguien.

tira cómica

vis cómica

Categoría gramatical. adj.
Etimología de la palabra. Del lat., gr.: del latín, griego.
Información morfológica. Loc., locs.: locución, locuciones.
Variación gramatical. U. t. c .s.: uso también como sustantivo. U. m. en pl.: uso mayormente en plural.
Uso geográfico. *Pan.*: Panamá.
Registro. Coloq., coloqs.: coloquial, coloquiales.
Ejemplos. *Situación cómica.*

06.1 La definición

La **definición** es la expresión del significado de una palabra. Una forma mínima de definición es el sinónimo. Sin embargo, lo habitual es que la definición incluya una descripción del ser, objeto o noción al que se refiere la palabra o de su uso. Una buena definición tiene las siguientes características:

- No incluye lo definido en la definición.
- Aporta información sobre usos específicos.
- Cuando hay dificultades de interpretación, incluye los ejemplos.
- Establece la clase de un término y su especificidad. Para indicar la clase, usa uno o varios hiperónimos del campo semántico al que pertenece lo definido.

06.2 Tipos de significado en el diccionario

La mayoría de las palabras son polisémicas, es decir, incluyen diferentes significados que aparecen como acepciones en la entrada del diccionario.

Homonimia

Cuando dos términos son homónimos, es decir, se escriben igual, pero su significado no guarda relación alguna, los diccionarios lo reflejan indicando que se trata de entradas, y por tanto, lemas o palabras diferentes mediante el uso de un superíndice numérico: champán[1], champán[2].

Connotación y denotación

Las diferentes acepciones incluyen una información objetiva, denotativa, que se corresponde con los rasgos que distinguen un término de otro. En el caso de algunos términos, aparece también un sentido connotativo, subjetivo, que es fruto del uso social o personal que de él se hace. El significado connotativo extendido socialmente constituye una acepción más de las que aparecen en una entrada del diccionario.

negro, gra

Del lat. *niger, nigri*

1. adj. Dicho de un color: Semejante al del carbón o al de la oscuridad total.

13. adj. Infeliz, infausto y desventurado.

- La acepción 1 recoge un **significado denotativo.**
- La acepción 13 recoge un **significado connotativo.**

Hay palabras que son propias de un estilo o registro determinado (como, por ejemplo, el vulgar o el coloquial) y otras que adquieren un significado específico cuando ocasionalmente son utilizadas en ese estilo o registro. También suele indicarse si la palabra es propia de una jerga profesional específica.

negro, gra

Del lat. *niger, nigri*

14. adj. coloq. Tostado o bronceado por el sol.

15. adj. coloq. Muy enfadado o irritado.

mamarracho

Del ár. hisp. **muharráǧ* o **muharríǧ*, y este del ár. *muharriǧ* 'bufón[2]'.

1. m. coloq. Persona o cosa defectuosa, ridícula o extravagante.

2. m. coloq. Cosa imperfecta.

3. m. coloq. Hombre informal, no merecedor de respeto.

Metáfora y metonimia

Los significados metafóricos y metonímicos también pueden verse recogidos en el diccionario como acepciones diferentes.

METÁFORA	Uso de un elemento por otro con el que guarda parecido. En muchos diccionarios se indica con la abreviatura *fig.* (uso figurado). En el siguiente ejemplo se muestra también el significado denotativo (acepción 1).
	estrella Del lat. *stella.* **1.** f. Cada uno de los cuerpos celestes que brillan en la noche, excepto la Luna. **7.** f. Persona que sobresale extraordinariamente en su profesión, especialmente en el mundo del espectáculo.
METONIMIA	Uso del autor por la obra, el continente por el contenido, el lugar de origen por el producto o la causa por el efecto.
	gruyer De *Gruyère*, región de Suiza. **1.** m. Queso suave, de origen suizo, fabricado con leche de vaca y cuajo triturado.

ACTIVIDADES

14 Indica a qué tipo de diccionarios pertenecen estas entradas. Argumenta tu respuesta.

> **sabañón.** 3.er cuarto s. XVI. Origen incierto. Parece ser primitivamente el nombre de algún gusano o insecto, cuyo sentido cambió en virtud de la creencia vulgar de que los sabañones y otras enfermedades cutáneas son causados por gusanitos. Así puede decirse del cat. *saballó*, aragonés *sagallón*, gascón *savalhoun* 'huevo que dejan las moscas en la carne', larva de la carne descompuesta', gascón savarro 'mosca de carne'. Pero se ignora la etimología de esta otra palabra *probte.* prerromana.

> **carné.** 'Documento o tarjeta de identidad'. Es nombre masculino con plural regular *carnés*. Es preferible usar esta forma en lugar de la muy extendida *carnet* (plural *carnets*), que en realidad se pronuncia igual que la otra: /karné, karnés/. De todos modos, las dos grafías tienen aceptación, si bien solo *carné* está registrada en el *Diccionario de la Academia*.
>
> **carnecería** → CARNICERÍA
> **carnet** → CARNÉ

> **balloon** no es *balón*, sino *globo*, tanto el *globo aerostático* como el de goma de los niños, mientras que *balón* traduce **football, ball** [de fútbol].

15 Localiza en el *Diccionario de la lengua española* de la RAE (www.rae.es) la información necesaria para resolver estas cuestiones; para ello, lee la Guía de consulta del diccionario.

a. ¿Qué palabras acabadas en *-acho* son homónimas?

b. ¿Cómo se escribe el término *correveidile*?

c. ¿Hay más de una forma de escribirlo? En ese caso, ¿qué forma es la más usual?

d. ¿Es correcto decir «Este ejercicio se asimila a este otro»?

e. Un peruano me dice que me dará «un mate de sal». ¿A qué se refiere?

16 Lee la entrada de la palabra *viejo*, del *Diccionario de la lengua española* (www.rae.es), e identifica cómo se ofrece la siguiente información: a) etimología; b) categoría y flexión gramatical (indica cuál); c) ejemplo; d) registro; e) zona geográfica.

17 Entre las acepciones de la siguiente palabra polisémica, señala cuál es la que indica el significado denotativo y cuál la que indica el significado connotativo, así como dos usos metafóricos. Incluye ejemplos en todas las acepciones. Detalla cómo se cumplen las características de una buena definición. A continuación, define la palabra *noche* de forma similar a esta.

> **nube**
> Del lat. *nubes.*
> **1.** f. Agregado visible de minúsculas gotitas de agua, de cristales de hielo o de ambos, suspendido en la atmósfera y producido por la condensación de vapor de agua.
> **2.** f. Agrupación o cantidad muy grande de algo que va por el aire. *Nube de polvo, de humo, de pájaros, de insectos.*
> **3.** f. Cantidad grande de personas o cosas juntas.
> **4.** f. Cosa que oscurece o encubre otra, como lo hacen las **nubes** con el sol.
> **5.** f. Entre los lapidarios, sombra que aparece en las piedras preciosas, oscureciendo sus luces.
> **6.** f. Pequeña mancha blanquecina que se forma en la capa exterior de la córnea.
> **7.** f. Especie de chal muy ligero, hecho de punto, con que las señoras se envolvían la cabeza al salir de noche.
> **8.** f. *Inform.* Espacio de almacenamiento y procesamiento de datos y archivos ubicado en internet, al que puede acceder el usuario desde cualquier dispositivo.

18 Di qué tipo de diccionario consultarías en cada una de las siguientes ocasiones. Si es un diccionario en papel, apunta su autor, título y editorial. Si es un diccionario en línea, indica la URL de la página en que se encuentra.

a. Redactar un folleto turístico sin repetir siempre la palabra *monumento.*

b. Saber dónde se cultiva la alcaparra.

c. Leer una novela en inglés.

d. Encontrar la forma correcta del verbo *haber* para una oración concreta.

e. Localizar la primera vez que se utilizó la palabra *restaurante* en español.

EVALUACIÓN

Posiciones de trabajo

¡Atención!

Usar el aparato solo con los accesorios colocados en el accionamiento prescrito y la posición de trabajo correcta, de conformidad a la tabla adjunta.

El brazo giratorio tiene que estar siempre enclavado, con independencia de la posición de trabajo que ocupe.

> ⓘ ***Advertencia***
>
> El brazo giratorio está equipado con la función «Easy Armlift» que facilita los movimientos de elevación.

Posición	Accionamiento		MUM52..	MUM54.. MUM56..
1	7		1–4	1–7
			1–4	1–7
			1–2	1–3
2	7	*	–	–
3	6		2–4	3–7
			2–4	3–7
4	9		3–4	5–7
	7		3–4	5–7

Ajustar la posición de trabajo:

- Pulsar la tecla de desbloqueo y mover el brazo giratorio.
- Desplazar el brazo giratorio hasta hacerlo enclavar en la posición de trabajo deseada.

> ⓘ ***Advertencia importante para los modelos MUM 54.../MUM56***
>
> En caso de manejo erróneo del aparato, dispararse un fusible electrónico o registrarse una avería en el aparato, el piloto de funcionamiento del aparato parpadea.

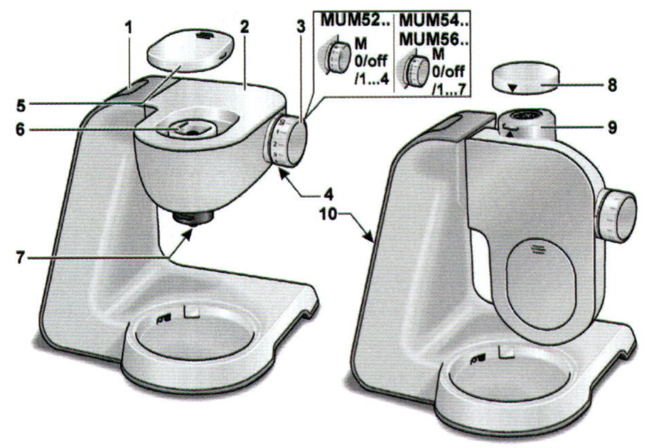

* Montar/Desmontar la varilla batidora, la varilla mezcladora o el garfio amasador, agregar grandes cantidades de alimentos.

1 ¿Para qué se ofrecen las instrucciones de este texto y a qué objeto se refieren?

2 ¿Qué categoría gramatical se utiliza para indicar las acciones?

3 ¿En qué columna de la tabla se encuentran los accesorios a los que se refieren las instrucciones?

4 ¿Para qué se utiliza la (i) en este texto discontinuo? ¿Qué recursos tipográficos se utilizan para organizar la información?

5 ¿Dónde se localizan, en el aparato, las posiciones 1-4 y 1-7? ¿Por qué hay dos indicaciones diferentes: una que va de 1 a 4 y otra que va de 1 a 7?

6 Di si son verdaderas o falsas las siguientes afirmaciones:

a. Se puede desenclavar el brazo giratorio en la posición 3.

b. El piloto de manejo del aparato parpadea solo en caso de manejo erróneo.

c. La posición 2 no admite movimiento del brazo giratorio.

d. La advertencia nos indica que, para elevar el brazo giratorio, hay que tocar el botón «Easy Armfit».

7 ¿Cómo sabemos dónde hay que colocar los elementos representados en la columna central?

8 Indica los afijos derivativos que aparecen en las siguientes palabras y señala cuáles de ellos sirven para transformar la categoría de las palabras: *desmontar, amasador, accionamiento, giratorio, enclavado, elevación, independencia.*

9 A partir de su uso en el texto, ¿qué significado tienen los prefijos *en-*, *in-* y *des-*?

10 ¿Qué extranjerismo encuentras en el texto? ¿Qué palabra derivada española inventarías para ese mismo término, según la definición que se da de él en el texto?

11 Los términos de un texto como este ¿suelen usarse en un sentido connotativo o denotativo? ¿Por qué? Pon ejemplos.

12 Define las palabras *accesorio* y *batidora*, incluyendo todas las acepciones que seas capaz de recordar, y señala a continuación cuál es la que conviene al uso de esas palabras en el texto.

13 Analiza morfológicamente las palabras *electrónico* y *funcionamiento.*

EVALUACIÓN

1 Di cuál de estas afirmaciones no se corresponde con las características de una receta:

a. En una receta, al principio, se adelanta siempre de forma breve qué es lo que se va a hacer.

b. Los ingredientes se incluyen con las cantidades necesarias para un número determinado de comensales.

c. Los pasos que han de seguirse se indican de forma ordenada.

d. Las recetas, sobre todo si se transmiten oralmente, suelen incluir expresiones de entusiasmo o ánimo, anticipando un buen resultado.

2 *Enharinar* es una palabra…

a. Simple.

b. Derivada.

c. Compuesta.

d. Parasintética.

3 En *berenjenas*…

a. No hay morfemas flexivos.

b. El prefijo *be-* significa 'dos'.

c. El sufijo *-as* indica segunda persona del singular.

d. No hay morfemas derivativos.

4 *Agridulce*…

a. Es el resultado de la unión de un adjetivo y un sustantivo.

b. Es una palabra formada por derivación.

c. Muestra morfema flexivo de género.

d. Es una palabra formada por composición.

5 Di cuáles de las palabras de los ejemplos siguientes son extranjerismos y no pueden considerarse préstamos:

a. Todos los días me pregunta si podrá jugar al fútbol, pero a mí me gustaría que jugara a *lacrosse*, que es mucho más original.

b. Si no te gusta el *ballet*, puedes apuntarte a *spinning*.

c. ¿Te ha gustado la quiche?

d. *A posteriori*, es fácil decir que sabías qué iba a pasar.

e. Es un tuitero muy mordaz y tiene muchos seguidores.

f. Esta chica siempre está hablando de esa *boyband:* parece que es una fan muy implicada.

g. Ha hecho un máster en dirección de empresas.

6 Señala cuáles de estas palabras son acrónimos del español:

a. PYME.

b. SIDA.

c. TFT.

d. LED.

7 A partir de esta entrada de diccionario, señala qué afirmaciones son verdaderas:

> **sartén**
> Del lat. *sartāgo, -inis..*
> **1.** f. Recipiente de cocina, generalmente de metal, de forma circular, poco hondo ycon mango largo, que sirve sobre todo para freír. En muchos lugares de Am. y Esp., u. c. m.
> **2.** f. Lo que se fríe de una vez en la **sartén**.
> **tener** alguien **la sartén por el mango**
> **1.** loc. verb. coloq. Ser dueño de la situación, poder decidir o mandar.
> **fruta de sartén**

a. La palabra *sartén* es un préstamo del francés.

b. La segunda acepción es un uso metonímico de *sartén*.

c. *Sartén* forma parte de una locución verbal culta.

d. La palabra *sartén* es polisémica.

8 Lee las definiciones de la palabra *champán* e indica si son verdaderas o falsas las siguientes afirmaciones:

> **champán[1]**
> Del malayo *čampán,* y este del chino *san pan* 'tres tablas'.
> **1.** m. Embarcación grande, de fondo plano, que se emplea en China, el Japón y algunas partes de América del Sur para navegar por los ríos.
> **champán[2]**
> De *Champagne,* comarca francesa.
> **1.** m. Vino espumoso blanco o rosado, originario de Francia.

a. *Champán* es una palabra polisémica.

b. Hay un uso metafórico en *champán* como 'vino espumoso', pues se relacionan producto y zona de origen.

c. La palabra *champán* es un extranjerismo.

DIARIO DE APRENDIZAJE

¿Puedes confirmar y ampliar los contenidos de esta unidad con tu entorno?

03 No te lo pierdas

¿Cuánto interés me suscita este tema?

1 ¿Cómo crees que se convence a los receptores para acudir a un evento cultural?

2 ¿Con qué clase de palabras se manifiestan las emociones del emisor ante lo que está contando?

3 ¿Qué textos han de ser más expresivos que informativos?

VÍDEO 3.1
En tu libro digital

Accede al vídeo promocional del proyecto somoslink de Edelvives y contesta a las preguntas:

1 ¿Cuál es el tema del vídeo? ¿Crees que busca motivar al espectador o solo se limita a informar? ¿Por qué?

2 ¿Te resulta atractivo? ¿Qué te sugiere la imagen de esta motivadora?

El vídeo promocional

La **publicidad** se caracteriza por su finalidad persuasiva, ya que pretende convencer a sus receptores. El vídeo promocional es un instrumento publicitario dirigido a **informar** y **llamar la atención** del público sobre un producto, un servicio, un evento o una institución. Su formato audiovisual busca el impacto de su mensaje a través de su lenguaje multimodal: imágenes, sonidos, desarrollo en secuencias...

La secuencia de escenas del vídeo puede presentar **secciones expositivas,** para explicar y ofrecer detalles acerca del contenido anunciado; **secciones narrativas,** a fin de ubicar al público en una determinada situación relacionada con el evento promocionado; y **secciones descriptivas,** con objeto de presentar las características de aquello que se promociona.

Debe ser **directo, preciso** y **breve.** Para ello, emplea una serie de **estrategias** que posibilitan que el mensaje quede en la memoria del receptor:

- Imágenes impactantes, efectos de entrada o salida de las imágenes.
- Recursos sonoros, temas musicales.
- Palabras clave cargadas de significación, citas de personajes.
- Apelación directa al oyente *(vengan y disfruten, vean, bienvenidos...).*
- Voz en *off:* voz que no procede de los personajes del vídeo, sino que se oye sobre las imágenes ofreciendo información del servicio promocionado.
- Mensaje escrito destacado por su tipo de letra, color y ubicación en la imagen del vídeo en el que se inserta.

A estas estrategias se añaden las de enfatización y expansión:

Estrategias de enfatización

- **Preguntas retóricas,** que contesta el propio emisor.
- **Repetición** de palabras o frases de forma seguida: *Era mejor hacerlo con su padre, hacerlo con su padre.*
- **Marcadores de importancia:** *Es muy importante, fundamental, venir pronto.*
- **Énfasis expresivo:** entonación, pronunciación, ritmo y articulación adecuados al mensaje verbal oral.

Estrategias de expansión

- **Reformulaciones parafrásticas** que vuelven a reproducir el contenido de forma distinta: *Eran indígenas, nativos de aquellas tierras.*
- **Comparaciones:** *Es duro como el acero.*
- **Metáforas:** *El escenario era su casa.*

El vídeo promocional se inserta en un **ámbito de uso social:** televisión, Internet, congresos, ferias...

Su **estructura** básica sigue este orden:

- **Introducción:** presenta de forma impactante el objetivo del vídeo.
- **Desarrollo:** expone el contenido que se desea transmitir.
- **Final:** recopila la principal idea ofrecida y recuerda el nombre del producto, evento o institución anunciada.

VÍDEO 3.2

Puedes comprobar la estructura de un vídeo promocional a partir del realizado para el Festival de Teatro Clásico de Cáceres del año 2014.

Tu turno

1 Accede al vídeo promocional del Festival de Teatro Clásico de Cáceres del año 2014 y contesta a las siguientes preguntas:

- Distingue entre información y persuasión. ¿Cuáles son las estrategias de persuasión utilizadas? ¿Qué información ofrece el vídeo?
- ¿Qué crees que pretende mostrar el vídeo con la aparición de los diferentes personajes y sus textos interpretados?
- ¿Cuál es el significado de la cita inicial: «El teatro no se hace para contar las cosas, sino para cambiarlas»? Investiga quién fue Vittorio Gassman e indica por qué resulta significativo introducir su cita en este vídeo promocional.
- Justifica el uso del texto narrativo que predomina en el desarrollo o zona central del vídeo dedicada al ensayo de la actriz.

VÍDEO 3.2

2 Observa ahora el siguiente vídeo promocional del museo Salzillo de Murcia y Renfe (www.youtube.com/watch?v=ijTSZUmoDzs) e incluye una voz en *off* que complete la información visual ofrecida. Sigue estos pasos:

1.º Accede a la página web del museo (http://www.museosalzillo.es) y documéntate acerca de sus horarios, tarifas, historia, colección... Selecciona aquella información que pueda servirte para completar el vídeo promocional.

2.º Realiza un esquema teniendo en cuenta la estructura del vídeo promocional:

- **Introducción:** puedes añadir alguna cita inicial que presenta la obra de Salzillo.
- **Desarrollo:** incluye la información investigada en la página web.
- **Final:** duplica la información que puede leerse en el último plano.

3.º Debes tener muy claro lo que vas a decir en el mensaje del vídeo, pero sobre todo cómo lo vas a decir. Para ello, emplea las siguientes estrategias de persuasión al redactar el texto de la voz en *off:* apelación al público, palabras clave y significativas, citas de personajes. Recuerda que has de ser breve, preciso y directo.

4.º Lee en voz alta el texto y ensaya una entonación y pronunciación que resulten atractivas y llamen la atención del receptor. Es importante que matices y enfatices las palabras más significativas del texto.

5.º Realiza la interpretación del texto superpuesta al vídeo ante tus compañeros de clase y entre todos elegid el mejor resultado promocional.

AUTOEVALUACIÓN

Contesta a las siguientes preguntas y comprueba la eficacia persuasiva de la voz en *off* agregada:

- ¿Crees que la voz en *off* añadida al vídeo promocional del museo Salzillo favorece su objetivo persuasivo?
- ¿Has combinado persuasión e información en tu texto?
- ¿Has sido breve y preciso en la selección de información?
- ¿Es importante la entonación y la pronunciación otorgadas al texto creado?

LEER

Los **carteles** son textos donde la información y la persuasión aparecen unidas con el fin de mover al lector a actuar, indicando cómo puede hacerlo.

- ¿Son todos los carteles textos publicitarios?
- ¿Qué diferencia hay entre un aviso, un anuncio y unas instrucciones?

ACTIVIDADES

1 En este texto aparecen varios tipos de letra, que pueden servir para dividir la información. Indica dónde se sitúa la información genérica sobre *bookcrossing* y la específica del Ayuntamiento de esta localidad. Luego explica cómo se ha usado la tipografía para distinguirlas.

2 Localiza en el texto las formas verbales en imperativo y cópialas en tu cuaderno. ¿Qué función desempeña el imperativo en un texto como este?

3 Hay expresiones nominales (que no tienen verbo). ¿Dónde se sitúan en este texto? ¿Por qué crees que están ahí?

4 Enumera los pasos que hay que seguir para participar en este movimiento.

5 Indica si son afirmaciones verdaderas o falsas:

a. Si dejas un libro para este proyecto, recibirás un *e-mail* siempre que alguien lo encuentre.

b. No se puede participar en el *bookcrossing* si no se dejan los libros en los puntos oficiales.

c. No hay que pagar para participar en esta iniciativa.

6 Responde a estas dudas que puede tener alguien que pretenda participar en este evento:

a. ¿Cómo sé qué número ponerle a mi libro para cederlo al *bookcrossing*?

b. ¿Cómo me puedo enterar de quiénes son todas las personas que reciben mi libro?

c. ¿Cuánto hay que pagar para llevarse un libro?

7 ¿A quién se refiere la primera persona del plural *estamos*? ¿A qué receptor va dirigido el texto?

8 ¿Cuál es el eslogan de www.BooKCrossing-Spain.com?

9 Explica el sentido que en el texto tienen las siguientes expresiones:

a. «Las vidas que tocan».

b. «Haz del mundo una biblioteca».

c. «Liberación de libros».

10 El autor usa las mayúsculas en palabras que no lo requieren según las normas ortográficas. ¿Por qué crees que lo hace? ¿En qué casos piensas que las palabras no deberían llevarla?

MÁS QUE PALABRAS

1 La palabra *bookcrossing* es un préstamo sin adaptar del inglés. Di qué palabra o expresión del español se puede usar como equivalente a ella.

2 Las palabras que no están adaptadas deben escribirse en cursiva. El autor de este texto no lo ha hecho. ¿Por qué crees que es así?

3 ¿Qué otros préstamos del inglés encuentras en el texto? ¿Están adaptados a la pronunciación española?

4 ¿Qué relación de significado o de sonido hay entre las palabras *libros* y *libres*? ¿Qué consigue el autor poniéndolas una junto a otra? ¿Qué elemento morfológico comparten las palabras *libres* y *liberación*? ¿Crea ese hecho una relación de significado?

ESTRATEGIAS DE LECTURA

Los textos publicitarios

A menudo, los textos publicitarios, basados muchas veces en juegos verbales y en un uso creativo del lenguaje, pueden resultar confusos. Emplea estas estrategias para comprenderlos correctamente:

- Localiza las expresiones de tipo exhortativo: utilizarán, o bien el imperativo, o bien verbos modales de obligación o posibilidad: *Prueba, Tienes que probarlo, Puedes probarlo.*
- Detecta las expresiones indirectas. Una pregunta o una afirmación pueden ocultar un mandato o sugerencia: *¿Sabías que hay un aventurero en ti? Ahora es el momento.*
- Distingue la información objetiva de la subjetiva. Por ejemplo, los adjetivos descriptivos añaden información *(números de seguimiento únicos)*, mientras que los valorativos ofrecen una opinión *(es divertido)*.
- Fíjate en si falta información relevante. Es posible que el autor no haya mencionado, voluntaria o involuntariamente, datos que complementen los existentes. Haz una lista en la que incluyas qué desearías saber y marca qué preguntas se responden en el texto. A veces, lo que no está es tan importante como lo que está, pues la selección implica una intención determinada por parte del autor.

El cartel publicitario

El cartel publicitario es un **instrumento de difusión de información y promoción** de un producto, evento, espectáculo, servicio... Se compone de texto, imágenes y todo tipo de recursos gráficos. El ámbito de uso del cartel es **social**, pues se dirige a un público amplio y heterogéneo.

El **lenguaje publicitario** se caracteriza por su atractivo, su capacidad de persuasión y sus recursos de apelación al público (juegos de palabras, metáforas, metonimias, personificación, modo imperativo, exclamaciones, expresiones nominales en titulares...).

En los carteles se suele explotar la **imagen** de aquello que se anuncia, con el fin de identificar de forma rápida y atractiva lo promocionado. El recurso de las figuras retóricas se encuentra frecuentemente en las imágenes (por ejemplo, en el cartel que nos sirve de modelo se observa una personificación en la imagen del libro con piernas y brazos que corre).

La **disposición espacial del texto y las imágenes** en el cartel se corresponde con su importancia en el conjunto, su función comunicativa y la búsqueda de impacto visual. Además, los **recursos tipográficos** del texto escrito (el tipo y tamaño de la letra, el color, el subrayado, el sombreado, la cursiva...) organizan también el contenido, pues destacan lo fundamental y situan en un segundo plano la información complementaria.

Las posibilidades comunicativas dependen tanto de su calidad técnica y estética como de su adecuada ubicación (interior de un local comercial, en una calle, un escaparate...).

Imagen: persigue captar la atención del público e incitarlo a la lectura del mensaje.

Eslogan (del inglés *slogan*): fórmula breve, original, directa, ocurrente y pegadiza, de gran carga semántica, que se graba en la memoria del receptor.

Cuerpo del texto: ofrece los detalles de la campaña o información acerca del producto anunciado.

Titular: presenta la campaña publicitada.

Logotipo: distintivo peculiar de una empresa o institución.

- **Juego de palabras:** «Libros libres».
- **Metáfora:** «Haz del Mundo una Biblioteca».
- **Metonimia:** «las vidas que tocan».
- **Personificación:** «los pasos de tus libros».
- **Modo imperativo:** «haz», «pruébalo», «coge», «registra».
- **Exclamación:** «¡Empezando Aquí Mismo!», «¡Pruébalo hoy!», «¡para siempre!».
- **Expresiones nominales en titulares:** «Campaña de liberación».

Tu turno

1 «Libros libres» es el eslogan del cartel estudiado. Fíjate en cómo se explota el uso creativo del lenguaje a través de la modificación de una sola vocal para captar la atención. Idea ahora tú otros eslóganes para la campaña *BookCrossing* en los que utilices otros juegos de palabras o figuras literarias en general para persuadir al lector.

2 Crea un cartel publicitario para anunciar un producto, un servicio o un evento que vaya a tener lugar en tu instituto. Para ello, te ofrecemos las siguientes indicaciones:

1.º Escoge el asunto de tu cartel: recogida de alimentos para países necesitados, intercambio de libros, venta de camisetas para el viaje de estudios, espectáculo artístico en el centro…

2.º Busca expresiones y asocia ideas que puedan resultar atractivas y se alejen de un uso convencional de la lengua para caracterizar el producto o evento anunciado.

3.º Redacta el texto del cartel a partir de las ideas generadas anteriormente. Emplea los recursos propios del lenguaje publicitario para lograr persuadir al público y convencerlo de los aspectos anunciados.

4.º Incluye un eslogan que identifique la campaña y que permita que sea recordada.

5.º Busca imágenes en la web o diséñalas tú mismo, según el objetivo, características o funciones de lo promocionado.

6.º Organiza y distribuye el texto y las imágenes en el cartel en función de la importancia de su contenido en el conjunto. Busca siempre el impacto visual en el público.

7.º Juega con los recursos tipográficos del texto, de forma que jerarquices el contenido y dirijas de manera significativa la lectura y búsqueda de información en el cartel por parte del público.

8.º Realiza un uso correcto de las normas ortográficas en tu cartel publicitario. Un empleo creativo del lenguaje no está reñido con un uso adecuado de sus normas.

Uso de las mayúsculas: recurso para destacar palabras

En los textos publicitarios es frecuente el empleo de mayúsculas no justificadas desde el punto de vista ortográfico, así como la aparición de minúsculas donde las normas prescriben la mayúscula. Se trata de un uso estilístico para llamar la atención que no debe extenderse a otros escritos.

AUTOEVALUACIÓN

Responde a las siguientes preguntas y valora el cartel publicitario creado:

- ¿Logra el lenguaje utilizado llamar la atención del público por medio de recursos persuasivos, expresivos y apelativos?
- ¿Permite el eslogan de tu cartel ser recordado gracias a su brevedad y originalidad?
- ¿Has empleado imágenes que capten la atención del público y pongan de manifiesto las características de lo anunciado?
- ¿Crees que la distribución de texto e imágenes posibilita captar la información fundamental?
- ¿Consideras que los recursos tipográficos empleados dirigen de forma organizada y adecuada la lectura del público?
- ¿Has realizado un uso correcto de las mayúsculas y otras normas ortográficas?

01 Categorías gramaticales e intención comunicativa

Las palabras se agrupan en categorías gramaticales o clases de palabras, que se delimitan por criterios:

- **Semánticos:** según el tipo de realidad a la que se refieran.
- **Formales:** en función de los morfemas flexivos que presenten o puedan presentar.
- **Sintácticos:** según la función que realicen dentro de la oración.

Las **interjecciones** son clases de palabras invariables que, habitualmente, no cumplen una función en la estructura oracional, sino que equivalen a todo un enunciado. Manifiestan un sentimiento del hablante: *¡Ufff!*

CATEGORÍA	VALOR SEMÁNTICO	CARACTERÍSTICAS FORMALES	FUNCIÓN SINTÁCTICA
Verbo: *asistirá*	Se refiere a acciones, estados o procesos.	Morfemas flexivos de persona, número, tiempo y modo.	Núcleo del sintagma verbal.
Sustantivo: *clase*	Se refiere a entidades.	Morfemas flexivos de género y número.	Núcleo del sintagma nominal.
Pronombre: *nosotros*	Se refiere a realidades de la situación comunicativa o textual.	Morfemas flexivos de género, número y función.	Núcleo del sintagma nominal o equivalencia al sintagma nominal completo.
Adjetivo: *interesante*	Se refiere a cualidades, relaciones o características.	Morfemas flexivos de género, número y grado.	Núcleo del sintagma adjetival.
Adverbio: *mañana*	Se refiere a cantidad, intensidad, perspectiva u otras circunstancias.	Sin morfemas flexivos (invariable).	Núcleo del sintagma adverbial. Modificador de adverbios y adjetivos.
Determinante: *un*	Se refiere a la identidad, localización, cantidad o relación entre entidades.	Morfemas flexivos de género y número.	Determinante que actualiza al sustantivo que acompaña.
Preposición: *de*	Su significado es gramatical, aunque puede aportar referencia a dirección o relación.	Sin morfemas flexivos (invariable).	Enlace dentro del sintagma preposicional, que lleva como término otro sintagma.
Conjunción: *y*	Su significado es gramatical, aunque puede aportar referencia a adición, contraste, secuencia…	Sin morfemas flexivos (invariable).	Nexo que une palabras, sintagmas o grupos y oraciones de función equivalente, o bien hace depender a unas oraciones de otras.

Como la finalidad de la lengua es la comunicación, cada categoría contribuye a la intención comunicativa del emisor según las reglas de la gramática.

De acuerdo con esas reglas gramaticales, algunas categorías forman sintagmas o grupos, que a su vez conforman la oración, mientras que otras cumplen una función dentro de esos sintagmas o grupos, o bien sustituyen o enlazan a otras:

Tu clase asistirá mañana a un interesante festival de teatro y nosotros actuaremos en él.

Tu clase: SN-Suj; *asistirá mañana a un interesante festival de teatro*: SV-PV → Oración 1

y: Nex

nosotros: SN-Suj; *actuaremos en él*: SV-PV → Oración 2

Los hablantes cuentan con distintas posibilidades para transmitir su visión o perspectiva ante lo que dicen. También pueden enfatizar o destacar algún elemento que consideren de especial interés. La presencia del emisor en aquello que enuncia dota al mensaje de expresividad. Evidentemente, la selección del léxico es fundamental para este proceso, en todas las categorías, como, por ejemplo, suceden con la alternancia entre:

- **Adjetivos:** *Un interesante / interesantísimo / espectacular / aburrido festival de teatro.*
- **Verbos, perífrasis y locuciones verbales:** *Estoy deseando asistir / Tengo que asistir / Me muero por asistir...*

La **intención comunicativa** del emisor se muestra también en la elección de una u otra modalidad oracional, que se refleja, a su vez, en la combinación de todas las categorías y la selección de entonación, formas verbales, pronombres, determinantes o adverbios de modalidad. El orden de las palabras también se adapta para plasmar esta intención.

Refranes y locuciones

El uso de **refranes** o **locuciones** sirve para dotar de expresividad al texto; un ejemplo es la sustitución del adverbio por una locución en estos casos:

La fiesta acabó mal / como el rosario de la aurora.

Se llevan fatal / como el perro y el gato.

> ¿Todavía no ha llegado tu hermano?
>
> ¿Crees que le puede haber ocurrido algo?
>
> Quizá.

El adverbio *todavía* manifiesta que el hablante presupone que el hecho tiene que ocurrir, ha ocurrido u ocurrirá.

Orden de palabras: Verbo-Sujeto.

Entonación interrogativa.

Perífrasis modal de posibilidad.

Adverbio de modalidad dubitativa.

> Hasta el jueves no nos dan la cita, y he tardado ¡media hora! en conseguir que me atiendan al teléfono.
>
> Podríamos ir a informarnos en persona.
>
> ¡Vamos; corre antes de que cierren!

Orden de palabras que destaca el complemento señalado.

Entonación exclamativa que manifiesta enfado, impaciencia, extrañeza...

Forma verbal utilizada por el emisor para emitir una sugerencia o una orden.

Hay expresiones, especialmente de tipo adverbial, que sirven para manifestar la actitud del hablante con respecto a lo que afirma: *afortunadamente, por desgracia...* Su posición en la periferia de la oración hace que se refieran al modo en que se afirma, y no a la acción que se predica.

Aquello | *terminó* | *lamentablemente.*
N (Pron) | N (V) | SAdv-CC
SN-Suj | SV-PV
Oración

→ La situación terminó de forma lamentable.

Lamentablemente, | *aquello* | *terminó.*
SN-Suj | SV-PV
Adverbio oracional | Oración

→ El hablante lamenta que la situación terminara.

Modalidades oracionales

- **Declarativa o enunciativa:** afirma la verdad o falsedad de un hecho.
- **Interrogativa:** solicita información.
- **Imperativa:** imparte una orden.
- **Desiderativa:** expresa un deseo.
- **Dubitativa:** manifiesta la ausencia de certeza sobre un hecho.

02 Valores expresivos de las categorías

Para dotar de expresividad a un mensaje, los hablantes disponen de distintos mecanismos que afectan a diversas categorías, tanto en el sintagma nominal como en el verbal:

- Selección, cuando son posibles varias formas de sentido similar, de un elemento léxico concreto o de una forma flexiva concreta (especialmente en el caso de tiempos y modos verbales).
- Uso de una categoría que no es exigida por las reglas morfosintácticas.
- Colocación de las palabras con un orden diferente al neutro o no marcado.

Las reglas sintácticas configuran una estructura neutra no marcada (Det + Sustantivo + Complementos: *un viaje largo*). Cuando se utiliza una estructura con un orden de palabras diferente (*un largo viaje*), el receptor entiende que el emisor la ha seleccionado para transmitir algún sentido especial, y por tanto expresivo.

02.1 Valores expresivos de los pronombres personales

El verbo español contiene las desinencias de persona y número necesarias para formar una oración sin que se haga explícito el sujeto. En el caso de la tercera persona, esta omisión del sujeto suele hacerse solamente cuando ha aparecido en el texto anteriormente y resulta conocido. Pero en el caso de la primera y la segunda persona (emisor y receptor en la comunicación), resulta evidente su identidad y, por ello, la omisión del pronombre personal que los representa es bastante frecuente *(¿Vas para clase? / Sí, pero voy tarde.)*.

El mecanismo por el cual movemos al comienzo de la oración el elemento sobre el que queremos dar información se llama **topicalización** *(Con esas condiciones no me apuntaré al viaje)*.
El uso de recursos para destacar alguno de los elementos de la oración recibe el nombre de **focalización** *(Y entonces mi primo dijo ¡que se iba solo!)*.

Como lo habitual es que no se explicite, la presencia de estos pronombres llama la atención y cobra **valor expresivo** en la comunicación:

- Por contraste: *Tú de fiesta y yo trabajando.*
- Por énfasis: *Yo no pienso acudir a esa fiesta.*

En el caso de la primera persona del plural, es frecuente que la presencia del pronombre sujeto implique valor excluyente:

—*¿Qué hacemos?*

—*Vamos al cine. / Nosotros vamos al cine* (tú no estas incluido en el plan).

Dentro del sintagma verbal predicado, es posible encontrar también mecanismos expresivos relacionados con la aparición de formas pronominales.

La reduplicación de los pronombres personales

Cuando se topicaliza algún complemento, las reglas gramaticales requieren que vuelva a aparecer junto al verbo mediante un pronombre personal átono.

*A Juan lo veo muy cansado. / *A Juan veo muy cansado.*

La presencia reduplicada del pronombre, cuando no es exigido por la construcción sintáctica, se carga de valor expresivo:

Me castigaron a mí. / Me castigaron.

El dativo ético

Cuando se usa la forma propia del complemento indirecto para señalar a un tercer participante que se ve afectado por la acción verbal, se le da el nombre de *dativo ético* y tiene gran valor afectivo. Se da especialmente en el español americano y en el español hablado:

No te me vayas a caer.

Se trata de un pronombre de aparición opcional, que no sustituye al complemento indirecto.

ACTIVIDADES

1 Indica cuál es la modalidad de estas oraciones y señala los rasgos mediante los cuales se manifiesta:

a. ¡Ojalá llegue pronto el fin de semana!

b. ¡Yo no tengo que rendir cuentas a nadie!

c. ¿Has visto a mi primo esta tarde?

d. No debes llegar tarde hoy.

e. Quizá tengamos que repetir el ejercicio.

f. Ordena el escrito antes de empezar a estudiar.

2 Di en cuál de cada uno de los siguientes pares de expresiones hay un adverbio oracional y explica la diferencia de significado entre ellas:

a. Sencillamente, hacen lo que quieren. / Hacen lo que quieren sencillamente.

b. La aventura terminó, afortunadamente. / La aventura terminó afortunadamente.

c. Francamente, eso no me importa / Siempre habla conmigo francamente.

3 Di cuál de las oraciones de cada una de estas parejas tiene un mayor valor expresivo y explica por qué:

a. Compré esas patatas ayer. / Esas patatas las compré ayer.

b. No puedes venir. / Evidentemente, tú no puedes venir bajo ningún concepto.

c. Ayer cayeron chuzos de punta. / Ayer llovió mucho.

d. Quiero salir rápido. / Quiero salir pitando.

4 ¿Cuál es el uso expresivo que se hace de los pronombres personales en este texto? Introduce, además, reduplicaciones de pronombres en los casos en que sea posible.

> El abuelo se queda ensimismado, como si recordara.
>
> —¿Que no puede ser? Pues con mis propios ojos vi yo una lluvia de ranas cuando era un chaval. Y ellos, los ingenieros: «Sería un efecto óptico. ¿Cómo van a llover ranas? Eso no se ha visto nunca, nunca. Imposible». ¿Imposible? Tú sabes, Sabina, que no me gusta terquear por algo que yo mismo vi, así que cambio de tercio. Se ve que esa gente sabrá de lo suyo, pero las tormentas les resbalan. Porque, digo yo, si no llovieron ranas, ¿cómo había cientos, qué digo cientos, miles de ranas saltando por las calles como una plaga de mosquitos o de tábanos? ¿De dónde vinieron así, de repente, tantísimas ranas?
>
> Ignacio SANZ: *Luces de tormenta*. Edelvives.

5 Continúa el texto anterior con una posible respuesta de la nieta en que utilice el dativo ético al hablar con el abuelo, así como la reduplicación de un complemento con valor expresivo.

02.2 Valores expresivos de los demostrativos y posesivos

El **determinante**, como actualizador del sustantivo que es, se sitúa en la zona anterior al núcleo del sintagma y lo presenta. Algunos, como el artículo, solo permiten esta posición: *El cartero ha llegado.*

En cambio, los **demostrativos** pueden aparecer antepuestos o pospuestos al sustantivo precedido por otro determinante. Esta segunda construcción es utilizada por el hablante cuando desea dar más énfasis a la cercanía o lejanía, más subjetiva o afectiva que real, del elemento designado por el sustantivo:

Este niño pregunta por ti. / El niño este pregunta por ti.

Aquel día llegamos lejos. / El día aquel llegamos lejos.

En el caso de los **posesivos**, la colocación pospuesta enfatiza la posesión y se usa en los casos de contraste: *Ese examen tuyo está peor que el mío.*

El **demostrativo**, cuando su uso no es meramente objetivo de localización en el espacio o el tiempo, puede adquirir un matiz peyorativo, especialmente si va pospuesto.

El documental **este** *parece que nunca va a terminar.*

02.3 Valores expresivos de los adjetivos

El **adjetivo** puede situarse en posición antepuesta o pospuesta con respecto al sustantivo. Habitualmente, se sitúa en posición anterior el **epíteto**, que destaca una cualidad que el sustantivo posee, pero también se anteponen en muchas ocasiones los **adjetivos valorativos**, que manifiestan una opinión del hablante, para dar mayor expresividad al mensaje: *Pasamos un magnífico día.*

Así, si un adjetivo permite ambas posiciones (con la misma forma, o con apócope en la antepuesta), tendrá mayor valor expresivo si se coloca delante del sustantivo. Esto es así porque la combinación con el adjetivo pospuesto es la neutra, la no marcada. En algunos casos, la diferencia de matiz expresivo conlleva incluso la aparición de significados diferentes, de los que resulta más objetivo el asignado a la posición pospuesta:

Un amigo viejo (con mucha edad) / *Un viejo amigo* (desde hace mucho tiempo).

Un coche grande (en tamaño) / *Un gran coche* (de calidad).

Intensificación del adjetivo dentro del sintagma nominal

La intensificación del adjetivo se realiza mediante la formación del grado superlativo, que presenta una forma morfológica *(-ísimo)* y otra con adverbios *(muy..., más... de)*. Pero, además, es posible utilizar fórmulas expresivas como:

- La reduplicación: *Todo lo que nos pusieron estaba rico rico.*
- La hipérbole en el segundo término del adjetivo relativo: *Es el mejor estudiante del mundo.*

Dentro del sintagma nominal, aparecen como refuerzo del sentido del determinante:

- El adjetivo *mismo*. Se utiliza para afianzar la identificación: *el mismo chico, su misma cara*. También aparece intensificando el valor de los pronombres.
- El adjetivo *propio*. Refuerza la identidad o la posesión: *el propio corredor, su propia madre.*

02.4 Valores expresivos del verbo

El **verbo** permite expresar la actitud que el hablante muestra ante la acción, el estado o el proceso que enuncia, gracias a los modos verbales y las posibilidades de elección entre distintos tiempos.

Los modos indicativo y subjuntivo

El **modo verbal** permite manifestar distintas actitudes del hablante: el **indicativo** se usa cuando el hablante cree en la realidad de lo enunciado; el **subjuntivo** es el modo de la irrealidad o el deseo. En ocasiones el modo viene determinado por la construcción sintáctica, que, a veces, admite solo un modo.

Solo admite indicativo

Solo admite subjuntivo

Cuando se permite la alternancia de modos, esta adquiere un valor expresivo relacionado con la intención comunicativa del hablante:

*Busco un libro que **tiene** una receta de bizcocho casero.* →	El hablante tiene identificado el libro y ha constatado la presencia de la receta en él.
*Buco un libro que **tenga** una receta de bizcocho casero.* →	El hablante no tiene identificado el libro en el que desea encontrar la receta y solicita uno al receptor.

Los modos indicativo y subjuntivo, en combinación con los tiempos verbales, marcan distintos matices comunicativos en la expresión de la hipótesis.

CONDICIÓN	ACCIÓN PRINCIPAL	VALOR COMUNICATIVO Y ACTITUD DEL HABLANTE
Si vienes,	*veremos el partido.*	Se presenta una posibilidad real de que la condición y la acción sucedan. El hablante suele utilizarla para dar instrucciones y sugerencias, así como para enunciar relaciones causa-efecto ya comprobadas.
Si vinieras,	*veríamos el partido.*	Aunque existe la posibilidad de que se cumplan la condición y la acción principal en un futuro con respecto a la enunciación, la probabilidad no es muy alta. El hablante suele utilizar esta construcción para argumentar y convencer, así como para formular hipótesis que se han de contrastar.
Si hubieras venido,	*habríamos visto el partido.*	Es imposible, por haber pasado la ocasión, que se cumplan tanto la condición como la acción principal. El hablante suele utilizar estas construcciones para crear historias alternativas a la real y, en ocasiones, para lamentar que algo no se haya llevado a cabo.

El imperativo y el subjuntivo con valor imperativo

El imperativo es el modo empleado para dar órdenes:

Ven aquí. Id vosotros hacia allá.

Para referirse a acciones relativas a la tercera persona, se usan formas del subjuntivo; son utilizadas en textos instructivos en expresiones como:

Véase la página siguiente. Sitúese frente al televisor.

Son muy expresivas las formas que, acompañadas por exclamación, usan el subjuntivo en fórmulas como:
¡Que saluden! ¡Vivan los novios!

De hecho, la forma del subjuntivo *¡viva!* ha pasado a fijarse como una interjección.

Las formas verbales

- **El presente**

El presente de indicativo, además de servir para indicar que algo está ocurriendo en el instante de la enunciación, es un tiempo no marcado o neutro que se utiliza para indicar otrso valores, según la intención comunicativa del emisor en distintos tipos de texto:

VALOR Y EJEMPLO	INTENCIÓN COMUNICATIVA Y TIPO DE TEXTO
Presente habitual *Siempre va de vacaciones a la playa.*	En una narración, una exposición o en instrucciones, indica que algo se reitera en el tiempo.
Presente científico *El agua hierve a cien grados.*	En textos expositivos, expresa que una verdad es atemporal.
Presente histórico *En ese momento, llega el delantero y chuta.*	Suele usarse en textos narrativos, literarios o periodísticos, para acercar al receptor la realidad que muestran.
Presente futuro *El próximo sábado sale el nuevo disco de tu cantante favorito.*	Sitúa planes y hechos que no han ocurrido aún en la esfera de lo cercano. Suele utilizarse en la conversación coloquial y en la publicidad de determinados eventos.
Presente de mandato *Ahora vas abajo y le cuentas todo al director.*	Muestra una cercanía entre emisor y receptor en la emisión de órdenes que normalmente requieren una actuación inmediata, por lo que suele ir acompañado de gestos y de adverbios temporales como *ahora*, *ya*...
Presente instructivo *Para ir a la catedral, coges por la avenida de la Constitución y ya la ves a la derecha.*	Permite hacer más vivas y cercanas las pautas de funcionamiento o las indicaciones para llegar a un lugar. También es utilizado por el hablante cuando se refiere a acciones que han de realizarse habitualmente.

Todos estos usos tienen como objetivo el acercamiento de lo que cuentan a la situación comunicativa y, por tanto, una mayor implicación afectiva de emisor y/o receptor en aquello que se dice. Esto mismo ocurre en otro tipo de expresiones donde el presente asume el valor de otros tiempos y modos:

Yo soy tú y no me voy sin trabajo al extranjero (= *Si yo fuera tú*...)

Es llamativo aquí el uso del presente de indicativo para expresar una condición que se sabe irreal; por ello, el valor de su uso es meramente afectivo.

• **El pretérito y el condicional**

Del mismo modo que el empleo del presente acerca la acción al emisor y al receptor, el **pretérito imperfecto** se utiliza para alejarnos de la realidad y, por ello, es el tiempo usado para el juego y la fabulación: *¿Jugamos a que yo* ***era*** *un pirata y tú me* ***perseguías****?*

También se utiliza en el lugar del condicional en oraciones como: *Si yo fuera tú, no me* ***iba*** *al extranjero sin trabajo.*

El **pretérito perfecto compuesto,** en desuso en algunas zonas, cobra valor expresivo cuando se utiliza en el lugar en el que esperaríamos un **pretérito perfecto simple,** cuando se refiere a algo ocurrido en un período de tiempo pasado y terminado. Así ocurre, por ejemplo, en *Mis primos han llegado* (en lugar de llegaron) *el mes pasado.* En estos casos, el hablante muestra una cercanía afectiva en relación con lo que cuenta.

En las **fórmulas de cortesía** se usan el **pretérito** y el **condicional** en lugar del presente. Así se consigue un alejamiento respetuoso entre emisor y receptor. Los mecanismos de la cortesía tienen el cometido de que el receptor no se sienta intimidado o amenazado por las afirmaciones del emisor: de ahí que supongan una distancia que estos tiempos verbales acentúan. Cuando el grado de confianza entre emisor y receptor es grande, suele relajarse la cortesía y la comunicación de peticiones y órdenes se torna más directa.

Venía [= vengo] *a buscar una información.*

Debías / deberías [= debes] *arreglarte ya.*

¿Podías / podrías [= puedes] *hablar más alto?*

Además, como se observa en este último ejemplo, es frecuente el uso de preguntas con perífrasis modales en lugar de órdenes.

• **El futuro**

Los usos expresivos del futuro más frecuentes son dos: indicar la creencia de que algo sucederá y mostrar (con la negación) rechazo o extrañeza ante una realidad. Se emplea también con valor de mandato, aunque en menor medida, puesto que el mandato implica un grado de certeza que no es fácil adjudicar a lo que está por venir.

VALOR Y EJEMPLO	INTENCIÓN COMUNICATIVA Y TIPO DE TEXTO
Probabilidad *Vendrás a la fiesta, ¿verdad?*	El emisor da por hecho que lo que enuncia sucederá, aunque no tiene completa seguridad de ello. Suele usarse también como forma de deseo o de orden relajada (el emisor no tiene autoridad para que el receptor la cumpla). Por tanto, se usa en el ámbito coloquial, sobre todo en la conversación.
Rechazo *No pensarás ir a la fiesta, ¿verdad?*	Es una sugerencia o una orden relajada, porque el emisor no tiene autoridad para evitar que el receptor realice la acción, pero muestra su deseo de que no ocurra. Pertenece también al ámbito coloquial, especialmente a la conversación.
Mandato *No irás a la fiesta.*	El emisor tiene autoridad para dar órdenes al receptor y, por eso, puede afirmar o negar con rotundidad que vaya a ocurrir o no aquello a lo que se refiere la acción verbal. Es muy frecuente en textos instructivos en general, y especialmente en normas y textos legales.

ACTIVIDADES

6 Dota al cartel que aparece en el margen de mayor fuerza expresiva. Utiliza los mecanismos necesarios para ello, incluyendo intensificadores para los determinantes y adjetivos valorativos para los sustantivos.

7 En los párrafos siguientes aparecen posesivos y demostrativos cuya colocación podría cambiar. Reescribe las expresiones, incluyendo, si es preciso, algún otro determinante. Di en qué casos el texto perdería su sentido original y en qué otros ganaría en expresividad, así como cuál sería el matiz que aportaría la transformación.

a. «Max, si te presentas ahora conmigo en la tienda de ese granuja y le armas un escándalo, le sacas hasta dos duros.»

b. «¡Hay que volver allá, Collet! ¡Hay que renovar aquellos tiempos!»

c. «Latino, préstame tus ojos para buscar a la Marquesa del Tango.»

Ramón Maria del Valle Inclán: *Luces de bohemia.* Austral.

8 Distingue entre adjetivos valorativos y descriptivos en el texto. ¿Qué valor tiene el uso del diminutivo «calentita»?

> Llegaron a una curva en el camino, y, delante de ellos, una suave luz amarilla iluminaba el horizonte, por lo que el niño supo que estaban cerca del castillo del rey. De repente, notó que se llenaba de energía y animó a Scylla a acelerar la marcha, aunque los dos estaban cansados y hambrientos. La yegua empezó a trotar, como si ya pudiese oler el heno, el agua fresca y una cuadra calentita donde descansar, pero, con la misma rapidez que se había animado, David la frenó y escuchó con atención.
>
> John Connolly: *El libro de las cosas perdidas.* Oniro.

9 Fíjate en el título de esta obra y el fragmento que se reproduce. ¿Por qué es importante el uso de «propios»? ¿Qué significa la frase citada por el personaje?

> —Schiller. Un dramaturgo alemán de hace tres siglos. En una obra teatral sobre Juana de Arco, dijo: «Contra la estupidez, los propios dioses luchan en vano». Yo no soy un dios y no voy a luchar más. Abandónelo, Pete, y siga su camino. Tal vez el mundo dure mientras nosotros vivamos y de lo contrario, no hay nada que podamos hacer.
>
> Isaac Asimov: *Los propios dioses.* Debolsillo.

10 Localiza las formas de subjuntivo en este texto y explica por qué aparecen. Indica si podrían sustituirse por formas de indicativo y cómo cambiaría su valor.

> —Mira, Antonio. —Dejó de mecerse por inercia y se inclinó hacia adelante—. No quiero que te pase lo que a tu abuelo.
>
> —Yo no voy a tener un accidente, espero.
>
> —No me refiero a eso, sino al hecho de anhelar tanto una cosa, tanto, que, al no conseguirla, por la razón que sea, te vengas abajo como le sucedió a él. La vida dejó de tener un sentido. Pensaba que había venido a este mundo por algo y acabó diciendo que no, que pasaría al olvido, como tantos, y un día nadie se acordaría de su existencia.
>
> —Aunque hubiera sido campeón olímpico, dentro de quinientos o mil años tampoco nadie se habría acordado de él.
>
> Jordi Sierra i Fabra: *Efectos especiales.* Edelvives.

11 Representa un diálogo entre los personajes de las escenas que aparecen en el margen utilizando, en la A, fórmulas de cortesía, y, en la B, fórmulas directas.

A

B

12 ¿Qué valor tiene el uso del presente en estas oraciones? Di, además, cuál encontrarías en (1) un ensayo histórico, (2) un texto periodístico, (3) unas instrucciones, (4) un anuncio y (5) una serie de órdenes.

a. El próximo curso se inaugura la nueva sala de conferencias.

b. El equipo local vence siempre en casa.

c. En la solicitud expones los motivos que tienes para pedir la beca.

d. Ahora apagas el ordenador y cierras la ventana.

e. La expulsión de los moriscos causa graves problemas al reinado.

13 Identifica las formas del presente y sustitúyelas cuando sea posible por otras formas verbales equivalentes, de modo que se mantenga la intención comunicativa. ¿Por qué es adecuado usar el presente en este tipo de textos?

> Reanudamos la ruta; ahora el sendero se transforma en un arco de vegetación conformado principalmente por escobones blancos que nos dirige a **Cala Arena,** un rincón muy especial. Nos encontramos con una cala mayor que las anteriores, formada, como todas, por cantos y gravas, que posee en su extremo occidental una pequeña porción de arena que forma parte de la denominada Punta del Fraile.
>
> www.juntadeandalucia.es

14 Escribe, en cada uno de los siguientes casos, dos expresiones condicionales que puede usar el personaje del texto de la **actividad 10** para:

a. Aconsejar al muchacho para la competición que va a tener lugar.

b. Aconsejar al muchacho para el caso de que llegue a los juegos olímpicos en el futuro.

c. Reñir al muchacho por alguna acción pasada.

15 Fíjate en el uso del futuro que se hace en este anuncio; ¿con qué intención comunicativa se emplea? Redacta un par de intervenciones en las que el padre del protagonista, utilizando el futuro, le aconseje redactar otro anuncio más atractivo.

> Con «El Trueno Informativo»
> de risa explotarás.
> Deja tu dinero
> y lo comprobarás.
>
> En fin, fue una tarde estupenda… Pensaba dedicarme al periodismo ya para el resto de mi vida.
>
> Me acordaba de los resoplidos que con cara de cansancio daba mi padre todas las noches al volver del periódico. ¿Estaría agotado también de tanto reírse?
>
> Pilar Lozano: *Siete reporteros y un periódico.* El barco de vapor. SM.

EVALUACIÓN

https://cdtioficial.wordpress.com

1. Prepara un guion para un vídeo que sirva para promocionar esta convocatoria.
2. ¿Quién convoca las becas? ¿Cuáles son las condiciones para participar en la convocatoria?
3. ¿Qué condición hay que cumplir para participar en esta convocatoria?
4. ¿Puedes saber en qué países trabajarás si obtienes una beca y cuántas plazas hay en cada uno de ellos?
5. Comenta el uso de las mayúsculas en el texto: ¿a qué norma corresponden? Indica si tienen valor expresivo.
6. Idea para este texto una oración que incluya una metáfora o juego de palabras.
7. ¿Cuáles son las expresiones nominales que aparecen? ¿Cuál es su función?
8. Identifica en el texto dos expresiones que sirven para animar al lector a la acción. ¿Qué formas verbales usan? ¿Qué matiz expresivo hay entre una y otra?
9. Localiza el cuerpo del texto y, a continuación, intensifica los sintagmas nominales que aparecen, incluyendo adjetivos valorativos.
10. Incorpora al texto dos oraciones donde la presencia de pronombres aporte un valor expresivo que mueva a la participación.
11. En el cuerpo del texto se utiliza el presente dentro de una oración condicional. ¿Por qué? ¿Qué nos dice este uso del tipo de receptor al que está dirigido?
12. Incluye un adverbio oracional que transmita entusiasmo por parte del emisor.
13. ¿Qué aporta la imagen elegida a la intención comunicativa del texto?
14. ¿Crees que el estilo de un cartel como este es diferente del de un cartel que convoque para un concurso cultural o una fiesta? ¿Cómo debe adecuarse el estilo publicitario a los receptores?

EVALUACIÓN

1 Indica cuáles de las siguientes afirmaciones sobre este cartel son ciertas:

www.areacomercial.com

a. Incluye un juego de palabras basado en el doble sentido de *pintar:* literal y figurado ('importar').

b. Presenta una forma de presente con valor de mandato.

c. Usa el pronombre de forma expresiva.

d. Debería incluir el pronombre *nosotros* para potenciar su expresividad comunicativa.

2 El vídeo promocional:

a. Es un texto narrativo, pues cuenta una historia para motivar al oyente a la participación.

b. Es un texto expositivo, pues indica qué se va a encontrar el oyente si acude al evento o lugar que se promociona.

c. Es un texto descriptivo, ya que presenta las características del evento promocionado.

d. Es un texto publicitario que combina exposición, descripción y narración, y da información al tiempo que mueve a la participación.

3 ¿Cuál de las siguientes afirmaciones acerca de las categorías gramaticales y las modalidades oracionales es verdadera?

a. Solo los verbos y pronombres pueden usarse con valor expresivo.

b. El significado no es un criterio para clasificar las categorías gramaticales.

c. Las categorías gramaticales condicionan las funciones que las palabras realizan en la oración.

d. La modalidad oracional se manifiesta exclusivamente mediante elementos fónicos.

4 ¿En cuáles de los casos propuestos el adverbio está indicando el modo en que el hablante reacciona ante lo que enuncia o cómo lo siente?

a. Ella llegó a tiempo, afortunadamente.

b. Sus amigos, desgraciadamente, no consiguieron plaza.

c. El asunto fue resuelto lamentablemente.

d. Siempre resuelve los problemas felizmente.

5 Marca la afirmación que consideres más adecuada para el texto:

> Los participantes deberán presentar una idea o proyecto de empresa de base agrícola, ganadera y/o alimentaria que sea innovador y esté relacionado con el conocimiento generado en las universidades andaluzas o genere oportunidades para sus grupos de investigación.
>
> http://ceia3.es

a. Los tiempos verbales no se usan de forma expresiva.

b. El futuro puede sustituirse por presente.

c. Aparecen las formas de subjuntivo para manifestar duda.

d. Se puede sustituir el subjuntivo por indicativo y el texto cobra más fuerza.

6 En la expresión *Yo no pienso lo mismo que tú:*

a. Ambos pronombres son prescindibles.

b. Podemos eliminar *yo*, pero la oración perdería fuerza expresiva.

c. Es obligatorio usar los dos pronombres.

d. Si eliminamos el segundo pronombre, aumenta la fuerza expresiva.

7 Elige la oración que consideres que manifiesta una actitud más despectiva por parte del hablante:

a. El chico este siempre está molestando.

b. Este chico siempre está molestando.

c. Ese chico siempre está molestando.

d. El chico ese siempre está molestando.

8 En la oración *Este niño no me estudia para los exámenes:*

a. Se podría incluir la reduplicación *a mí* al final de la oración, para expresar énfasis en el complemento directo del verbo.

b. El *me* sobra, porque no está exigido por las reglas de la gramática.

c. El *me* es un dativo ético que muestra la implicación del emisor, y se podría incluir, además, *a mí*, sobre todo al principio de la oración o delante del verbo, para reforzarlo.

d. El *me* es un dativo ético que muestra la implicación del emisor, pero pierde su valor si lo reduplicamos con *a mí*.

DIARIO DE APRENDIZAJE

¿Qué grado de satisfacción he alcanzado con respecto al interés que me suscitaba el tema de esta unidad?

04 Dime quién eres

¿Tengo claro el significado de todas las palabras que aparecen en esta página?

1 ¿Qué quiere decir la expresión «tener un buen currículum»? ¿Crees que un currículum puede servir como espejo de nosotros mismos?

2 ¿Qué ventajas e inconvenientes tienen el videocurrículum y el portafolio digital con respecto al currículum escrito y el portafolio en papel?

3 Reflexiona sobre tu vida académica: ¿qué cualidades crees que dominas y pueden servirte como «tarjeta de presentación» ¿en qué aspectos deberías mejorar?

VÍDEO 4.1
En tu libro digital

Después de ver el videocurrículum de María García López, contesta a las preguntas:

1 ¿Qué importancia tiene la pronunciación en una presentación como la que vemos?

2 ¿Crees que se puede aplicar en estos casos a la expresión «una imagen vale más que mil palabras»?

3 Hoy en día es habitual enviar vídeos y fotos de manera casi instantánea. ¿Qué aplicaciones conoces para ello? ¿Crees que es mejor que esos vídeos e imágenes perduren o que desaparezcan de la red al poco tiempo? ¿Por qué?

Videocurrículum

El videocurrículum es la presentación audiovisual de un candidato a un puesto de trabajo. En él, expone sus aptitudes, logros, ambiciones y perspectivas. El videocurrículum no pretende sustituir al currículum en papel, sino complementarlo. El soporte en vídeo permite exponer lo que el papel no muestra, como las capacidades comunicativas del aspirante, los trabajos realizados, el dominio de los idiomas, etc.

El videocurrículum debe ser **breve**, de una duración de dos a tres minutos, y ha de exponer únicamente la información más relevante.

Su **estructura** es la siguiente:

- **Presentación.** Comienza con una fórmula de saludo y la indicación de los datos del candidato, como su nombre y su lugar de procedencia.
- **Cuerpo.** Es la sección más extensa y debe incluir la siguiente información:
  - Formación académica.
  - Experiencia laboral.
  - Formación complementaria: cursos, idiomas.
  - Intereses personales y profesionales.
- **Resumen final.** Se intenta convencer al receptor de que el aspirante es el candidato adecuado. Se incluyen datos no destacados anteriormente: carácter, capacidad de trabajo en equipo, etc. Finalmente, se ofrece la información de contacto y se agradece el interés mostrado.

El **estilo** empleado en el videocurrículum suele incluir los siguientes elementos:

- Uso de la primera persona del singular.
- Registro formal.
- Justificación y reformulación de posibles carencias: *Ya que soy recién licenciado, mi experiencia se ha limitado a...*
- Mencionar al receptor: *Si están buscando una persona constante y responsable, esa soy yo.*

El videocurrículum permite mostrar un tipo de información que sería imposible recoger en un currículum escrito y reúne una serie de características que lo diferencian de este, al emplear los recursos de los **códigos no verbales:**

- Importancia de cuidar la imagen: vestimenta, gestos, expresión, mirada, posición del cuerpo, etc.
- Exposición que muestre confianza y naturalidad: ritmo, pausas, entonación...
- Plano de grabación: por lo general, es preferible un plano único.
- Inclusión de imágenes en las que el autor aparezca trabajando.

En el videocurrículum se puede editar texto lo que permite, además de tener la información resumida, guiar al espectador en su visualización.

Tu turno

1 Vuelve a ver el videocurrículum de María García López y contesta a las siguientes preguntas:

- Según el perfil profesional de la autora del videocurrículum, ¿a qué tipo de trabajos puede aspirar?
- Indica cuál es la estructura del videocurrículum, así como la información que su autora nos ha dado en cada una de las secciones.
- Describe los elementos correspondientes a los códigos no verbales empleados en el videocurrículum y resalta su importancia en el contexto de selección de personal laboral.

VÍDEO 4.1

2 Realiza ahora tu propio videocurrículum en el que expongas tus cualidades con el fin de ser elegido para el desempeño de alguna ocupación escolar. Sigue las indicaciones expuestas a continuación:

1.º Realiza un esquema en el que indiques tus virtudes y aptitudes más sobresalientes. Es conveniente que seas sincero contigo mismo y que sepas destacar tus verdaderas cualidades frente a las que en realidad te gustaría poseer.

2.º En función de tus cualidades, debes pensar para qué tipo de ocupación estás más preparado y te consideras más competente y también en cuál te encontrarías más a gusto. Según lo anterior, elabora un listado de posibles ocupaciones: responsable de aula, responsable de la biblioteca, ayudante principal del profesor, ayudante de medios informáticos, vigilante en las horas de patio…

3.º Selecciona una de las posibles ocupaciones antes señaladas y aborda tu videocurrículum dirigiéndolo concretamente al posible encargado de la selección, con el fin de perfilar al máximo tus cualidades según las necesidades del puesto al que aspiras.

4.º Estructura tu videocurrículum según las secciones estudiadas: 1. Presentación; 2. Cuerpo; 3. Resumen final. Debes poner especial interés en indicar de forma significativa la sección intermedia correspondiente al cuerpo del videocurrículum. Recuerda que tu experiencia y formación son fundamentales; por ello, es importante que en el cuerpo de tu videocurrículum sepas expresar específicamente qué has aprendido y qué has obtenido de cada experiencia en el mismo sector al que te presentas.

5.º No te olvides de la importancia de emplear de manera adecuada los códigos no verbales, pues ofrecen información de gran valor al responsable de la selección.

6.º Utiliza un estilo acorde a las intenciones comunicativas del videocurrículum y menciona a tu receptor para captar su atención sobre la información ofrecida.

7.º Realiza, finalmente, la grabación de tu videocurrículum. Recuerda que puedes incluir texto sobre las imágenes.

AUTOEVALUACIÓN

Con el fin de valorar tu videocurrículum, comprueba si los siguientes enunciados son verdaderos:

- El videocurrículum ha sabido explotar las cualidades y virtudes del candidato.
- La estructura del videocurrículum desarrolla las secciones de presentación, cuerpo y resumen final.
- El videocurrículum ha aprovechado de manera conveniente los recursos que ofrecen los códigos no verbales.
- El estilo empleado se ajusta a las intenciones de llamar la atención del responsable de selección.

LEER

La palabra *portafolio* está compuesta por *portar* y *folio*. Si se aplica a un alumno, ¿qué tipo de documentos puede contener?

MIPORTAFOLIODELENGUA

Presentación | Proyectos | Actividades | Pruebas | Lecturas | Programas

Presentación

Soy Antonio Pérez y estoy en la clase de 4º A.
Este es mi portafolio de la materia de Lengua Castellana y Literatura.
El año pasado cursé 3º de la ESO, y tuve como calificación un *bien (6).*
Con este portafolio pretendo mostrar mis logros en esta materia y analizar las dificultades encontradas a lo largo del curso.

– Creo que estoy bien preparado para realizar trabajos sobre lectura o sobre temas de la asignatura.
– Tengo que mejorar en ortografía y en gramática.

Así funciona este portafolio:

– En el apartado Lecturas iré poniendo avisos de todas las que haga de forma voluntaria.
– La página Proyectos se usará como un diario de grupo y en ella aparecerán enlaces al vídeo y la web que tenemos que realizar. Es un espacio abierto en el que todos los componentes del grupo podemos colaborar.
– Es obligatorio subir todas las pruebas del curso, una vez corregidas y escaneadas, en el apartado Pruebas. Así veré mi progreso.
– Para cada unidad, tengo que seleccionar las tres mejores actividades que haya hecho.

¡Eso será complicado!

Cuando termine la ESO, quiero hacer un grado Medio en Trabajos forestales y conservación del medio natural porque mi ilusión es ser guía de la naturaleza.

Enlaces útiles

Diccionario de la RAE
Aula de letras
Actividades interactivas
Mis tablones de PADLET

MIPORTAFOLIODELENGUA

Presentación | Proyectos | Actividades | Pruebas | Lecturas | Programas

Actividades Selección-UD1

Aquí aporto las tres actividades seleccionadas de esta unidad. Cada una de ellas pertenece a un apartado de la Programación: «Escuchar y hablar», «Leer y escribir» y «Conocimiento de la lengua».

GUION Y CUÑA DE RADIO

En esta tarea la dificultad principal estuvo en ajustar el guion a los quince segundos y también hubo que repetir varias veces la elocución. El profesor dijo que la idea y los juegos de palabras eran muy buenos.

ANÁLISIS DE UN ANUNCIO

Aunque el primer anuncio me costó, con la guía que elaboramos en clase y después de hacer dos prácticas, el profesor me felicitó por esta tarea de casa, porque supe darme cuenta del mensaje que transmitía.

TIPOS DE ORACIONES

Es la parte más complicada y era difícil seleccionar una buena actividad de este apartado, pero en esta había que distinguir entre transitivas e intransitivas y como era repaso de 3º de ESO conseguí identificar 8 de 10. ¡Tomo nota de los dos errores para no fallar más!

AQUÍ SE PUEDEN DESCARGAR LAS ACTIVIDADES Y HACER COMENTARIOS SOBRE ELLAS.

1-Cuña radio.mpg (4729k)	Antonio Pérez, 29 sept.2015 17:12	V.1
2-Anuncio.docx (10k)	Antonio Pérez, 29 sept.2015 17:12	V.1
3-Tipo oraciones.docx (10k)	Antonio Pérez, 29 sept.2015 17:13	V.1

COMENTARIOS

No hay comentarios

ACTIVIDADES

1 ¿Cuántas páginas están alojadas en este portafolio? Di a cuáles puede accederse mediante las pestañas superiores. El texto es un montaje en el que aparecen dos de ellas. ¿Cuáles son? ¿Cómo lo sabes?

2 Di cuáles de estas afirmaciones se aplican a este portafolio:

a. Hay que incluir una valoración de fortalezas y debilidades del alumno.

b. El alumno indica cuáles son sus proyectos académicos para el futuro.

c. Es preciso subir todas las actividades realizadas en el curso.

d. Todas las tareas que se analizan son individuales.

e. Contiene espacios que permiten la interacción del lector.

3 Los enlaces útiles incluyen...

a. Ejercicios, fuentes de consulta y lugares web donde se recopila información.

b. Páginas para consultar las dudas y una enciclopedia *online*.

c. Sitios donde realizar fichas de tareas, un diccionario y dos webs con información variada.

d. Solamente páginas para consultar la norma lingüística.

4 Di cuáles de estas afirmaciones son ciertas en relación con el apartado «Selección-UD1» y justifican por qué lo son. Después, cambia las afirmaciones falsas para que se ajusten al texto.

a. Es una página que se incluye dentro de la página «Proyectos».

b. Puedes descargarte un audio y tres archivos de texto.

c. El alumno ha seleccionado las actividades en las que no tiene ningún fallo.

d. Está estructurada según distintos bloques de contenido.

e. Se usa la primera persona porque no hay descripción.

f. Se usa la primera persona porque se trata de un proceso de autoevaluación.

MÁS QUE PALABRAS

1 En el texto aparecen términos propios del ámbito académico, pero también del personal. Pon ejemplos de cada uno de esos tipos.

2 El uso de sinónimos ayuda a que los textos tengan variedad léxica. Localiza términos del texto que se utilizan para designar lo que también podría decirse mediante estos otros:

a. Asignatura.

b. Exámenes.

c. Éxitos.

d. Deberes.

e. Mejora.

f. Equivocaciones.

g. Cooperar.

h. Complicaciones

3 *Portafolio* es una palabra completa donde el primer elemento significa 'llevar'. Escribe tres palabras que contengan la misma raiz e indica su significado.

ESTRATEGIAS DE LECTURA

Páginas web

Para leer una página web es importante saber localizar la información y así conocer y entender su contenido.

- Una buena estrategia es componer un «mapa del sitio» donde organices la jerarquía de páginas que contiene.
- Las pestañas y las barras de navegación actúan como los capítulos de un libro para organizar la información. Localízalas. Además, dentro de cada página deberás estructurar las ideas a partir de los encabezados y títulos. Para ello, es muy útil fijarte en la disposición espacial y los tipos de letra.
- Una web presenta texto continuo, pero también discontinuo, e incluye frases en lugar de oraciones para acompañar las imágenes o dar nombre a los apartados. Diferencia entre los elementos que puedes captar a la primera ojeada y los que requieren una lectura detenida.
- Los textos de los sitios web son hipertextuales, esto es, permiten el enlace con información que está repartida por diferentes páginas. Es importante que identifiques los enlaces que sirven de puente entre ellas y los diferencies de los enlaces externos, que remiten a otros sitios y que normalmente aportan información secundaria o complementaria.

El portafolio digital educativo

Un portafolio digital en el ámbito escolar es un conjunto de documentos y reflexiones personales sobre los contenidos aprendidos en una determinada materia durante un período de tiempo concreto y guiado por un profesor. Estos documentos se agrupan y organizan en un soporte de acceso web que permite incluir formatos diferentes: audios, vídeos, documentos de texto, enlaces a otras webs... Posee un **carácter expositivo**, pues explica e ilustra los contenidos, resultados y desarrollo de una asignatura.

El **portafolio educativo** aúna distintas funciones. Dependiendo de los intereses del alumno y el profesor, el portafolio podrá centrarse más en unas que en otras:

- **Recopilar** las distintas fases de los **trabajos** del alumno y ofrecer una secuenciación de evidencias que permita comprobar de qué forma se ha llegado a alcanzar o no los objetivos y cuáles son los puntos fuertes y débiles del desarrollo de la tarea.
- **Mostrar** los trabajos una vez terminados (positivos o negativos), producto de una determinada tarea.
- **Seleccionar muestras** de los trabajos (tanto de las etapas intermedias como de los productos finales) más representativos del alumno, que permiten demostrar el nivel alcanzado.

Características del portafolio digital

- Lectura multidireccional, hipertextual, no lineal, a través de hipervínculos y pestañas.
- Gran capacidad de almacenamiento y fácil manejo.
- Recursos multimedia: archivos de vídeo, audio...
- Interactividad: texto y lector interactúan dialogando.
- Variedad de formatos: mayor atractivo, originalidad y creatividad en el diseño del portafolio.
- Comodidad en la gestión y actualización de los elementos.

Hipervínculos del portafolio: páginas que conforman el conjunto del portafolio.

Página de presentación.

Organización y justificación del portafolio: presentación de apartados y tareas.

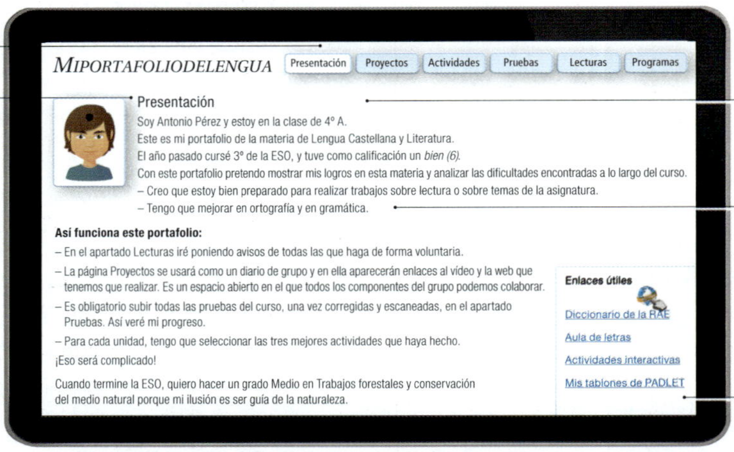

Datos biográficos del autor: nombre, curso, asignatura, calificación.

Reflexión inicial: perspectivas ventajosas o positivas al estudio, dificultades académicas.

Hipervínculos externos al portafolio: enlaces de trabajo para la asignatura.

Página enlazada de actividades.

Registro de resultados y muestras: el alumno decide qué tareas seleccionar, una vez terminadas.

Registro de trabajo: el proyecto lleva asociado un diario que permite observar la evolución del proceso.

Tu turno

1 Aplica lo aprendido y realiza ahora un portafolio digital de la asignatura de Lengua Castellana y Literatura. Sigue las instrucciones que te ofrecemos a continuación:

1.º Usa una herramienta digital para crear tu portafolio y organiza los diferentes apartados. Para ello, debes tener en cuenta el tipo de información que vas a recoger en él: presentación, lecturas (obligatorias y voluntarias), proyectos, actividades, pruebas…

2.º Una vez organizados los apartados, rellena el de «presentación» con una de las tareas ya realizadas y completa los apartados de «lectura», «proyectos», «actividades» o «pruebas». Los demás quedan abiertos para que a lo largo de tu aprendizaje en la asignatura vayas completando su contenido.

3.º En la presentación del portafolio debes incluir:

- Datos biográficos.
- Reflexiones iniciales: logros, dificultades, resultados de la asignatura en cursos anteriores…
- Objetivos de la asignatura.
- Presentación de los diferentes apartados que componen el portafolio.
- Justificación del portafolio y explicación de su uso y manejo.
- Posibles documentos de ayuda para la realización futura de las tareas propuestas por el profesor.

4.º El tuyo ha de ser tanto un portafolio de trabajo como de resultados, por lo que tienes que incluir diferentes tipos de información al completar la tarea:

- Muestra de qué manera has resuelto la tarea planificada.
- Expón las dificultades con las que te has encontrado a lo largo del desarrollo de la tarea.
- Enumera las posibles indicaciones que te ha ofrecido el profesor durante su realización.
- Registra los textos que has utilizado para la realización de la tarea.
- Incluye el resultado o producto de la tarea explicada, según ha quedado finalmente.
- Añade tu reflexión personal acerca de su posible mejora una vez terminada.
- Indica los aspectos que debes tener en cuenta para la realización de una siguiente tarea similar a la comentada.

5.º Revisa la estructura del portafolio diseñada y comprueba que no te falta ningún apartado que pueda ser de utilidad en el transcurso de su elaboración durante este curso escolar. De todas formas, recuerda que el portafolio tiene un carácter abierto y que en cualquier momento puedes incluir todo tipo de información relevante en tu aprendizaje en relación con la asignatura de Lengua Castellana y Literatura.

La palabra *solo*

Según las reglas de ortografía vigentes, la palabra *solo*, ya sea adverbio (con el significado de 'solamente') o adjetivo (con el significado de 'único'), no debe llevar tilde:

Mi prima solo tuvo una hija.

Mi amigo vino solo; el resto no quiso acompañarlo.

AUTOEVALUACIÓN

Responde a las siguientes cuestiones con el fin de evaluar el portafolio diseñado:

- ¿Crees que la estructura de tu portafolio ofrece la variedad de apartados necesarios en la asignatura?
- ¿Reúne el apartado de «presentación» la información precisa en relación con la autoría, planificación, organización y justificación del portafolio?
- ¿Se ha indicado el proceso de elaboración que ha llevado a la finalización de la tarea?
- ¿Se ha sido incluido el resultado de la tarea una vez finalizada y una reflexión personal acerca de su posible mejora?

01 La oración

Las palabras se combinan para formar **grupos** o **sintagmas**, y los sintagmas forman oraciones. Una oración es una predicación, es decir, la representación de una acción, proceso o estado que se afirma de un sujeto (cualquier ser, objeto, idea o entidad representada por un sintagma nominal), aunque a veces este está ausente, bien por omisión o bien porque la oración carece de él (es el caso de las oraciones impersonales).

Verbos impersonales

Se trata de verbos que forman oraciones sin sujeto:

- Verbos que expresan fenómenos atmosféricos: *Llovía intensamente.*
- Verbo *haber* en 3.ª persona del singular: *No hay muchas opciones.*
- Formas con *se* que expresan una acción general: *Se aprobará esta materia con una nota mínima de cinco.*

01.1 Tipos de oraciones

Las oraciones pueden ser de dos tipos **según el número de predicados** que presenten:

- **Oraciones simples:** tienen un único predicado.
- **Oraciones compuestas:** incluyen más de un predicado. Como cada predicado se manifiesta mediante un sintagma verbal, se pueden identificar buscando los verbos, locuciones o perífrasis verbales que aparecen en ellas.

  *Cuando **fueron entrevistados**, todos los aspirantes **demostraron** que **valían** para el puesto.*

	SUJETO	PREDICADO
1	Todos los aspirantes	demostraron
2	(Ellos)	valían para el puesto
3	(Ellos)	fueron entrevistados

La unión de los predicados u oraciones para formar una oración compuesta puede hacerse mediante palabras con función de **nexo**, dependiendo del tipo de relación que exista entre las partes (en la oración anterior: *Cuando* y *que*).

También es posible unir oraciones mediante la yuxtaposición, que es la manera en que se combinan en oraciones sin la presencia de nexo:

Diviértete,	*disfruta,*	*vive.*
Or. 1	Or. 2	Or. 3

Predicados con formas no personales del verbo

Las formas no personales del verbo, al margen de las situaciones en las que forman parte de perífrasis verbales, también funcionan como predicados y, por tanto, pueden constituir oraciones si se cumple alguna de las siguientes condiciones:

- Llevan complementos propios de los verbos en lugar de los determinantes, modificadores y complementos propios de sustantivos, adjetivos y adverbios.
- Tienen su propio sujeto.

	FORMA PREDICADO (ORACIÓN)	FORMA SINTAGMA
INFINITIVO	*Es una suerte <u>cantar</u> canciones complicadas* (CD) *con esa facilidad* (CC).	*El cantar de los pájaros* me distrae (SN).
GERUNDIO	*Lo resolveremos <u>siguiendo</u> las instrucciones* (CD).	*Se viene la muerte tan callando* (SAdv).
PARTICIPIO	*<u>Llegado</u> el momento* (Suj), *no supe qué contestar.*	Ese chico está *enamorado de ella* (SAdj).

02 El análisis oracional

El análisis morfosintáctico de una oración consiste en identificar los sintagmas o grupos que la forman, sus funciones y su estructura interna. El primer paso que ha de darse será dividir la oración en sus constituyentes básicos (sujeto y predicado).

02.1 El sintagma nominal sujeto

Para detectar cuál es el sujeto de la oración:

- Se identifica el verbo.
- Se localizan los **sintagmas nominales** y se elige aquel que concuerda con el verbo en **número** y **persona**.
- Si la concordancia se da con más de un sintagma, se selecciona el que, por la naturaleza del verbo del predicado, se presta a realizar la acción, sufrir el proceso o mostrar el estado que el predicado indica.

*A mis amigos nunca les **ha gustado** esa **manía** tuya.*
SV-Predicado | SN-Sujeto

A continuación, se analiza la **estructura interna del SN** en función de sujeto.

a. Se localiza el **núcleo.** Si solo hay un elemento en el sintagma (nombre propio o común, pronombre o infinitivo), constituirá su núcleo *(**Luis** es profesor)*. Se añade entre paréntesis la categoría gramatical del núcleo: N (Sust).

Si existen varios sustantivos, será núcleo aquel que no depende de ningún otro elemento y concuerda con los determinantes, en el caso de que los haya *(Los **ejemplos** de análisis que Juan me enseñó me ayudaron)*.

b. Se identifican los **determinantes**, si los hay. Normalmente solo habrá un determinante en cada sintagma, pero es posible que se incluya más de uno *(**los dos** amigos de Juan)*.

c. Se separan los **complementos**, se analiza su estructura (SN, SAdj, SPrep) y se indica su función (Apos o CN):

SN-Aposición

Mi hermano Luis sabe mucho de eso.

Luis: N (Sust)
Mi: Det | hermano: N (Sust) | Luis: SN-Apos
Mi hermano Luis: SN-Suj | sabe mucho de eso: SV-PV

SAdj-CN

Ese chico tan estudioso sabe mucho de eso.

tan: Mod | estudioso: N (Adj)
Ese: Det | chico: N (Sust) | tan estudioso: SAdj-CN
Ese chico tan estudioso: SN-Suj | sabe mucho de eso: SV-PV

SPrep-CN

El nuevo profesor de lengua sabe mucho de eso.

lengua: N (Sust)
nuevo: N (Adj) | de: Enl | lengua: SN-T
El: Det | nuevo: SAdj-CN | profesor: N (Sust) | de lengua: SPrep-CN
El nuevo profesor de lengua: SN-Suj | sabe mucho de eso: SV-PV

Cómo hacemos el análisis sintáctico

Se indica el tipo de **grupo** o **sintagma** y su función, separados por un guion. En el caso de las palabras, se señala si son Núcleo (N), Determinantes (Det), Modificadores (Mod), Enlace (Enl) o Nexo (Nex), y se especifica entre paréntesis su categoría gramatical, aunque esta se omite cuando es evidente (los modificadores son siempre adverbios, los enlaces son preposiciones, y en los determinantes coincide categoría y función). Si el modificador es un sintagma adverbial, se indica como tal.

Recuerda

La sintaxis es recursiva, es decir, que permite que haya sintagmas dentro de otros sintagmas y oraciones dentro de otras oraciones, como en el caso de las oraciones compuestas:

El hijo de mi hermano.
mi hermano: SN
de mi hermano: SPrep
El hijo de mi hermano: SN

Ella me dijo que vendría.
que vendría: Oración
Ella me dijo que vendría: Oración

02.2 El sintagma verbal predicado

Para analizar la **estructura interna del sintagma verbal** predicado, una vez localizado el **núcleo** (verbo, locución verbal o perífrasis):

a. Se identifica el **tipo de verbo,** su voz y su valencia (que indica el número de argumentos o complementos que son exigidos por el verbo para construir el sintagma verbal). Se distingue entre:

TIPO DE VERBO		COMPLEMENTOS EXIGIDOS POR EL VERBO	COMPLEMENTOS NO EXIGIDOS POR EL VERBO
Atributivo o copulativo	*ser, estar, parecer...*	Atributo	Complemento circunstancial
Semiatributivo o semicopulativo	*hacerse, quedarse, permanecer...*	Atributo	
Predicativo transitivo	*leer, comprar...*	CD	Complemento predicativo Complemento circunstancial Complemento indirecto
	dar, decir...	CD y CI	
Predicativo intransitivo	*morirse, estornudar...*	Ø	
	gustar, apetecer...	CI	
	arrepentirse, acordarse...	C de Régimen	

b. Se identifican las distintas **funciones** y **sintagmas** que acompañan al verbo.

FUNCIONES	SINTAGMAS
Atributo	SN, SAdj, SAdv
Predicativo	SN, SAdj
Complemento directo	SN, SPrep (con *a*)
Complemento indirecto	SPrep (con *a*), SN (pronombre *le/s*)
Complemento circunstancial	SN, SAdv, SPrep
Complemento de régimen	SPrep
Complemento agente	SPrep (con *por*)

- Al predicado cuyo núcleo es un **verbo atributivo** o **copulativo** se lo llama *predicado nominal (PN),* pues el verbo tiene un escaso valor semántico; de ahí su valor de cópula o atribución.
- Un mismo verbo puede formar **predicados transitivos** *(Compré el pan en la tienda de la esquina)* e **intransitivos** *(Yo siempre compro en la tienda de la esquina).*
- Cuando el verbo transitivo aparece en **voz pasiva,** puede llevar un sujeto paciente y un complemento agente con la forma de sintagma preposicional encabezado por la preposición *por.* Ambos pueden omitirse: *[Todos los presentes] fuimos atendidos [por el médico de guardia].*

Se analiza la estructura interna de los sintagmas. Para ello se identifica primero el núcleo y luego los complementos (si los hubiera). Cada tipo de sintagma podrá componerse de:

- Determinante, núcleo y complementos en los **SN.**
- Modificador, núcleo y complementos en los **SAdj** y **SAdv.**
- Enlace (función que realiza una preposición) y término (función que realiza un sintagma nominal, adjetival o adverbial) en los **SPrep.**

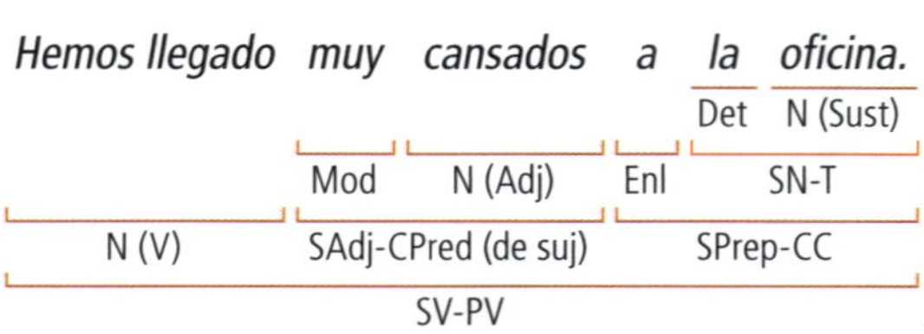

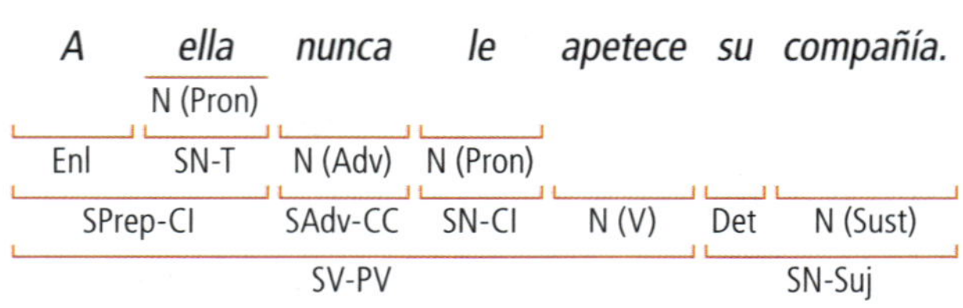

02.3 Elementos periféricos

Los **adverbios modalizadores** y los **vocativos** no cumplen una función sintáctica dentro del sujeto y el predicado, sino que actúan como elementos periféricos en la oración.

- Los **adverbios modalizadores** modifican a toda la oración y no solo al verbo que se sitúa como núcleo del predicado. Cumplen la función de modificador oracional.

Todo	*terminó*	*lamentablemente.*
		N (Adv)
N (Pron)	N (V)	SAdv-CC
SN-Suj	SV-PV	

Todo	*terminó,*	*lamentablemente.*
N (Pron)	N (V)	N (Adv)
SN-Suj	SV-PV	SAdv-Modificador oracional
Oración		

La **negación** se considera también un modalizador.

- El **vocativo** cumple una función comunicativa, puesto que señala al receptor del mensaje. No debe confundirse con el sujeto de la oración, aunque en muchos casos se corresponde con el sujeto de un verbo en imperativo:

Chicos,	*venid*	*[vosotros = chicos]*	*aquí.*
			N (Adv)
	N (V)		SAdv-CC
SN-Vocativo	SV-PV	Sujeto omitido	SV-PV

Chicos,	*ya*	*ha llegado*	*vuestra*	*madre.*
	N (Adv)			
	SAdv-CC	N (V)	Det	N (Sust)
SN-Vocativo	SV-PV		SN-Suj	

Los **vocativos** sirven para llamar la atención del oyente y dirigirse a él.

En resumen, el análisis de una oración simple se realiza siguiendo estos pasos:

1. Se identifica el **verbo** de la oración, núcleo de sintagma verbal predicado.
2. Si no se trata de un verbo impersonal, se localiza el sintagma nominal **sujeto** explícito. Si el sujeto está elidido u omitido, se puede indicar entre paréntesis.
3. Se analiza la **estructura interna** del sintagma nominal **sujeto**:
   - **a.** Se localiza el núcleo y se indica su categoría.
   - **b.** Se indica el determinante o determinantes (si los hay).
   - **c.** Se localizan los complementos (si los hay); se indica el tipo de sintagma de cada uno de ellos, se realiza su análisis interno y se señala la función de cada sintagma.
4. Se analiza la **estructura interna** del sintagma verbal **predicado:**
   - **a.** Se indican los complementos y sus funciones.
   - **b.** Se realiza el análisis interno de cada uno de los complementos.
5. Se localizan los elementos periféricos (si los hay) y se analiza su estructura.

ACTIVIDADES

1 En el siguiente texto, localiza los verbos que aparecen en cada una de las oraciones. A continuación, convierte en oraciones simples aquellas compuestas que tengan dos verbos.

> **INFORMACIÓN:** Informa a los estudiantes del sistema de evaluación y de los criterios, de modo que perciban lo que se espera de ellos y cómo van a ser evaluados.
>
> **TÉCNICAS:** Utiliza técnicas e instrumentos variados para realizar la evaluación continua y final del aprendizaje.
>
> **RETROALIMENTACIÓN:** Comparte con los estudiantes la información respecto a la evaluación y sus resultados, dando *feedback* sobre la marcha de las actividades y los resultados de las mismas.
>
> **RESULTADOS DE APRENDIZAJE:** Evalúa el grado de consecución de las Competencias Genéricas y Específicas logrado por los estudiantes y analiza los resultados académicos finales.
>
> A. G. OLALLA (2015): «El portafolio docente. Un instrumento para evaluación y mejora de la práctica docente». *Revista del Congrés Internacional de Docència Universitària i Innovació (CIDUI)* (2).

2 En las siguientes oraciones identifica, si los hay, el sujeto y el predicado. En el caso de que el sujeto esté omitido, indícalo. Etiqueta las oraciones sin sujeto como impersonales.

a. No hay otra solución para este problema.
b. En cada caso es precisa una actuación rápida y eficaz.
c. Estos libros se venderán muy rápidamente.
d. No se debe jugar con fuego.
e. A ella le interesa un trabajo más estable.
f. Había muchos estudiantes en la reunión.

3 Completa la siguiente tabla con todas las formas no personales del verbo que encuentres en el texto y di, en cada caso, si constituyen o no un predicado.

	CONSTITUYEN UN PREDICADO	NO CONSTITUYEN UN PREDICADO
INFINITIVO		
GERUNDIO		
PARTICIPIO		

> Los portafolios se perfilan como poderosos marcos de aprendizaje que permiten encauzar los procesos de enseñanza-aprendizaje canalizando actuaciones y reflejando aproximaciones, procesos y productos; acompañando y plasmando un viaje personal (y posiblemente también social) de desarrollo.
>
> En cuanto al uso que de una herramienta tan completa puede hacerse, tan solo cabe decir que únicamente el tiempo y un uso amplio y generalizado podrán aportarnos un repertorio completo de uso.
>
> F. M. G. DOVAL: «El papel de los portafolios electrónicos en la enseñanza-aprendizaje de las lenguas». *Glosas Didácticas: Revista Electrónica Internacional de Didáctica de las lenguas y sus Culturas* (14).

4 Analiza la estructura interna del sujeto de estas oraciones como en el ejemplo que se muestra a la derecha.

a. En esta película aparecen unos actores de Londres muy famosos.
b. El café con leche de este bar puede resultar indigesto.
c. Estas de aquí son nuestras bicicletas.
d. Un aviso a tiempo puede salvar muchas vidas.

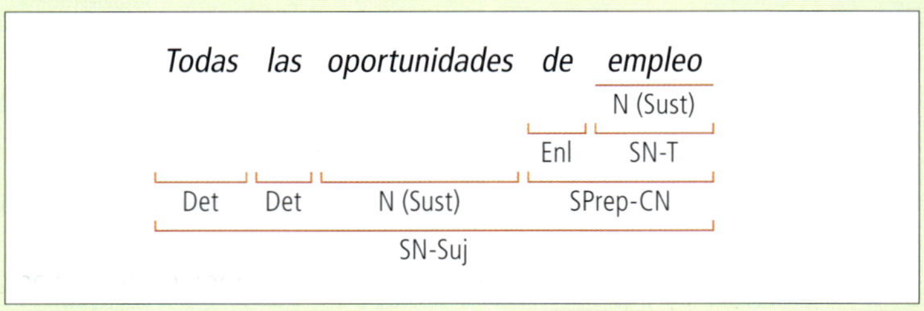

5 Enumera las funciones que pueden realizar, dentro del sintagma verbal:

a. Los sintagmas preposicionales.

b. Los sintagmas adverbiales.

c. Los sintagmas adjetivales.

d. Los sintagmas nominales.

6 Di qué tipo de predicado forma cada uno de los verbos subrayados. Luego, localiza en la oración correspondiente los complementos que lo acompañan e indica el tipo de sintagma y la función sintáctica de cada uno de ellos. Completa con esos datos una tabla como la siguiente:

—Tu tío es buen amigo de mi padre. Lucharon juntos en la resistencia contra los alemanes durante la guerra y, al acabar la contienda, se vinieron a vivir aquí para estar cerca el uno del otro. Jean nos habla a menudo de su hermana y de su hijo, que volvieron a España hace años.

Heinz DELAM: *La casa de los sueños olvidados*. Edelvives.

VERBO	
TIPO DE PREDICADO	
COMPLEMENTOS EXIGIDOS	
COMPLEMENTOS OPCIONALES	

7 Localiza en el diálogo los sujetos explícitos (no omitidos) y los vocativos, si los hay:

—Señor Fahir, ¿tiene la llave del almacén? Mi hermana necesita una escoba.

—¿Una escoba? —preguntó el hombre—. No creo que tengamos más escobas en el cobertizo.

—Bueno, necesitamos algo para mantenerla ocupada. ¿Por qué está cerrado el almacén?

—Las niñas no deben entrar ahí.

—Pero si no entran —dijo Parvana—. Siempre ha estado abierto y nunca ha pasado nada…

—Ha llegado una carta —dijo interrumpiéndola—. En este momento iba a llevarla.

Deborah ELLIS: *Mi nombre es Parvana*. Edelvives.

8 En el siguiente texto di cuáles de los sintagmas preposicionales subrayados funcionan como complementos del verbo y cuáles como modificadores oracionales:

En su acepción general, el Portafolio (en inglés, *portfolio*) es una carpeta o dossier empleado por profesionales de sectores diversos (arquitectos, artistas, diseñadores…), como un modo de presentar a los demás muestras de lo mejor de su trabajo [...] En enseñanza de lenguas, el Portafolio del estudiante se ha empleado fundamentalmente para valorar la destreza de la producción escrita.

http://cvc.cervantes.es

9 Haz un análisis completo de las siguientes oraciones:

a. Cada tarea requiere un puesto específico.

b. Mi experiencia profesional abarca varios años de prácticas en empresas.

c. En mi formación destaca la capacidad de trabajo en grupo.

d. El portafolio de los aspirantes es valorado por el comité de empresa.

03 Las oraciones compuestas

Las **oraciones compuestas** se clasifican según las relaciones que se establecen entre las oraciones que las componen:

Son casos de **coordinación** aquellos en los que las oraciones son independientes entre sí:

Este ejercicio no está bien, (Oración 1) *pero* (Nexo) *el otro está perfecto.* (Oración 2)

Son casos de **subordinación** aquellos en los que se establece una relación de dependencia: una oración cumple una función dentro de otra.

Este libro que me has recomendado es interesante. (*que me has recomendado*: Oración subordinada; la oración entera: Oración principal)

En la misma oración compuesta se puede encontrar subordinación y coordinación como, por ejemplo, cuando se establece una relación coordinante entre dos oraciones que, a su vez, realizan la misma función insertas en otra mayor:

Ella me dijo [que vendría hoy]$_{CD\ (=SN)}$ ***y*** *[que se quedaría dos días]*$_{CD\ (=SN)}$.

03.1 Oraciones coordinadas

Las oraciones coordinadas no cumplen ninguna función sintáctica una con respecto a la otra: entre ellas se establece, en cambio, una relación semántica que se manifiesta en el tipo de conjunción utilizada. Los tipos básicos de coordinación son: **copulativa**, **disyuntiva** y **adversativa.**

La coordinación copulativa

En la coordinación copulativa hay una unión entre oraciones que se suman entre sí, utilizando con función de nexo la conjunción ***y***, o bien, si pretende negarse una de las oraciones y sumarla a otra ya negada, la conjunción ***ni.***

Desde un punto de vista lógico, la independencia implica la posibilidad de cambiar el orden de dichas oraciones:

En la página de «lecturas» incluiré mis comentarios mensuales y en la página de «actividades» aparecerá mi selección personal de ejercicios = En la página de «actividades» aparecerá mi selección personal de ejercicios y en la página de «lecturas» incluiré mis comentarios mensuales.

Pero no siempre es así: las oraciones combinadas mediante *y* pueden presentar otras relaciones de significado además de la mera adición.

SECUENCIA	*Llegó a casa y se puso las zapatillas.*
CONDICIÓN	*Una palabra más y nos vamos a casa.*
CONTRASTE	*Llegó a tiempo y no estaban aún los billetes.*
CAUSA - CONSECUENCIA	*Vinieron sus hermanos y todo se arregló.*

Hay un tipo especial de coordinación copulativa llamada coordinación **copulativa discontinua** o **correlativa.** Esto ocurre con el uso de las conjunciones discontinuas: ***Ni... ni, Tanto... como.***

También se pueden coordinar palabras o grupos mediante las conjunciones coordinantes:

Vive ***por*** *y* ***para*** *su familia.*

¿Quieres ***café con leche*** *o* ***café solo****?*

La coordinación disyuntiva

La relación de disyunción implica una **elección** entre las oraciones que se coordinan usando como nexo la conjunción ***o*** o la locución conjuntiva ***o bien.***

La coordinación disyuntiva simple puede ser inclusiva o excluyente, según el sentido de las oraciones que se combinan:

Sentido excluyente	→	*¿Vienes* ***o*** *te vas?*
Sentido inclusivo	→	*Consultad el diccionario* ***o*** *buscad en Internet.*

Cuando se utiliza la coordinación disyuntiva discontinua, el valor es siempre excluyente:

O usas el diccionario o consultas Internet.

El empleo de conjunciones **disyuntivas discontinuas,** que se da en el registro formal de la lengua, tiene valor distributivo:

En este curso, bien estamos haciendo teatro, bien estamos preparando pruebas.

Otras conjunciones de este tipo son ***ora... ora, ya... ya.***

La coordinación disyuntiva sirve también para expresar sentido condicional:

Calla o te arrepentirás = Si no te callas, te arrepentirás.

La coordinación adversativa

La relación que se establece en este tipo de coordinación es de **contraposición** u **oposición** de ideas, utilizando como nexo las conjunciones ***pero, mas*** (solo en registros formales) y ***sino*** (en este caso, como oposición a una oración negativa), y la locución adverbial ***sin embargo:***

Este chico es simpático, pero su hermano es muy seco.

Las ideas que se relacionan mediante las conjunciones adversativas no siempre están explícitas: también se utiliza la coordinación adversativa para contraponer una idea a otra que se deduce o deriva de otra:

Es un ejercicio sencillo [= todo el mundo sabe hacerlo], *pero no lo sé hacer.*

En algunos casos, se usa la conjunción ***aunque*** con un sentido muy cercano al adversativo. El *aunque* adversativo se suele situar detrás de pausa y une dos oraciones contrarias que se afirman.

Para comprobar si una conjunción *aunque* tiene este valor, debe poderse sustituir por una conjunción adversativa:

Llegó muy temprano, aunque [= pero] *no sirvió de nada.*

No seré capaz de hacer el ejercicio aunque [≠ pero] *practique durante años.*

Las **conjunciones** *y, o* presentan como variaciones fónicas y en la escritura *e* (si la palabra siguiente comienza con el sonido *i-*, excepto en los casos en las que formen diptongos) y *u* (si la palabra siguiente comienza con el sonido *o-*), respectivamente.

La relación disyuntiva también se manifiesta con otras estructuras sin conjunción, que aprovechan la repetición de adverbios o pronombres para transmitir este sentido. Estas oraciones presentan coordinación semántica, pero desde el punto de vista sintáctico están yuxtapuestas:

Unos $_{\text{Sujeto (Pron)}}$ *han aprobado,* ***otros*** $_{\text{Sujeto (Pron)}}$ *tendrán que realizar la prueba extraordinaria.*

A veces $_{\text{CC (Loc adv)}}$ *se gana,* ***a veces*** $_{\text{CC (Loc adv)}}$ *se pierde.*

ACTIVIDADES

10 Copia en tu cuaderno las conjunciones copulativas e indica la categoría de los elementos que unen. ¿En qué casos son oraciones?

> Todos los niños lloran, excepto uno; y ese niño es mi padre. Martín Abrisqueta nació una madrugada de noviembre de mil novecientos veintitantos en un queso. Al menos eso fue lo que pensó cuando abrió los ojos y vio que buena parte del mundo que lo rodeaba estaba comido por agujeros, como los quesos de bola. La culpa la tenían los mayores, que se pasaban el día cavando aquí y allá y lo dejaban todo patas arriba.
>
> Martín Abrisketa: *La lengua de los secretos.* Roca Ediciones.

11 Indica si las oraciones subrayadas cumplen alguna función insertas en otras oraciones y, en ese caso, di cuál:

> La elaboración de un currículum vitae es una etapa importante en toda búsqueda de empleo. Es frecuente que el currículum vitae (CV) sea el primer contacto con el futuro empleador; así pues, el CV debe llamar inmediatamente la atención de quien lo lee y exponer los motivos que hacen conveniente convocar al aspirante a una entrevista.
>
> http://europass.cedefop.europa.eu

12 Indica qué relación de significado hay entre las siguientes oraciones coordinadas con *y*.

a. María se casó joven y tuvo dos hijos antes de los veinticinco.

b. Un día hermoso y lo estropeamos con esta pelea.

c. Un error más y suspenderás la prueba.

d. Hizo una prueba perfecta y consiguió una plaza.

13 Completa en tu cuaderno con la forma correcta de la conjunción copulativa:

a. Es un caso único ... irrepetible.

b. La mesa es de madera ... hierro.

c. Necesito aguja ... hilo.

d. Incluyo el teléfono ... el *e-mail*.

Fotograma de *El perro del hortelano*, película basada en la obra homónima de Lope de Vega.

14 Di qué tipo de coordinación aparece en cada uno de estos refranes:

a. El perro del hortelano ni come ni deja comer. Copulativa

b. Haz bien y no mires a quién. Copulativa

c. Al que yerra (equivocado) perdónale una vez, mas no después. Adversativa

d. Ayunar o comer trucha. Disyuntiva

e. Un grano no hace granero, pero ayuda al compañero. Adversativa

15 Indica en qué casos la conjunción *aunque* tiene un valor adversativo, en estas oraciones extraídas del libro *Sombras de la Plaza Mayor*.

a. «La historia era sobrecogedora, aunque los muertos fuesen pájaros».

b. «Hube de esperar casi una semana para que apareciera de nuevo, aunque no había olvidado su nombre».

c. «Necesitaba una tregua, aunque mi personaje acabaría reclamándome».

d. «En efecto, aunque conociese poco a Rodrigo, ese habría sido su comentario».

e. «Agradecí la visita, aunque ni siquiera se esperó a que acabase mi trabajo como guía».

Rosa Huertas Gómez: *Sombras de la Plaza Mayor*. Edelvives.

16 Localiza en este párrafo todos los casos de coordinación oracional, señala la conjunción y di de qué tipo es cada una:

> Tienes la posibilidad de grabar tu vídeo CV en una única toma e incorporar los datos de contacto en el escenario, pero el resultado final puede ser más profesional y de mayor calidad si utilizas diferentes tomas para comunicar cada idea de tu discurso y las montas con un programa de edición de vídeo.
>
> www.computerhoy.com

17 Fíjate en el ejemplo y haz un análisis completo de estas oraciones compuestas:

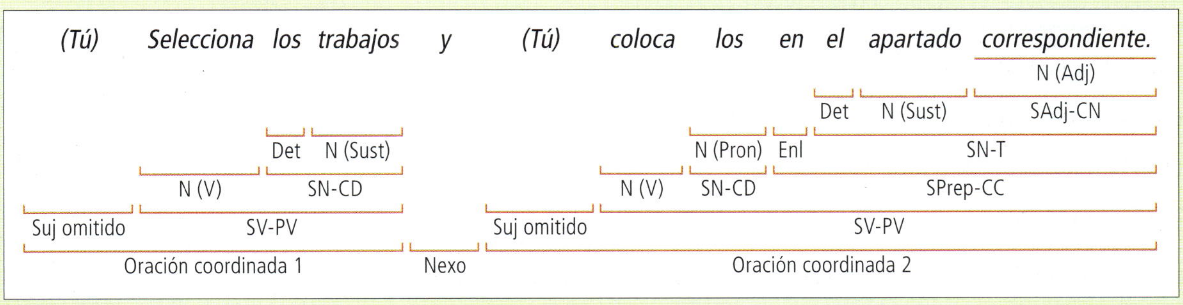

a. No incluyas todos los cursos, sino solo los cursos relevantes para el puesto.

b. El videocurrículum lo puedes grabar en una toma o bien puedes hacer un montaje posteriormente.

c. El portafolio es un instrumento de evaluación y sirve para la reflexión personal.

18 Indica el valor (excluyente o inclusivo) de las siguientes coordinadas disyuntivas:

a. En el portafolio puedes incluir, en diferentes páginas, actividades en curso o mostrar una selección de las ya terminadas.

b. El portafolio se realizará en papel o bien en formato digital.

c. ¿Has entregado ya las tareas o estás esperando al último día de plazo?

d. Usaremos, para acceder a los apartados del portafolio, un menú de navegación o hiperenlaces a partir de la página de inicio.

EVALUACIÓN

MIPORTAFOLIODELENGUA Presentación | Proyectos | Actividades | Pruebas | Lecturas | Programas

Pruebas

Primera evaluación: en la primera evaluación se han realizado dos pruebas globales de conceptos y procedimientos, una el 24 de octubre (UD1) y otra el 17 de diciembre (UD1-2).

PRUEBA UD1: CALIFICACIÓN DE 6

¿Qué me ha salido especialmente bien?

Las definiciones de términos, en las que solo he fallado en una (morfema), porque solo incluí el morfema flexivo.

También me ha salido bien la actividad sobre el reconocimiento de valores connotativos y denotativos.

¿En qué tengo que mejorar?

Me cuesta identificar las partes de una palabra y determinar el registro al que pertenece un texto.

PRUEBA UD1-2: CALIFICACIÓN DE 7

¿Qué me ha salido especialmente bien?

He mejorado en el análisis de las partes de la palabra y nuevamente he hecho bien todas las definiciones teóricas.

¿En qué tengo que mejorar?

No he interpretado bien la información de las entradas del diccionario, pero tengo actividades de refuerzo.
También he fallado en algunos análisis morfológicos.

¿Qué he hecho para mejorar? Tras la primera prueba, hice todos los días tres análisis morfológicos y se los enseñé al profesor. Tras la segunda, mi objetivo es realizar las actividades de refuerzo para coger el truco a la información del diccionario.

Prueba 17dic.pdf (937k) Antonio Pérez, 18 dic. 2015 1:09 V.1

Prueba 24oct.pdf (627k) Antonio Pérez, 24 oct. 2015 1:09 V.1

1 Indica cuál de las siguientes afirmaciones es cierta:

a. El alumno reflexiona sobre su proceso de aprendizaje.

b. Las pruebas realizadas pueden descargarse.

c. Solo se presentan los logros alcanzados.

d. Hay una página para las pruebas de cada evaluación.

2 ¿Por qué crees que el alumno ha utilizado los colores rojo y verde?

3 Busca en esta página la siguiente información sobre las pruebas que ha llevado a cabo el alumno:

a. Fecha de realización.

b. Contenido general.

c. Calificación.

d. Reflexión personal.

4 Localiza el sujeto en las siguientes oraciones:

a. «En la primera evaluación se han realizado dos pruebas globales de conceptos y procedimientos».

b. «También me ha salido bien el reconocimiento de valores connotativos y denotativos».

5 Busca los predicados que tengan como núcleo un infinitivo y que se encuentren en la parte de «¿Qué he hecho para mejorar?». Indica cuáles son sus complementos y qué función realizan.

6 En el párrafo de la prueba UD1-2 hay dos oraciones coordinadas. Di cuáles son y de qué tipo.

7 Analiza esta oración:

«Tras la primera prueba, hice todos los días tres análisis morfológicos y se los enseñé al profesor».

8 Imagina que este alumno tuviera que redactar un guion para un videocurrículum. Inventa, basándote en lo que el portafolio te muestra de él, la parte relativa a sus cualidades como estudiante.

9 Imagina que el portafolio fuera tuyo y redacta una página similar a esta, analizando el resultado de tus dos últimas pruebas de Lengua.

10 ¿Es útil realizar una reflexión de este tipo? ¿Por qué?

EVALUACIÓN

1 Señala cuál de los siguientes enunciados no es verdadero:

a. El autor del videocurrículum pretende ser seleccionado para un puesto de trabajo.

b. El videocurrículum es una presentación en vídeo de una persona que habla de sus cualidades y aptitudes.

c. El videocurrículum expone la formación académica y experiencia de su autor.

d. La imagen ofrecida por el autor del videocurrículum no es importante, solo interesa la información que este expone.

2 Di cuál de los siguientes no es un propósito del portafolio educativo:

a. Promover la reflexión del alumno sobre su propio trabajo.

b. Mostrar solo las actividades donde el alumno ha obtenido buena calificación.

c. Evaluar la progresión del alumno.

d. Crear un espacio para la recopilación de trabajos realizados y comentarios.

3 A partir del siguiente texto, di si son verdaderas o falsas las afirmaciones:

> Sus compañeros de trabajo lo conocen de vista. Lo reciben con cordialidad y de inmediato lo incorporan a sus cadenas de chistes inocuos y comentarios festivos. Hoy el trabajo no parece importante. En esas horas que preceden al fin del año, todo puede ser aplazado.
>
> Elena Alonso Frayle: *La edad de la anestesia*. Edelvives.

a. Hay dos oraciones simples y dos compuestas.

b. Encontramos tres oraciones coordinadas.

c. El infinitivo «ser aplazado» crea su propio predicado.

d. «Todo puede ser aplazado» está incrustada en otra oración.

4 En la oración *Estas actividades se han desarrollado según las instrucciones*, la secuencia *según las instrucciones*:

a. Es un sintagma preposicional con valor de complemento de régimen.

b. Es un sintagma nominal con valor de complemento circunstancial.

c. Es un sintagma preposicional con valor de complemento circunstancial.

d. Es un sintagma nominal con valor de complemento predicativo.

5 En la oración *Corrimos hasta la estación, pero el tren se había marchado ya*:

a. Hay una coordinación adversativa, puesto que podemos sustituir *pero* por *aunque*.

b. Hay una coordinación adversativa, puesto que podemos sustituir *pero* por *y*.

c. Hay una coordinación copulativa, puesto que podemos sustituir *pero* por *y*.

d. Hay una coordinación adversativa, porque la marcha del tren se opone a las expectativas creadas por la carrera.

6 Indica si son verdaderas o falsas estas afirmaciones:

a. Un verbo semiatributivo va acompañado de un atributo.

b. Un verbo transitivo no puede llevar complemento circunstancial.

c. Un verbo intransitivo debe llevar un complemento de régimen.

d. Un verbo en pasiva debe llevar un complemento agente.

7 Leído el siguiente texto, indica cuáles de las afirmaciones propuestas a continuación son ciertas:

> El uso del portafolio consiste en coleccionar los escritos de los estudiantes, donde se incluye información sobre los procesos de los estudiantes y sus reflexiones, recogidos con el objetivo de proveer información sobre la mejora a lo largo del proceso de enseñanza-aprendizaje de los mismos. Con dichas muestras es posible efectuar una evaluación final de tal proceso de enseñanza-aprendizaje a partir de valorar algunas de tales muestras.
>
> Encarna Atienza (UPF): www.marcoele.com

a. El verbo «consiste» va acompañado de un complemento de régimen.

b. «De los estudiantes» es un sintagma preposicional en función de complemento circunstancial.

c. El infinitivo «proveer» forma un predicado en el que va acompañado de un complemento directo.

d. «Algunas de tales muestras» funciona como CD.

DIARIO DE APRENDIZAJE

¿En qué ocasiones podrá serme útil algo de lo aprendido en la unidad?

05 Palabras para arreglar el mundo

¿Qué me sugieren la imagen y el título de esta unidad?

1 ¿A qué tres personas te gustaría entrevistar acerca de los problemas de nuestro mundo? ¿Por qué crees que sería interesante esa entrevista?

2 ¿Qué papel tiene el entrevistador a la hora de presentar la información de una entrevista? ¿Crees que es importante su opinión sobre el tema tratado?

3 Piensa en las expresiones que utilizas para dar tu opinión sobre un asunto y también en las que usas para contar a alguien el contenido de una entrevista que hayas podido oír o leer. Compáralas. ¿Se repite alguna estructura?

VÍDEO 5.1
En tu libro digital

Accede al programa de RTVE *A la carta* para ver la entrevista realizada al dibujante Quino cuando recibió el Premio Príncipe de Asturias y responde a las siguientes cuestiones:

1 ¿Por qué dice Quino que la Humanidad no ha avanzado nada?

2 ¿Es buena la tecnología para los niños, según Quino?

3 ¿Por qué la periodista da las gracias a Quino al final de la entrevista?

La entrevista oral

Una entrevista es un género periodístico en el que se produce un diálogo entre un entrevistado (o entrevistados) y un entrevistador, quien guía la conversación planteando preguntas sobre un asunto concreto. En el ámbito oral de los medios de comunicación, la entrevista se difunde en la televisión, la radio e Internet, por lo que se encuadra en un **ámbito de uso social.**

La **estructura** de una entrevista incluye las siguientes secciones:

- **Presentación:** introducción con datos de la persona entrevistada y del tema.
- **Cuerpo:** preguntas y respuestas que intercambian el entrevistador y el entrevistado.
- **Conclusión y cierre:** resumen de lo comentado a lo largo de la entrevista, con el fin de remarcar y recordar las ideas principales tratadas.

En las entrevistas aparecen distintas **clases de preguntas** según el modo de respuesta:

Preguntas abiertas

El entrevistado contesta con total libertad, sin estar sujeto a ningún modelo de respuesta previsto. Ejemplo: *—¿Nos explica las características de estos nuevos teléfonos?*

Preguntas cerradas

El entrevistador establece en la misma pregunta una serie cerrada de alternativas para la respuesta, normalmente la afirmación y la negación. Ejemplo: *—¿Ha tenido éxito la publicación de su nuevo libro?*

Además, en ocasiones la intervención del entrevistador no se limita solamente a realizar de forma directa la pregunta, sino que esta puede ir precedida de una **entrada o preámbulo** (a veces con la propia opinión del periodista), con el fin de situar al entrevistado y ofrecerle la clave para contestar:

—Me resulta especialmente interesante la opinión que manifiesta el personaje de su novela, teniendo en cuenta la sociedad en la que se encuadra. ¿Su creación está inspirada en alguna persona real?

El **estilo** de la entrevista oral respeta los rasgos del lenguaje periodístico y recoge al mismo tiempo las características del lenguaje hablado:

- Claridad y precisión en la formulación de las preguntas.
- Interés y atractivo de las cuestiones, con el fin de ganarse la atención del público.
- Empleo de códigos no verbales que complementan la información del discurso verbal: gestos, entonación, pausas, ritmo, volumen.
- Elementos que aseguran la función fática y garantizan el inicio, mantenimiento y finalización de la conversación: *buenas noches, por supuesto, claro...*

En las **entrevistas televisivas** es frecuente introducir **imágenes de fondo** relacionadas con el asuntado tratado. También se incorporan con **texto escrito** los nombres del entrevistado y el entrevistador, rasgo característico del periodismo televisivo.

Tipos de entrevistas

Existen diferentes tipos de entrevistas en función de la modalidad de información que se quiere recoger y su destinatario:

- Entrevistas de **personalidad** a un personaje conocido.
- Entrevistas de **opinión** a una autoridad en el tema.
- Entrevistas de **información** a un experto en la materia.
- Entrevistas **generales o grupales,** poco personales y de preguntas por lo general tipo test, válidas para muchas personas y de temática amplia y variada.

Tu turno

1 Vuelve a ver la entrevista a Quino y contesta a las siguientes preguntas:

- ¿Cómo está estructurada la entrevista? Señala sus diferentes secciones.
- ¿De qué tipo son las preguntas realizadas por la entrevistadora: abiertas o cerradas? Señala algunos ejemplos.
- ¿Introduce la entrevistadora sus cuestiones con algún tipo de preámbulo o valoración?
- Indica qué elementos no verbales aprecias en el vídeo y qué tipo de información aporta al lenguaje verbal.
- Realiza un resumen de la entrevista escuchada, destacando las ideas principales tratadas.

VÍDEO 5.1

2 Convertíos ahora en periodistas y ensayad el género oral de la entrevista en clase. Seguid los pasos que a continuación os ofrecemos:

1.º Formad grupos de dos alumnos y estableced quién asumirá la figura del entrevistador y quién la del entrevistado.

2.º Documentaos sobre el personaje entrevistado con el fin de realizar cuestiones que resulten oportunas en relación con su desarrollo personal o profesional y de que las respuestas se ajusten a la materia abordada.

3.º Pensad qué tipo de información queréis obtener en función de los datos recabados y elaborad un esquema con las ideas o bloques temáticos que vais a tratar.

4.º Diseñad el cuestionario combinando diferentes tipos de preguntas: abiertas y cerradas. Introducid también en alguna de ellas una breve valoración o preámbulo a las preguntas que pretendáis establecer.

5.º Recoged la idea principal de la entrevista para resumirla y preparar el cierre.

6.º Grabad en vídeo vuestra entrevista. Recordad para ello la estructura de la entrevista: presentación, cuerpo y conclusiones.

7.º El entrevistador debe emplear un estilo claro y conciso, propio del género periodístico. Debéis incorporar elementos que refuercen la función fática y recurrir a los códigos no verbales en vuestras intervenciones.

AUTOEVALUACIÓN

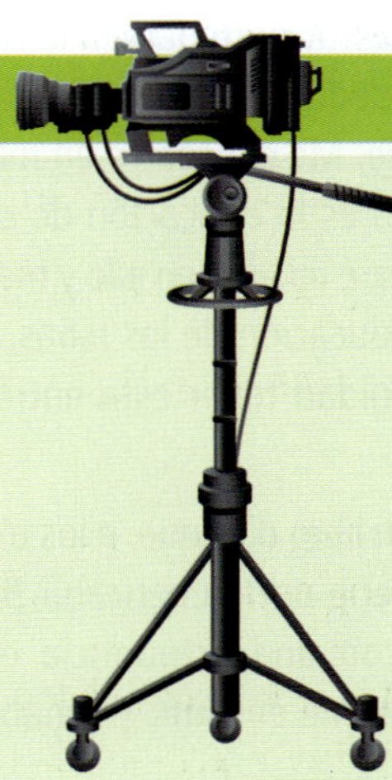

Evaluad vuestra entrevista a partir de las siguientes afirmaciones:

- El cuestionario diseñado atiende a los aspectos más relevantes de la persona entrevistada.
- El cuestionario incorpora diferentes tipos de preguntas.
- El vídeo grabado recoge la estructura estudiada de la entrevista: presentación, cuerpo y conclusiones.
- El estilo empleado se corresponde con el género periodístico de la entrevista oral.
- Las preguntas han sido formuladas de forma clara y precisa.

Las entrevistas permiten conocer las opiniones, los sentimientos, las actividades y las vivencias del entrevistado sobre temas relacionados con su vida, su obra o su oficio. ¿Piensas que el entrevistador puede dejar sus comentarios y opiniones? ¿Qué diferencias puede haber entre una entrevista oral y otra escrita?

EL PAÍS SECCIONES

EL PAÍS SEMANAL

Hay que morir alguna vez en la vida

Con solo 16 años es un icono global contra el integrismo. Los talibanes le arrebataron su infancia a balazos. Sin miedo. Sin rencores. Esta es su historia.

Rosa Montero 12 OCT 2013 - 23:29 CEST112

Es diminuta pero posee una cabeza rotunda [...]. Viste ropas tradicionales [...]. Se le ve el cabello, detalle muy importante en la tremenda jerarquía de tocados musulmanes para mujeres [...]. «Le voy a contar algo de mí», le digo nada más sentarnos [...]. «Verá, yo he hecho muchas entrevistas durante décadas, hasta que hace cuatro o cinco años me cansé y ya no hice más. Sin embargo, cuando me propusieron su nombre, inmediatamente dije que sí.» [...] Malala me mira con una atención absoluta, con una concentración perfecta, una adolescente cautelosa y seria que lo controla todo. Empieza a darme las gracias, muy educada, como corresponde a lo que acabo de decirle. Le interrumpo: «En realidad no se lo digo para halagarle, aunque desde luego la admiro; se lo digo porque me quedé pensando en el enorme efecto que tiene usted en tantísima gente alrededor del mundo. ¿No le agobian las expectativas que todos parecemos tener sobre usted?».

—No. Estoy entregada a la causa de la educación y creo que puedo dedicarle mi vida entera. No me importa el tiempo que me lleve. Me concentro en mis estudios, pero lo que más me importa es la educación de cada niña en el mundo, así que empeñaré mi vida en ello y me enorgullezco de trabajar en pro de la educación de las niñas, y la verdad es que es una gran oportunidad tener esta entrevista hoy con usted. ¡Gracias! [...]

—En su libro dice que, a los trece o catorce años, veía los DVD de la serie norteamericana *Betty la Fea* «que era sobre una chica con una ortodoncia enorme y un corazón también enorme. Me encantó y soñaba con la posibilidad de ir algún día a Nueva York y trabajar en una revista como ella». Me parece una afirmación conmovedora. ¡La revista de *Betty la Fea* es de moda! Esa añoranza por una vida normal y sin el peso sobrehumano que acarrea usted sobre los hombros...

—Me gustaba ver la serie, me gustaba pensar en otro mundo en donde el mayor problema era la moda [...]. Mientras por otro lado las mujeres se mueren de hambre, y los niños también, y azotan a las mujeres, y aparecen cuerpos decapitados...

—Pero, en cualquier caso, lo que indica este texto es que por ahí abajo hay ese anhelo comprensible de una existencia liviana y normal...

Malala me mira fijamente, se toma un par de segundos y luego dice que sí con la cabeza. Ni siquiera se atreve a verbalizar su añoranza de otra realidad. Es una niña atrapada entre las ruedas de una responsabilidad colosal. Imaginen la situación: una realidad de violencia y abuso insoportables, un padre heroico que señala el camino y una niña inteligentísima, evidentemente superdotada, consciente de su propia dignidad y con una gran capacidad de compasión. Todo se conjuró en la vida de Malala para encerrarla en su destino de Juana de Arco. [...]

—Pues nada más. Muchas gracias, Malala.

—Gracias a usted por su amor y su apoyo.

El País SEMANAL
http://elpais.com

ACTIVIDADES

1 Por sus respuestas ¿piensas que Malala Yousafzai es una persona radical y prepotente y que por eso ha conseguido ser famosa? Razona tu respuesta.

2 La entrevistada pide:

a. Paz en el mundo.

b. Que los niños sean más aplicados.

c. El derecho a la educación de las niñas.

d. Dinero para construir escuelas.

3 Indica desde tu punto de vista si este escrito representa íntegramente el texto de la entrevista y qué partes del mismo están recogidas.

4 Resume en una oración el fragmento de la entrevista a la adolescente.

5 ¿Quién dice la frase «le voy a contar algo de mí»?

a. La entrevistada.

b. La entrevistadora.

c. Betty la Fea.

d. Ninguno de los anteriores.

6 ¿Por qué le impresionó a la entrevistadora que Malala disfrutara viendo la serie *Betty la Fea*?

a. Porque es mayor para ese tipo de series.

b. Porque no se esperaba que en su país de origen existiera esa serie.

c. Porque dejaba entrever la añoranza de Malala por una vida liviana.

d. A la entrevistadora no le impresionó eso en absoluto.

7 Define en una frase quién es la entrevistada.

8 ¿Cómo dirías que es la impresión que se lleva de Malala la persona que la entrevista?

a. Mala, piensa que es una niña sabelotodo.

b. Buena, piensa que es educada, bonita y aplicada.

c. No se puede saber porque no se especifica qué piensa sobre ella.

d. Regular; es una adolescente poco predecible.

MÁS QUE PALABRAS

1 Describe física y psicológicamente a la entrevistada utilizando, al menos, cuatro de las siguientes palabras, o sus antónimos:

madura, temerosa, delgada, fuerte, pálida, dubitativa.

2 Selecciona los adjetivos de la siguiente lista que puedan definir a Malala según la persona que la entrevista:

cautelosa, sabionda, seria, desafiante, concentrada, educada, desconsiderada, aplicada, atenta, profesional, desconcertante, imprevisible, dominante.

ESTRATEGIAS DE LECTURA

Entrevistas

Para entender bien una entrevista, te será útil tomar en consideración estas cuestiones:

- No te pierdas; debes tener claro en todo momento quién habla. Algunas veces, no se especifica quién habla en los diálogos, como en este caso que se usan guiones, en otros solo las iniciales. Puedes probar a subrayar con colores distintos las diferentes intervenciones.
- No trates de posicionarte a favor o en contra antes de haber comprendido el texto globalmente, ya que ello te condicionará y podrás entender mal ciertas cuestiones.
- Fíjate en quién realiza la entrevista e infórmate sobre él o ella. En ocasiones, el entrevistador es un periodista prestigioso que también tiene cosas interesantes que decir y que deja su impronta y su saber en la entrevista.
- Sitúa la entrevista en su contexto e infórmate sobre el medio de comunicación en el que se publica (periódico, revista, etc.). Cada uno es fiel a una ideología concreta y puede variar el punto de vista.
- Localiza otros elementos informativos que preceden al cuerpo de la entrevista: título, fecha, nombre del entrevistador, entrada, foto (en ocasiones)... Esa información puede situarte mejor ante las opiniones que posteriormente leerás.

ESCRIBIR

La entrevista escrita

Una entrevista escrita ha de transmitir fielmente el diálogo mantenido entre el entrevistado y el entrevistador. La redacción de la información recogida puede conllevar la reelaboración de las preguntas y respuestas en un **estilo indirecto** o su presentación en un **estilo directo:**

ESTILO INDIRECTO	En el estilo indirecto, el entrevistador reproduce las palabras de los entrevistados en su propio discurso por medio de la conjunción subordinada *que*, la tercera persona y ciertos cambios en tiempos verbales, determinantes y pronombres con respecto al estilo directo.
ESTILO DIRECTO	Se refleja en el escrito por medio de una raya de mayor longitud que el guion, que precede al texto sin dejar un espacio de separación. Se indica quién interviene a través de los verbos de habla o verbos *dicendi: dijo, informó, preguntó, indicó…* El estilo directo puede representarse también a través de comillas que encierren el discurso exacto del entrevistado.

Además, puede contener comentarios y valoraciones del periodista acerca de las respuestas del entrevistado. Estas suponen un distanciamiento en el tiempo con respecto al momento de la entrevista y una interpretación de la información obtenida.

EL PAÍS SECCIONES

EL PAÍS SEMANAL

Hay que morir alguna vez en la vida

Con solo 16 años es un icono global contra el integrismo. Los talibanes le arrebataron su infancia a balazos. Sin miedo. Sin rencores. Esta es su historia.

Rosa Montero 12 OCT 2013 - 23:29 CEST112

Es diminuta pero posee una cabeza rotunda […]. Viste ropas tradicionales […]. Se le ve el cabello, detalle muy importante en la tremenda jerarquía de tocados musulmanes para mujeres […]. «Le voy a contar algo de mí», le digo nada más sentarnos […]. «Verá, yo he hecho muchas entrevistas durante décadas, hasta que hace cuatro o cinco años me cansé y ya no hice más. Sin embargo, cuando me propusieron su nombre, inmediatamente dije que sí.» […] Malala me mira con una atención absoluta, con una concentración perfecta, una adolescente cautelosa y seria que lo controla todo. Empieza a darme las gracias, muy educada, como corresponde a lo que acabo de decirle. Le interrumpo: «En realidad no se lo digo para halagarle, aunque desde luego la admiro; se lo digo porque me quedé pensando en el enorme efecto que tiene usted en tantísima gente alrededor del mundo. ¿No le agobian las expectativas que todos parecemos tener sobre usted?».

—No. Estoy entregada a la causa de la educación y creo que puedo dedicarle mi vida entera. No me importa el tiempo que me lleve. Me concentro en mis estudios, pero lo que más me importa es la educación de cada niña en el mundo, así que empeñaré mi vida en ello y me enorgullezco de trabajar en pro de la educación de las niñas, y la verdad es que es una gran oportunidad tener esta entrevista hoy con usted. ¡Gracias! […]

—En su libro dice que, a los trece o catorce años, veía los DVD de la serie norteamericana *Betty la Fea* «que era sobre una chica con una ortodoncia enorme y un corazón también enorme. Me encantó y soñaba con la posibilidad de ir algún día a Nueva York y trabajar en una revista como ella». Me parece una afirmación conmovedora. ¡La revista de *Betty la Fea* es de moda! Esa añoranza por una vida normal y sin el peso sobrehumano que acarrea usted sobre los hombros…

—Me gustaba ver la serie, me gustaba pensar en otro mundo en donde el mayor problema era la moda […]. Mientras por otro lado las mujeres se mueren de hambre, y los niños también, y azotan a las mujeres, y aparecen cuerpos decapitados…

—Pero, en cualquier caso, lo que indica este texto es que por ahí abajo hay ese anhelo comprensible de una existencia liviana y normal…

Malala me mira fijamente, se toma un par de segundos y luego dice que sí con la cabeza. Ni siquiera se atreve a verbalizar su añoranza de otra realidad. Es una niña atrapada entre las ruedas de una responsabilidad colosal. Imaginen la situación: una realidad de violencia y abuso insoportables, un padre heroico que señala el camino y una niña inteligentísima, evidentemente superdotada, consciente de su propia dignidad y con una gran capacidad de compasión. Todo se conjuró en la vida de Malala para encerrarla en su destino de Juana de Arco. […]

—Pues nada más. Muchas gracias, Malala.

—Gracias a usted por su amor y su apoyo.

El País SEMANAL
http://elpais.com

Titular: pretende llamar la atención del lector.

Entrada: complementa al título y ofrece detalles informativos.

Fuente: autor, fecha y hora (elemento propio del periódico digital).

Introducción: presentación y descripción de la entrevistada.

Cuerpo de la entrevista: desarrollo de las intervenciones del entrevistador y la entrevistada.

Cierre: resumen, valoración y descripción concluyente de la protagonista por parte del entrevistador. Despedida de los interlocutores

Tu turno

1 Realiza una entrevista a una persona conocida de tu localidad, cuya vida personal o profesional sea de tu interés. Sigue estas recomendaciones:

1.º Infórmate y documéntate previamente acerca de la persona que vas a entrevistar: gustos, origen familiar, formación, actividad profesional… De esta manera, podrás realizar cuestiones relevantes y significativas de actualidad.

2.º Organiza la estructura de la entrevista en función del tipo de información que pretendas obtener. Realiza un esquema con las ideas principales y planifica su desarrollo.

3.º Redacta el guion de tu entrevista. Debes comenzar con preguntas sencillas de responder, con el fin de que el entrevistado se sienta cómodo y pueda contestar con una mayor naturalidad. A continuación, una vez conseguido el clima adecuado, es el momento de realizar preguntas más concretas y dirigidas al asunto principal de la entrevista.

4.º Lleva a cabo la entrevista diseñada a la persona elegida. Recoge la información con una grabadora o toma nota en una libreta de sus respuestas.

5.º Realiza diferentes fotografías en el momento de la entrevista, tanto de la persona entrevistada como del lugar en el que tuvo lugar el encuentro.

6.º Analiza la información recabada. Selecciona los datos fundamentales e interpreta su significado a partir de la investigación documental efectuada en un inicio.

7.º Redacta la entrevista:

- Incluye una introducción inicial en la que presentes al protagonista de la entrevista y describas sus acciones más importantes.
- Puedes combinar el estilo directo con el estilo indirecto.
- Concluye la entrevista con un resumen de las ideas tratadas.
- Incluye fotografías para mostrar el aspecto físico del entrevistado.

8.º Pon título a tu entrevista empleando un lenguaje atractivo que capte la atención del lector. Puedes añadir también un subtítulo o una entrada que complemente el título.

La tilde en interrogativos

Las palabras ***qué***, ***cuál/es***, ***quién/es***, ***cómo***, ***cuán***, ***cuánto/a/os/as***, ***cuándo***, ***dónde*** y ***adónde*** son tónicas y se escriben con tilde diacrítica en las interrogaciones tanto directas como indirectas:

¿Cuándo vas a comer?

Me dijo que cuándo iba a comer.

¿Cuáles has traído?

Me preguntó que cuáles había traído.

¿Quiénes llamaron?

Le preguntó que quiénes habían llamado.

¿Cuántos libros vas a comprar?

Me preguntó que cuántos libros iba a comprar.

Por tanto, debes tener en cuenta esta norma ortográfica al redactar las preguntas formuladas por el periodista en una entrevista, independientemente de que emplees el estilo directo o indirecto.

AUTOEVALUACIÓN

Contesta a las siguientes preguntas y valora tu entrevista:

- ¿Sigue el cuestionario diseñado un desarrollo coherente con el tema?
- ¿Recoge de forma fiel el diálogo con el entrevistado?
- ¿Se ha combinado el estilo directo con el indirecto en la redacción?
- ¿La conclusión presenta un resumen de los aspectos esenciales de la entrevista?

01 Las oraciones subordinadas

Son aquellas oraciones que realizan una función dentro de otra mayor y, por tanto, equivalen a un grupo o sintagma dentro de ellas. Así, se pueden identificar las subordinadas sustituyéndolas por un posible sintagma en cada caso:

ORACIONES SUBORDINADAS	SUSTITUCIÓN POR SINTAGMAS
Me fascinó la lingüística cuando [...] vi que era una disciplina que podía trabajar con el lenguaje de una manera similar, paralela, a como se trabaja en las ciencias de la naturaleza.	Me fascinó la lingüística entonces.
↓ vi que era una disciplina que podía trabajar con el lenguaje de una manera similar, paralela, a como se trabaja en las ciencias de la naturaleza.	vi sus cualidades.
↓ una disciplina que podía trabajar con el lenguaje de una manera similar, paralela, a como se trabaja en las ciencias de la naturaleza.	una disciplina interesante.
↓ similar, paralela, a (la manera) como se trabaja en las ciencias de la naturaleza.	similar, paralela, a (la manera) científica.

Violeta Demonte: http://elpais.com

- Si cumplen una función propia de un **sintagma nominal**, nos referimos a ellas como **subordinadas sustantivas.**

Vi — N (V)
que era una disciplina interesante. — Oración subordinada sustantiva = «sus cualidades»-CD
SV-PV

- Si cumplen una función propia de un **sintagma adjetival**, las llamamos **subordinadas adjetivas**, aunque también se llaman subordinadas de relativo, puesto que van encabezadas por un pronombre, un adverbio o un determinante relativo, que remiten a un elemento anterior del discurso, expreso o no, al que complementan.

Vi — N (V)
una — Det
película — N (Sust)
que me gustó mucho. — Oración subordinada adjetiva = «interesante»-CN
una película que me gustó mucho — SN-CD
SV-PV

- Si cumplen una función propia de un **sintagma adverbial**, se denominan **subordinadas adverbiales.** También se las conoce como circunstanciales, aunque, dado que no todos los adverbios funcionan como circunstanciales, no todas las subordinadas adverbiales admiten este nombre: algunas se consideran complementos de toda la oración (*Si vienes, jugaremos los cuatro*) o del adverbio (*Corrió tanto que llegó el primero*).

Me — SN-CD
fascinó — N (V)
Me fascinó — SV-PV
la — Det
lingüística — N (Sust)
la lingüística — SN-Suj
cuando vi sus cualidades. — Oración subordinada adverbial = «entonces»-CC
SV-PV

ACTIVIDADES

1 Localiza las subordinadas en las siguientes oraciones y sustitúyelas por un sintagma nominal, adjetival o adverbial, según corresponda. No es preciso que el significado se mantenga inalterado.

a. Ella siempre dice que hay que aprovechar las oportunidades.

b. Siempre que llueve, hay que tener cuidado con la conducción.

c. Los años que pasé en Roma fueron los mejores de mi vida.

d. Esa es la manera como debe hacerse.

e. Mientras haya vida, habrá esperanza.

f. Los estudios que hice me ayudaron mucho en mi carrera.

g. Me molesta que siempre estés fastidiando.

2 Sustituye las palabras subrayadas de este extracto de una entrevista a Ana María Matute por oraciones subordinadas que cumplan la misma función:

> P.—Ana María, a usted que pudo tener una infancia <u>feliz</u>, ¿qué le abrió los ojos a la injusticia?
>
> R.—Nadie es feliz del todo, los niños tampoco lo son, hay unos dramas <u>tremendos a los seis, siete años, diez</u>. Hay infancias <u>de una pobreza tremenda</u> y mucha alegría, y niños muy cuidados y tristes.
>
> www.elmundo.es

3 Completa las siguientes oraciones con una subordinada del tipo que se indica:

a. Ha sido una experiencia [sub. adjetiva].

b. [sub. adverbial], emprenderé un nuevo viaje.

c. Siempre he creído [sub. sustantiva].

d. Debemos llevar a cabo nuestro trabajo [sub. adverbial].

e. Una persona [sub. adjetiva] siempre dirá [sub. sustantiva].

f. En todas las ocasiones [sub. adjetiva...] siempre me ha parecido [sub. sustantiva].

4 En la siguiente entrevista a Umberto Eco se han subrayado algunas oraciones subordinadas. Di si se trata de subordinadas sustantivas, adjetivas o adverbiales.

> **Usted ha escrito un libro <u>en el que un periódico del fango da batallas sucias sin salir a la calle</u>... ¿Concibe <u>que un día no haya periódicos</u>?** Es un riesgo muy grave porque, después de todo lo que he dicho de malo sobre el periodismo, la existencia de la prensa es todavía una garantía de democracia, de libertad, <u>porque precisamente la pluralidad de los diarios ejerce una función de control</u>. Pero para <u>no morir</u> el periódico tiene que saber cambiar y adaptarse. No puede limitarse solamente a <u>hablar del mundo, puesto que de ello ya habla la televisión</u>. Ya lo he dicho: tiene que opinar mucho más del mundo virtual. Un periódico <u>que sepa analizar y criticar lo que aparece en Internet</u> hoy tendría una función, y a lo mejor incluso un chico o una chica jóvenes lo leerían para entender <u>si lo que encuentra *online* es verdadero o falso</u>. En cambio, creo <u>que el diario funciona todavía como si la Red no existiera</u>.
>
> http://elpais.com

02 Oraciones subordinadas sustantivas

Las **subordinadas sustantivas** son aquellas que, incrustadas en otra oración, realizan las mismas funciones que un **sintagma nominal.** Pueden aparecer conectadas con la oración en que se insertan:

- **Sin nexo.** Esto sucede en dos ocasiones:
  - Cuando son oraciones con infinitivo. El infinitivo es una forma no personal que equivale a un sustantivo, por lo que no precisa otra marca de dependencia: *Es importante prepararse bien* (= tu preparación).
  - En ciertos registros, se omite el nexo y la subordinada aparece en el lugar del sustantivo: *Ruego perdone mi intromisión* (= su perdón). Se encuentra especialmente en el lenguaja administrativo.
- Con una **conjunción** que sirve como nexo:
  - *Que: Es importante **que** te prepares bien* (= tu preparación).
  - *Si:* esta conjunción puede aparecer en una oración con un verbo en forma personal (*Me pregunto **si** llegará pronto* = la hora de su llegada) o con un infinitivo (*No sabía **si** anunciar su llegada* = las instrucciones).

  Es posible combinar las dos conjunciones, como en *Nos preguntó que si tenía que irse ya*.
- Con un determinante, pronombre o adverbio de **sentido interrogativo** o **exclamativo,** que puede aparecer con verbo en forma personal *(Ella preguntó qué había pasado)* o no peronal *(No sabíamos qué hacer)*. La palabra introductoria cumple la función correspondiente dentro de la oración en la que se encuentra y a la vez nos advierte de su naturaleza subordinada:
  - **Determinante:** *Quiero saber **qué** niños vendrán a la fiesta* (= los nombres).
  - **Pronombre:** *No sabemos **cuáles** han sido los elegidos* (= el resultado).
  - **Adverbio:** *Me sorprende **cuánto** has crecido* (= tu estatura).

Sustitución

Las **subordinadas sustantivas** pueden, sustituirse por un sintagma nominal o por un pronombre neutro *(lo, esto, eso, aquello)*:

Declaró que tenía intención de continuar los estudios = Declaró que tenía intención de ello = Declaró aquello.

02.1 Funciones de las subordinadas sustantivas

Las oraciones subordinadas sustantivas realizan las mismas **funciones** que los **sintagmas nominales:**

- **Sujeto:** *Me fascina que haya gente así. Apostar por los nuevos valores es la mejor opción. Me asustaba cómo habíamos llegado a esto.*
- **Complemento directo:** *Había decidido que no seguiría ese camino. Nos preguntábamos si sería correcto. Ya sabes cómo es tu primo.*
- **Atributo:** *La mejor noticia es que nos iremos pronto. La mejor solución es arreglarlo como amigos.*
- **Aposición:** *Me preocupa ese rumor, que esté implicado en corrupción.*

Las oraciones subordinadas sustantivas también son llamadas *argumentales*, puesto que pueden ocupar el lugar de los argumentos verbales, especialmente el de complemento directo.

- **Término:** *No nos enteramos de <u>que había llegado ya</u>.* El sintagma preposicional donde se incluye la oración subordinada término puede desempeñar, a su vez, las siguientes funciones:

FUNCIÓN DEL SPREP	EJEMPLOS DE SUBORDINADAS CON FUNCIÓN TÉRMINO
Complemento del nombre	*Esa costumbre de <u>llegar tarde</u> te está perjudicando.*
	Ahora es el momento de <u>que todos callen</u>.
	No conservo el recuerdo de <u>qué ocurrió allí</u>.
Complemento indirecto	*Nunca le dan importancia a <u>que estemos allí</u>.*
	Le dieron prioridad a <u>asistir a la reunión</u>.
Complemento de régimen	*Nunca se acuerda de <u>que hay que cerrar la sesión</u>.*
	Nunca se acuerda de <u>cerrar la sesión</u>.
	Nunca se acuerda de <u>cómo se cierra la sesión</u>.
Complemento circunstancial	*No me habla desde <u>que volvió de Madrid</u>.*
	Volvimos a casa para <u>terminar el trabajo</u>.
	Debes utilizar diferentes recursos según <u>sea tu interlocutor</u>.
Complemento del adjetivo	*Estamos alegres de <u>que lo hayas conseguido</u>.*
	Está convencida de <u>estudiar allí</u>.
	Está emocionada con <u>cómo ha salido todo</u>.
Complemento del adverbio	*Eso pasará independientemente de <u>que ella lo desee</u>.*
	Vino a casa después de <u>visitar a sus padres</u>.
	La fiesta empezará a las ocho independientemente de <u>quién esté allí</u>.

Esa costumbre de llegar tarde te está perjudicando.

tarde: N (Adv)
llegar: N (V) — tarde: SAdv-CC
llegar tarde: SV-PV
de: Enl — llegar tarde: Or. sub. sust.-Término — te: N (Pron)
Esa: Det — costumbre: N (Sust) — de llegar tarde: SPrep-CN — te: SN-CD — está perjudicando: N (Perífrasis verbal)
Esa costumbre de llegar tarde: SN-Suj — te está perjudicando: SV-PV

Algunos valores semánticos de los CC citados anteriormente son, según la preposición utilizada, el tiempo *(hasta)*, la finalidad *(para)*, el modo o manera *(sin, según)*, la causa *(por)*....

Iremos a Madrid para que lo veas.

lo: N (Pron)
lo: SN-CD — veas: N (V)
Madrid: N (Sust) — que: Nexo (Conj) — lo veas: SV-PV
a: Enl — Madrid: SN-Término — para: Enl — que lo veas: Or. sub. sust.-Término
Iremos: N (V) — a Madrid: SPrep-CC — para que lo veas: SPrep-CC
Iremos a Madrid para que lo veas: SV-PV

ACTIVIDADES

5 Identifica las oraciones subordinadas sustantivas e indica si las introduce o no algún elemento, y, en este caso, de qué tipo es:

a. Nunca me dice qué ocurre.

b. Me pregunto cuánta gente hay.

c. Que siempre haya problemas es algo que me incomoda.

d. Estar siempre preparado es una cualidad muy útil.

e. No nos hemos enterado de si han llegado sus parientes.

f. Es increíble cómo ha cambiado este niño.

6 Sustituye las oraciones subordinadas sustantivas del siguiente texto por un sintagma nominal o por un pronombre neutro:

> —Señor, aquí dice que estaba de pie, esperando.
> —De pie, esperando.
>
> El hombre repitió las palabras despacio, como si las masticase.
>
> —Cabo, ¿qué le dice su instinto?
>
> Se produjo una pausa. La chica del chador azul imaginaba que la mujer pretendía encontrar una respuesta que complaciese al comandante.
>
> —Señor, no dispongo de suficiente información para formarme una opinión.
> —¿Por qué se alistó, cabo?
> —Me lo sugirió mi profesora de español. Dijo que tenía buen oído para los idiomas y que podría ser de utilidad en el ejército.
>
> Deborah Ellis: *Mi nombre es Parvana.* Edelvives.

7 Identifica las oraciones subordinadas sustantivas construidas con infinitivo y di cuál es su función. Indica también la función de los SPrep donde las oraciones funcionen como término.

a. Hacer bien las cosas es una inversión para el futuro.

b. En esta casa queremos que todos nos sintamos bien.

c. A ella no le gusta nada jugar a las cartas.

d. Este chico afirma conocer a todos los habitantes del pueblo.

e. No estoy segura de conocerlos a todos.

f. Cuando se acordó de revisar todas las cartas, las echó al correo.

8 Analiza sintácticamente las siguientes oraciones compuestas:

a. En el momento de empezar la comida, todos estaban deseosos de ver qué habían preparado los cocineros.

b. No me digas que no sabías qué iba a ocurrir.

c. Me dijo que llegaría tarde, pero luego pensó que eso era poco educado.

9 En una entrevista, el guitarrista Paco de Lucía hizó la afirmación que puedes leer en el margen:

a. Rellena en tu cuaderno la tabla con las oraciones subordinadas sustantivas:

ORACIÓN SUBORDINADA SUSTANTIVA	INTRODUCIDA POR...	FUNCIÓN

b. Hay una coordinación; ¿de qué tipo es? ¿Cuál es el nexo que se utiliza?

10 Analiza sintácticamente las oraciones subrayadas en el siguiente fragmento de una entrevista a la doctora María Neira:

> **¿Cree usted que el calor de este invierno ha sido producido por la contaminación provocada por el hombre o más bien por un ciclo climático?**
> No soy una experta en cambio climático; solo nuestra área de especialidad se concentra en analizar qué consecuencias puede tener para la salud ese cambio climático.
>
> www.ambientum.com

> Ser padre es difícil. Uno no sabe si imponer la fuerza. Piensas que la autoridad es buena, pero no sabes a qué edad hay que dejarla de lado.
>
> www.elmundo.es

11 Escribe un ejemplo de subordinada sustantiva que aparezca como término de una preposición en un sintagma preposicional con cada una de las funciones siguientes:

a. Sintagma preposicional en función de complemento del nombre.

b. Sintagma preposicional en función de complemento de régimen.

c. Sintagma preposicional en función de complemento del adjetivo.

d. Sintagma preposicional en función de complemento circunstancial.

12 Localiza, en este fragmento de una entrevista al neuropsicólogo Álvaro Bilbao, todas las oraciones subordinadas sustantivas y di cuál es la función de cada una de ellas:

> —¿Y qué opina del uso de las tabletas en el «cole»?
> —Son una herramienta. Si se usan sabiamente, vamos a conseguir que nuestros niños las usen bien. Pero también le diré que la mayoría de ejecutivos de Silicon Valley manda a sus hijos a la escuela Península, tipo Waldorf, donde no hay tabletas y todo se hace con tiza y pizarra. Bill Gates y Steve Jobs no dejaron que sus hijos usaran el ordenador y el iPad hasta que fueron un poco mayores. Desde mi punto de vista es más útil enseñar caligrafía al niño, porque activas otras áreas del cerebro diferentes.
>
> www.elmundo.es

02.2 Tipos de subordinadas sustantivas

Las subordinadas sustantivas se dividen en tres tipos, dependiendo de su estructura, significado e intención comunicativa. Así, estos tipos se relacionan con modalidades oracionales diferentes, como son las oraciones enunciativas o declarativas, las interrogativas y las exclamativas.

Oraciones subordinadas sustantivas declarativas

Afirman aquello que enuncia la subordinada. Pueden ir introducidas por el nexo *que* o bien sin nexo, por omisión de *que* o por el uso del infinitivo:

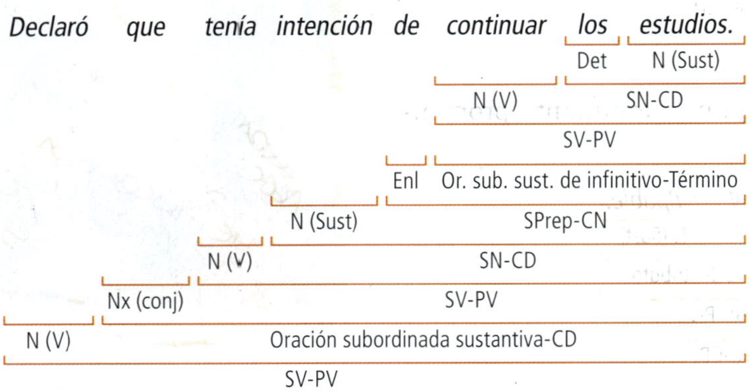

Como su nombre indica, son aquellas donde se afirma aquello a que se refiere la subordinada:

Ella me dijo que su primo llegaría tarde.
- Afirmación 1: *Ella me dijo algo.*
- Afirmación 2: *Su primo llegaría tarde.*

La oración subordinada lleva el verbo conjugado en **modo subjuntivo** o **indicativo**, dependiendo del sentido del verbo principal y, por tanto, de la modalidad oracional de que se trate:

Me gustaría (DESIDERATIVA)
- *que llegaras / que hubieras llegado temprano a la cita.*
- **que llegaste / *que llegas temprano a tus citas.*

Sé (ENUNCIATIVA)
- **que vinieras / *que vengas hoy.*
- *que vienes / que vendrás hoy.*

Estas oraciones admiten el uso enfático del artículo antepuesto:

El que vengas con nosotros me hace mucha ilusión.

Nunca aceptó el que no la admitieran en aquel trabajo.

Cuando esto ocurre, se asimilan en su funcionamiento, aunque no siempre son equivalentes, a las oraciones construidas con «el hecho de que»...:

El hecho de que vengas con nosotros me hace mucha ilusión.

Dequeísmo y queísmo

El **dequeísmo** es un fenómeno propio de registros vulgares por el que se introduce la preposición DE ante oraciones subordinadas sustantivas encabezadas por QUE en estructuras que no la precisan:

**Él opina de que debemos continuar.*
Él opina que debemos continuar.

El **queísmo** consiste en la supresión de una preposición DE requerida por la construcción gramatical ante una subordinada sustantiva:

**Él es de la opinión que debemos continuar.*
Él es de la opinión de que debemos continuar.

Oraciones subordinadas sustantivas interrogativas indirectas

Muestran una pregunta, duda, suposición o conocimiento del emisor. Pueden ir introducidas por la conjunción *si* o por un determinante, pronombre o adverbio interrogativo: *Ya no sabíamos qué hacer.* Pueden ser totales o parciales:

- Las **interrogativas totales** se construyen con la conjunción *si* y equivalen a una interrogativa que se responde afirmativa o negativamente:

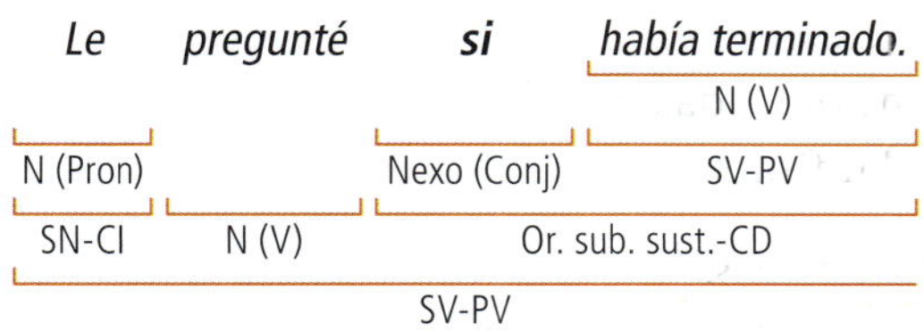

- Las **interrogativas parciales** se construyen con un determinante, pronombre o adverbio interrogativo:

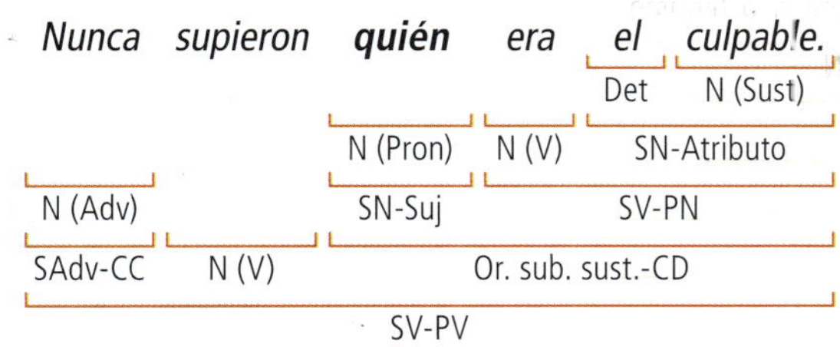

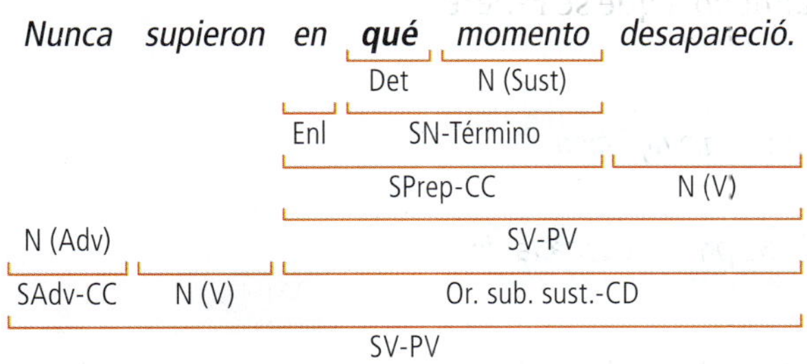

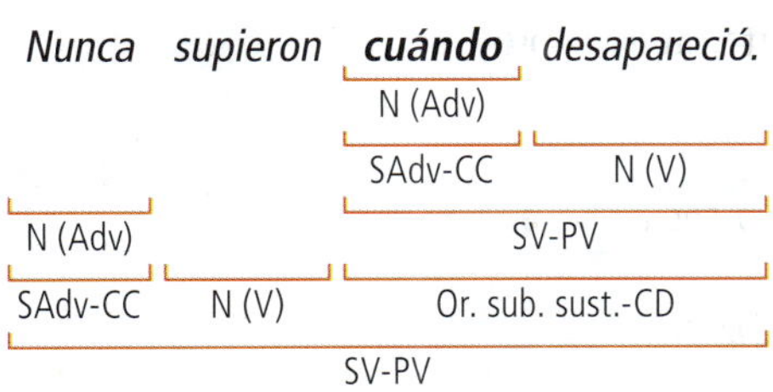

Oraciones subordinadas sustantivas exclamativas indirectas

Son oraciones subordinadas formalmente similares a las oraciones sustantivas interrogativas indirectas, pero, a diferencia de estas, solo pueden ser parciales. Su significado varía, sin embargo, pues expresan sorpresa, indignación, temor...

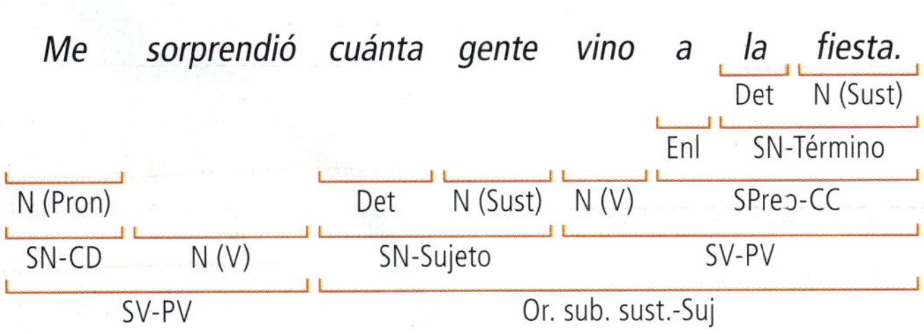

Las interrogativas y exclamativas indirectas reciben este nombre porque, en su mayoría, pueden relacionarse con otras oraciones de la misma modalidad, es decir, interrogativas o exclamativas, que se encontrarían en un **discurso directo:**

¿Cómo te sientes?

¿Cuánto tiempo permanecerás en este equipo?

¿Quién ha sido el mejor jugador del partido?

¡Cuántos remates has hecho!

Los periodistas preguntan al jugador cómo se siente. Quieren saber cuánto tiempo permanecerá en ese equipo y le preguntan quién ha sido el mejor jugador del partido. Finalmente, les admira cuántos remates ha hecho.

En el **estilo indirecto** es frecuente que se combinen los nexos propios de las subordinadas interrogativas indirectas con el nexo propio de las declarativas, *que*: *Ella preguntó que si llegaríamos a tiempo / que cuándo llegaríamos.*

ACTIVIDADES

13 Indica si en las siguientes oraciones hay dequeísmo, queísmo o ninguno de los dos fenómenos. Escríbelas correctamente y señala, en cada caso, la función de la oración subordinada sustantiva.

a. No me acuerdo que haya ocurrido esto antes.

b. Estamos seguros de que al final todo se arreglará.

c. No estoy segura que esa sea la solución.

d. Creo de que debemos pensar en otra cosa.

e. ¿No te extraña de que Juan no haya llegado?

14 Señala las subordinadas sustantivas y distingue entre interrogativas indirectas totales y parciales:

a. Queremos saber si el examen es mañana.

b. He preguntado cuánto cuesta el envío.

c. Ellos querían saber cuándo era el examen.

d. A veces una no sabe qué hacer en estas situaciones.

e. No sabíamos si salir ya.

15 Sustituye en el ejercicio anterior las oraciones subordinadas sustantivas por un sintagma nominal. No es preciso que el sentido se mantenga completamente.

16 A partir de la siguiente entrevista, realizada a Tristam Stuart (autor del libro *Despilfarro*), contesta a las cuestiones que se plantean:

> **¿Deberíamos enviar los restos de comida al extranjero? ¿Es esto la solución?**
> ¡No! Se trataría por supuesto de una idea absurda. La solución es no producir más de lo necesario y no despilfarrar. Sin embargo, <u>está claro que despilfarrar comida es el equivalente de sacar comida de las bocas de los pobres</u> a escala global.
>
> www.oxfamintermon.org

a. Convierte las preguntas del periodista en oraciones interrogativas indirectas.

b. Di qué tipo de subordinadas sustantivas hay en «la solución es no producir más de lo necesario y no despilfarrar» y qué función desempeñan. ¿Qué clase de coordinación hay entre ellas?

c. Analiza la oración compuesta subrayada.

17 Identifica las subordinadas sustantivas y di de qué tipo son:

a. No me gusta que estudies con música.

b. No sé qué le pasa.

c. Que hayas aprobado todo me ha alegrado mucho.

d. Por fin tenemos claro cuándo es la fiesta.

e. Me sorprende cuánto has cambiado.

18 Di si en el siguiente extracto de una entrevista realizada a Stephen Hawking las oraciones subordinadas sustantivas interrogativas son totales o parciales:

> De repente, me encuentro ante uno de los cerebros más brillantes del último siglo, a punto de realizar la entrevista con la que siempre he soñado. Pero cuando llega el momento de la verdad, me quedo tan impactado que no sé muy bien ni cómo debo saludarle. [...] Le pregunto en primer lugar si sigue creyendo, como dijo en el libro que le hizo mundialmente famoso, *Historia del tiempo*, que algún día lograremos una «teoría del todo» para comprender las leyes que gobiernan el universo, o si hay aspectos de la realidad en los que nunca podrá penetrar la mente humana.
>
> www.elmundo.es

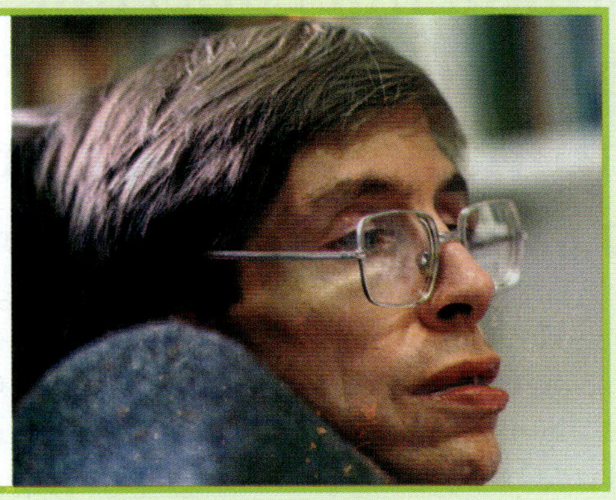

19 Indica si las palabras subrayadas son determinantes, pronombres o adverbios interrogativos:

a. Quiero que me digas <u>cuánto</u> has tardado.

b. Su padre le preguntó <u>cuántas</u> asignaturas había aprobado.

c. Dime <u>quién</u> ha venido hoy.

d. Preguntaron <u>cuál</u> era el siguiente de la lista.

e. No sabían <u>qué</u> decisión era la mejor.

f. La pantalla mostró <u>dónde</u> estaba la información.

g. No sé ya <u>cuántas</u> veces te he pedido silencio.

h. Me contó <u>qué</u> había hecho durante todo el día.

20 En el siguiente texto, localiza las subordinadas sustantivas, distingue sus tipos y di qué función cumple cada una de ellas. ¿Por qué crees que el modo de los verbos en las oraciones subordinadas declarativas es subjuntivo?

> Porque aquella noche, después de haber visto aquel escalofriante agujero sin atrevernos a comprobar qué contenía, me aterrorizaba que la habitación que compartíamos en casa de los abuelos se quedara a oscuras. El agujero demostraba que los crímenes fueron aún más horribles. Una cosa era que la monja viviera en una cabaña perdida en medio del monte, que llevara la jeringa con el veneno amarillento y entrara a hurtadillas en el sanatorio, deslizándose como un reptil, aunque erguida; una cosa era eso, y otra muy distinta, que la monja saliera del agujero del pasillo.
>
> Ronaldo Menéndez: *El agujero de Walpurgis.* Edelvives.

21 Haz el análisis completo de las siguientes oraciones compuestas:

a. Estos estudiantes han demostrado cuánto esfuerzo es necesario para aprobar la asignatura.

b. Juan afirma que terminará el trabajo sin distraerse en toda la tarde.

EVALUACIÓN

Antonio Ortiz - Colaborador en Xataka

«Nada más horrible que armas que no necesiten de la intervención humana para tomar decisiones a vida o muerte», Jody Williams

Jody Williams

No todos los días tiene uno la oportunidad de conversar con una premio Nobel. La oportunidad de sentarnos junto a **Jody Williams** surge en las Challengers Conferences que organiza Mazda en su espacio en Barcelona y en cuya convocatoria siempre hay al menos un ganador del galardón.

Jody Williams nos concede un buen rato tras su conferencia. Se mantiene accesible, cercana, intensa. Basta una pregunta corta para desatar el torrente de su discurso: no se gana un nobel como el suyo de la paz por el activismo contra las minas antipersonales sin un mensaje combativo. Ahora en horizonte están los robots y las armas que funcionan sin intervención humana, esto es lo que nos ha contado.

Xataka: Para aquellos que te conozcan y sepan sobre tu trabajo contra las minas antipersona, probablemente la primera pregunta sería por qué ahora estás metida en el tema de los robots asesinos. ¿Por qué este tema y no otro?

Jody Williams: En febrero de 1998 dejé de trabajar como coordinadora de la campaña para prohibir las minas antipersona y poco a poco fui dejando mi contribución a la causa. Después creamos la iniciativas de mujeres que han sido premio nobel, que es en parte mi dedicación principal, y más tarde decidimos crear la campaña para detener el auge de los robots asesinos. [...]

Xataka: Mi pregunta es si tú crees que hay razones para ser optimista o pesimista.

Jody Williams: Soy una pesimista optimista. Soy una pesimista en general porque pienso que la gente es demasiado débil, pero soy una optimista porque he formado parte del cambio, sé que se pueden cambiar las cosas si la gente lo hace.

La violencia continuará si no nos educamos y educamos a nuestros hijos sobre las diferentes maneras de resolver conflictos. Si tú y otro niño en el colegio queréis el mismo peluche, muchas veces la solución es pegarse por él. Es lo que en Estados Unidos llaman un «momento de enseñanza». Empieza enseñándoles cómo resolver el problema del osito de peluche de otras maneras y sin llegar a la violencia.

www.xataka.com

1 Señala las distintas partes que componen esta entrevista. ¿Qué parte está ausente? ¿Qué otra afirmación de la entrevistada podrías elegir para el título?

2 ¿Quién es el entrevistador? ¿Qué opinión tiene de la entrevistada? ¿Dónde se observa?

3 ¿Por qué ganó el Nobel de la Paz Jody Williams?

4 Explica el significado de las siguientes expresiones y sustituye las dos primeras por oraciones subordinadas sustantivas:

a. «Un mensaje combativo».

b. «Torrente de su discurso».

c. «Una pesimista optimista».

5 En las intervenciones del entrevistador hay varias oraciones subordinadas sustantivas; ¿cuáles son, de qué tipo son y qué función cumplen?

6 Analiza las siguientes oraciones:

a. Pienso que la gente es demasiado débil.

b. Más tarde decidimos crear la campaña para detener el auge de los robots asesinos.

7 Haz de periodista. A partir de esta entrevista, redacta otra en la que se use el estilo indirecto, se introduzcan comentarios y se destaque en estilo directo alguna declaración concreta.

8 ¿Qué otras personalidades podrían ser entrevistadas en un encuentro de este tipo?

EVALUACIÓN

1 Di cuáles de las siguientes afirmaciones son verdaderas:

a. En una entrevista es imprescindible que el entrevistador dé su opinión sobre el tema que se trata.

b. Una entrevista puede versar sobre un personaje o sobre su opinión sobre un tema.

c. La entrevista puede tener función informativa, aunque es un género mixto.

d. La entrevista oral suele utilizar el estilo indirecto.

2 A partir de las siguientes declaraciones de la lingüista Violeta de Monte, elige la respuesta correcta:

> **¿Qué avances ha visto a lo largo de su carrera?** He tenido que pelear mucho. Es verdad que yo no me desanimaba fácilmente. Ni me echaba a llorar, ni daba marcha atrás. Aceptaba las cosas como venían […].
>
> **¿Pelean tanto las mujeres jóvenes de ahora como lo hizo usted?** Hay derechos adquiridos y nadie nos los va a quitar. Hay más mujeres en la Real Academia, por ejemplo. Pero las mujeres somos muy listas y nos planteamos qué esfuerzos valen la pena.
>
> http://elpais.com

a. La primera pregunta es cerrada y la segunda, abierta.

b. La primera pregunta es abierta y la segunda, cerrada.

c. Las dos preguntas son abiertas.

d. Las dos preguntas son cerradas.

3 Las oraciones subordinadas sustantivas con infinitivo:

a. Pueden llevar nexo cuando son de tipo declarativo.

b. Pueden llevar nexo cuando son de tipo interrogativo indirecto.

c. No pueden llevar nexo nunca.

d. No pueden llevar nexo cuando son de tipo interrogativo indirecto.

4 El uso del modo indicativo o subjuntivo en las subordinadas sustantivas declarativas:

a. Es siempre opcional.

b. Depende de si el verbo de la subordinada está negado o no.

c. Depende del significado del verbo principal y de la modalidad de la oración.

d. Es opcional cuando el verbo principal aparece negado.

5 En la oración «Nos planteamos qué esfuerzos valen la pena», el *qué*:

a. Introduce una oración subordinada sustantiva declarativa.

b. Es un pronombre interrogativo.

c. Es un determinante interrogativo.

d. Funciona como complemento directo.

6 Las oraciones subordinadas sustantivas con infinitivo:

a. Solo pueden ser término de preposición.

b. Pueden funcionar como CD.

c. Siempre llevan sujeto propio.

d. Van acompañadas del artículo determinado.

7 Las oraciones subordinadas sustantivas interrogativas y exclamativas indirectas:

a. Pueden ser totales o parciales en ambos casos.

b. Pueden ser totales, en el caso de las exclamativas, y parciales, en el caso de las interrogativas.

c. Pueden ser totales o parciales, en el caso de las interrogativas, y parciales, en el caso de las exclamativas.

d. Siempre llevan el verbo en subjuntivo cuando son parciales.

8 En la oración «Empiezan enseñándoles cómo resolver el problema del osito de peluche de otras maneras y sin llegar a la violencia», hay:

a. Dos subordinadas sustantivas declarativas.

b. Dos subordinadas: una adverbial y otra sustantiva interrogativa indirecta.

c. Dos subordinadas sustantivas interrogativas indirectas.

d. Dos subordinadas sustantivas de distinto tipo.

9 Di cuál de las siguientes expresiones es incorrecta:

a. No paraba de preguntar que si nos íbamos a ver pronto.

b. No paraba de preguntar si nos íbamos a ver pronto.

c. No estaba interesada de qué iba a suceder después.

d. No estaba interesada en qué iba a suceder después.

DIARIO DE APRENDIZAJE

¿Se ha correspondido mi interpretación de la imagen del inicio de la unidad con el contenido que he estudiado en ella?

06 Tengo una idea

¿Cómo voy a resolver las dificultades que se me plantean en esta unidad?

1 ¿En qué tipo de situaciones encuentras la información plasmada en imágenes o gráficos? ¿Crees que este tipo de textos es más útil que uno que solo cuente con palabras? ¿Te ayuda a pensar el dibujar o escribir ideas sobre el papel?

2 ¿Qué diferencia hay entre una presentación sobre un proyecto que aún no se ha realizado y el informe correspondiente a sus resultados?

VÍDEO 6.1
En tu libro digital

Responde a las siguientes cuestiones tras ver el vídeo del proyecto titulado «Nuestra agronomía sostenible».

1 ¿Cuál es el objetivo del proyecto presentado?

2 ¿Cómo afecta la disponibilidad del agua en la zona al cultivo del terreno?

3 ¿Con qué fin nombra la autora del proyecto a los romanos y los árabes en el vídeo?

4 Describe las características del huerto diseñado por la autora del proyecto.

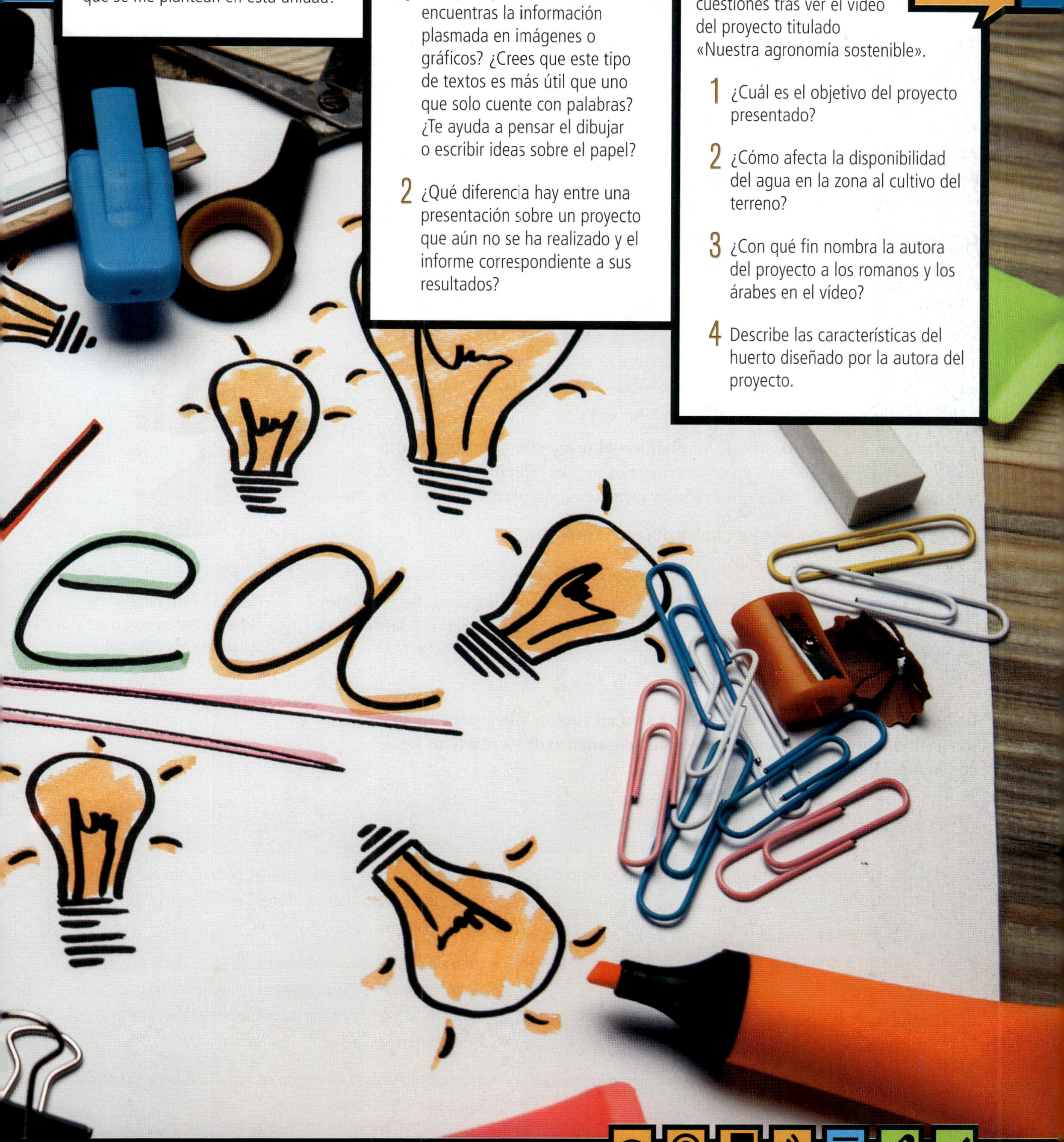

Proyecto

Un proyecto es un plan elaborado para la consecución de un objetivo. Presenta la planificación y coordinación de determinadas actividades dirigidas a alcanzar dicho objetivo. Todo proyecto supone un primer esquema de un complejo conjunto de acciones, que se realiza de forma previa a su ejecución definitiva.

Existen diferentes **tipos de proyectos** según su ámbito de aplicación: de ingeniería, económicos, fiscales, legales, médicos, matemáticos, artísticos, literarios, tecnológicos, informáticos, humanitarios, etc.

La realización de un proyecto presenta las siguientes **etapas**:

- **Diagnóstico previo.** Se parte de un diagnóstico previo, basado en circunstancias como las siguientes: necesidades no satisfechas, posibles dificultades futuras, recursos mal aprovechados, posibilidades de mejora...
- **Planteamiento de objetivos.** Es fundamental tener claro las metas o fines en el desarrollo de todo proyecto para poder organizar y planificar de forma precisa una secuencia de actividades.
- **Definición del público al que va dirigido el proyecto.** Conocer el «universo» al que un proyecto va encaminado es de vital importancia para el éxito en su consecución ya que orienta y condiciona sus actuaciones.
- **Diseño del proyecto.** Se contemplan diferentes aspectos:

Un **equipo de proyecto** se compone generalmente de personas que desempeñan distintas funciones. En ocasiones, son personas que provienen de distintos puntos geográficos y, si no es posible trabajar juntos en persona por problemas de desplazamiento, contemplan otras alternativas, como las TIC o el trabajo en equipo diferido.

Presupuesto. Recursos económicos disponibles para completar su ejecución.

Instrumentos. Herramientas necesarias como logística, mercadotecnia...

Personal. Recursos humanos precisos para alcanzar las metas del proyecto.

Plazos. Temporalización de todas las etapas dentro del método de ejecución del proyecto.

Una vez concretado el proyecto, se pasa a su **ejecución y evaluación final** (revisión conjunta de lo planificado y ejecutado, análisis de los objetivos logrados en función de los resultados).

Para realizar la exposición oral de un proyecto:

- **Define, delimita y concreta el tema:** presentación del proyecto y sus objetivos.
- **Realiza un guion** o esquema con el fin de no olvidar detalles importantes y estructurar el desarrollo completo de tu exposición.
- **Utiliza un estilo claro y sencillo** por medio de un lenguaje comprensible y preciso.
- **Expresa ideas pertinentes** que muestren una relación lógica con el propósito abordado.
- **Emplea materiales de apoyo visual:** documentos elaborados en diapositivas, fotos, revistas, mapas, etc., como complemento a la presentación.
- **Utiliza los códigos no verbales** con el fin de hacer más atractiva tu exposición: emplea diferentes tonos de voz, entona de forma adecuada, gesticula con las manos, mira directamente al público, no des la espalda...
- **Practica y ensaya** tu exposición **en voz alta** delante de un espejo o ante otras personas.

Tu turno

1 Observa de nuevo el vídeo sobre el proyecto «Nuestra agronomía sostenible» y contesta a las siguientes preguntas:

- ¿Eres capaz de reconocer en el vídeo las tres etapas de un proyecto: diagnóstico previo, planteamiento de objetivos y diseño del proyecto? Identifícalas.
- ¿Con qué fin crees que este proyecto es grabado en diferentes escenarios?
- Indica los elementos no verbales utilizados en la exposición.
- ¿Cuál es el propósito de introducir texto escrito al pie de la imagen?
- ¿Qué tipo de información se ofrece al final del vídeo?

VÍDEO 6.1

2 Prepara ahora un proyecto y preséntalo ante tus compañeros de clase. Sigue los siguientes pasos:

1.º Elige un tema que te preocupe y del que consideres que puedes presentar una alternativa mejorada a una situación concreta; por ejemplo: la organización de la biblioteca de tu centro o de los recursos del aula, un plan de entrenamientos para un campeonato deportivo, la limpieza y el mantenimiento del aula…

2.º Documéntate y realiza un diagnóstico previo de la situación actual.

3.º Formula los objetivos de tu proyecto, definiendo los logros que pretendes alcanzar. Es muy importante tener claras las metas desde un principio, pues en función de estas debes desarrollar y organizar todo el proyecto.

4.º Realiza un guion de las fases que va a tener el proyecto. Tienes que estructurar de manera cronológica el desarrollo de las diferentes actuaciones que se van a llevar a cabo, destinadas a alcanzar el propósito perseguido.

5.º Ensaya la exposición oral del proyecto. Exprésate con claridad y precisión. Puedes grabarte y corregir todos aquellos aspectos que consideres que debes mejorar.

6.º Aprovecha los recursos no verbales en tu exposición: discurso de entonación variada, apoyos descriptivos a través de tus manos, expresiones del rostro…

7.º Completa la presentación del proyecto con material visual a través de un documento elaborado con un programa de presentaciones como PowerPoint, con el fin, por ejemplo, de hacer más sencillo de comprender tu plan y tu secuencia de operaciones.

8.º Revisa tu proyecto y asegúrate de que puedes contestar a las preguntas siguientes: ¿qué?, ¿por qué?, ¿quién?, ¿cuándo?, ¿cómo?, ¿con qué?

AUTOEVALUACIÓN

Tras haber realizado la exposición oral de tu proyecto, valora tu intervención a partir de las siguientes afirmaciones:

- Se ha realizado un diagnóstico previo de la situación de partida del proyecto.
- Los objetivos planteados han sido claros.
- Las ideas desarrolladas se han organizado de forma coherente y estructurada.
- Se ha utilizado un estilo claro y preciso a lo largo de la exposición.
- En la exposición se ha hecho uso de los recursos no verbales.
- Se ha empleado material de apoyo visual útil en la exposición.

Sabiendo que el elemento compositivo *-grafía* significa 'representación gráfica', ¿cómo podrías definir la palabra *infografía*? ¿De qué forma crees que los códigos visuales ayudan a la comprensión de un texto como este?

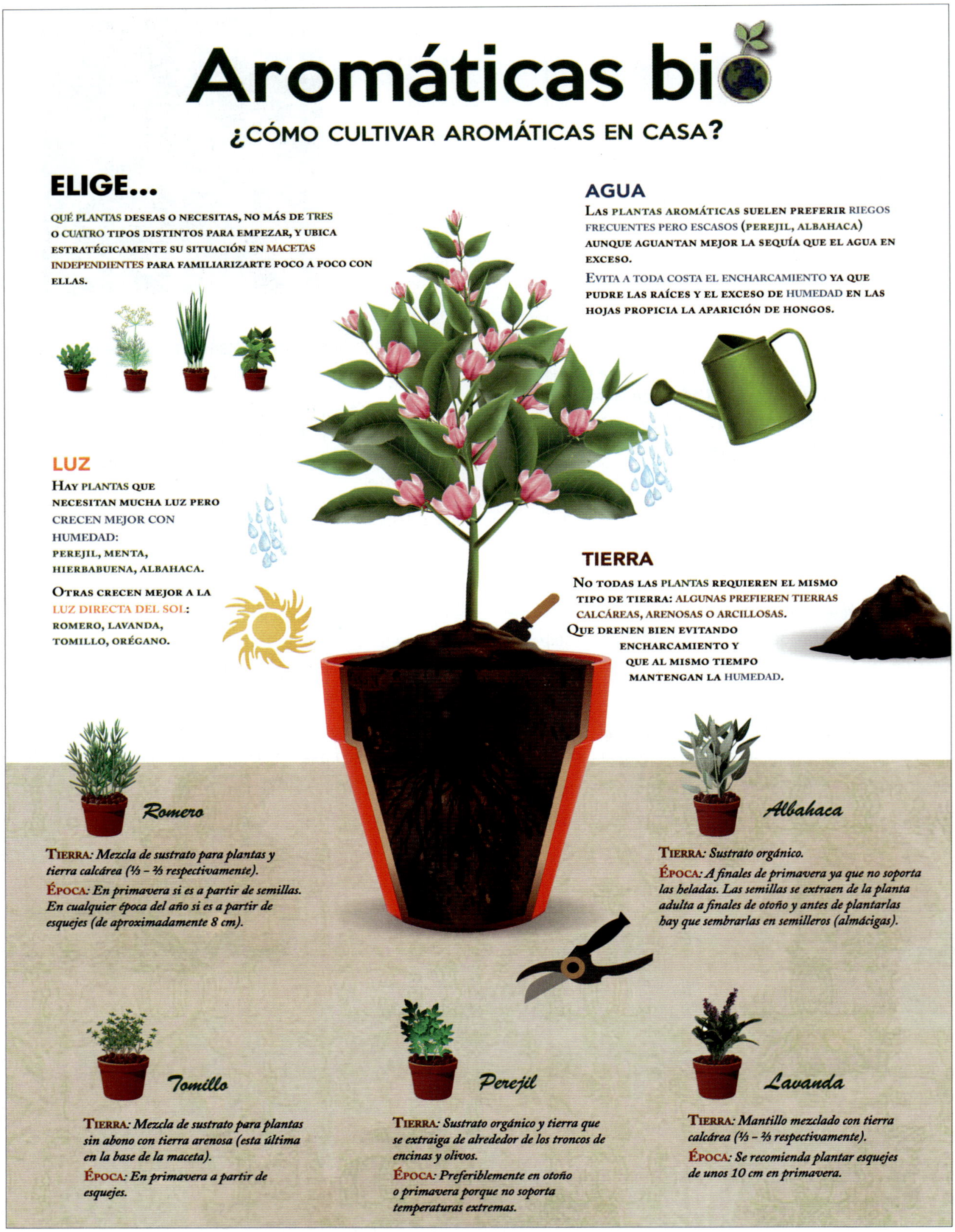

ACTIVIDADES

1 Resume el texto en una oración, de forma que incluya los aspectos clave a los que se refiere la infografía.

2 Ponle otro título a la infografía (puede ser una oración breve o una sola palabra).

3 En el texto aparecen, jugando con el color, el tamaño y la posición, las palabras *elige*, *luz*, *agua* y *tierra*. Explica por qué tienen ese tamaño, color y colocación en la infografía.

4 ¿Para qué se utiliza el color azul?

a. Para que aparezcan todos los colores.

b. Para referirnos a todo lo que tenga que ver con el agua y la humedad.

c. Para referirnos a lo relativo a la planta que tiene las flores azules.

d. Para que contraste con el amarillo.

5 Resumiendo, con respecto al agua, la mayoría de las plantas aromáticas prefieren:

a. Humedad constante, pero moderada.

b. Riegos generosos y habituales.

c. Agua escasa porque les favorece la sequía.

d. Evitar el encharcamiento, pero regar intensamente.

6 Reproducir una planta aromática mediante esquejes es por lo general, una forma más segura de cultivarla que usar semillas.

a. Verdadero.

b. Falso.

7 A partir de la información del texto, di qué plantas se pueden plantar en cada una de las estaciones del año: primavera, verano, otoño e invierno.

8 ¿Por qué crees que es mejor cultivar plantas aromáticas empezando con tres o cuatro tipos distintos solo?

9 ¿Piensas que las imágenes son imprescindibles para entender el texto? Razona tu respuesta.

10 *Aromáticas*, por extensión, hace referencia a un tipo de plantas, ¿cómo se llama esta figura retórica de pensamiento? Añade dos ejemplos.

MÁS QUE PALABRAS

1 Crea un campo asociativo donde organices la información relativa a cada una de las plantas aromáticas de la infografía a partir de la palabra que te facilitamos.

PLANTA	PALABRA DE INICIO PARA CAMPO ASOCIATIVO
Romero	*Calcárea, …*
Tomillo	*Arenosa, …*
Albahaca	*Primavera, …*
Perejil	*Orgánico, …*
Lavanda	*Mantillo, …*

2 Continúa la secuencia de palabras en vertical completando los huecos sin consultar el texto.

TOMILLO	X	Enemigos de las plantas
		X
LAVANDA	Arenosa	Encharcamiento
ROMERO	Arcillosa	

ESTRATEGIAS DE LECTURA

Elementos gráficos

A menudo, los elementos gráficos que componen un documento tienen una función específica.

- Fíjate en las imágenes que acompañan al texto: pueden ser decorativas, y su función es meramente estética, o pueden ser orientativas, y entonces permiten explicar e informar.
- La posición, ubicación y tamaño de las imágenes en textos ilustrados con carácter informativo (mapas, infografías…) son fundamentales: dan información sobre su importancia; por lo tanto, míralas con atención.
- Observa las imágenes tipo flechas, llaves o símbolos, así como aquellas que están empleadas para estructurar el texto, ya que permiten guiar la lectura y marcan prioridades y el orden que hay que seguir.
- Presta atención a los colores, puesto que suelen ser indicativos de diferencias sustanciales.

Infografía

La infografía es la **representación visual de un texto** por medio de **gráficos, diagramas, tablas, mapas** o **imágenes.** Su principal objetivo es facilitar la comunicación de la información que se quiere ofrecer puesto que resulta mucho más fácil de asimilar y recordar.

El atractivo y el impacto visual de una infografía son superiores a la del texto. El receptor suele comenzar su lectura en los gráficos e imágenes que llaman su atención, para dirigirse posteriormente hacia el contenido verbal. De ahí, la importancia de la infografía para captar la atención del público.

Una infografía permite mostrar gráficamente **diferentes tipos de textos**: descriptivos, narrativos, argumentativos, expositivos... La composición o distribución de los elementos visuales y textuales en el conjunto de la infografía dependerá del tipo de información que se pretenda ofrecer.

Su ámbito de uso es **social** (infografías en revistas, periódicos, folletos, páginas de Internet...) y **académico** (infografías en libros educativos, estudios...).

La infografía digital

Actualmente, una infografía puede constituirse por **imágenes dinámicas** e **hipervínculos** con los que su receptor puede interactuar. El creador de una infografía debe desarrollar su creatividad, con el fin de generar soluciones interpretativas al texto. Existen diferentes **herramientas en Internet** para diseñar infografías como Genial.ly, Easel.ly o Piktochart.com.

Distribución espacial
La información verbal se distribuye visualmente en diferentes espacios, según la importancia y el orden de los elementos en el conjunto.

Zona superior: paso previo de selección e información sobre el agua, la luz y la tierra.

Zona central: maceta que se va a cultivar, donde confluye la información.

Zona inferior: tierra y época, según cada tipo de planta.

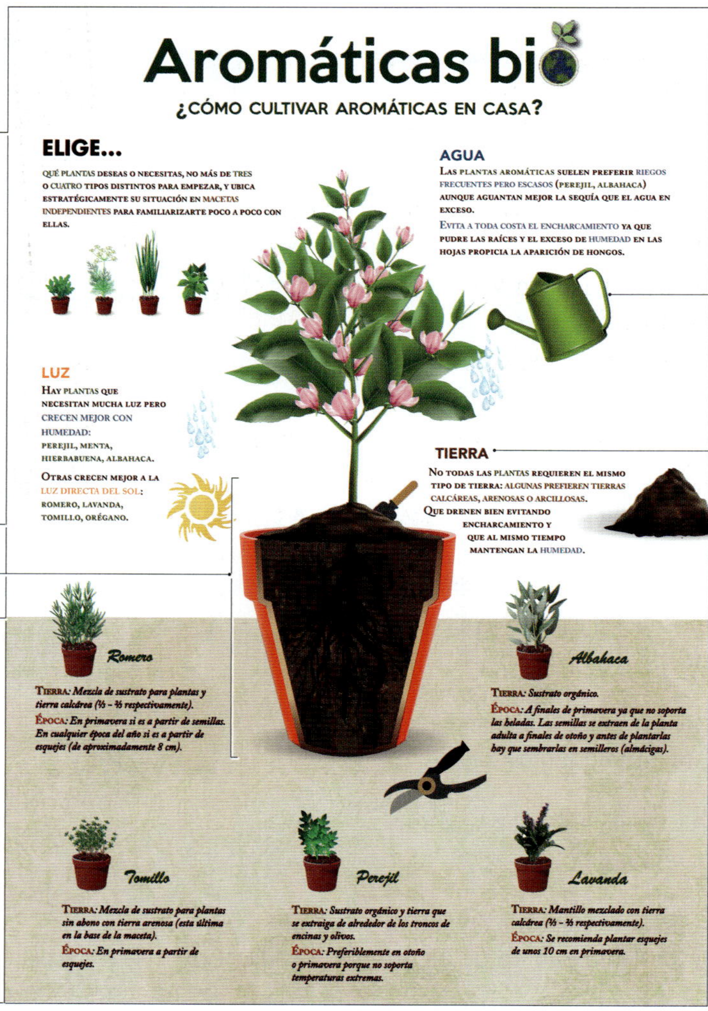

Imágenes: describen y ejemplifican el contenido verbal.

Texto instructivo: en este caso ofrece las normas u orientaciones que el receptor debe seguir para crear un huerto ecológico.

Tipografía
Hay diversidad de fuentes, tamaños y colores en el texto que permiten una mejor organización y comprensión de la información.

Tu turno

1 Realiza una infografía de un texto según las instrucciones que te ofrecemos a continuación:

1.º Elige el tipo de texto sobre el que vas a realizar tu infografía. Te ofrecemos algunas posibilidades:

- Texto expositivo: una infografía de los contenidos del tema de una asignatura de clase.
- Texto instructivo: la infografía del proyecto oral anterior que hayas presentado ante la clase o de unas normas que pretendas exponer. Utiliza las formas de infinitivo y de imperativo correctamente.
- Texto descriptivo: una infografía de las características de los personajes de alguna de las lecturas de clase.
- Texto narrativo: una infografía de los acontecimientos ocurridos en un cuento.

2.º Escoge la forma de representación visual, según la información que vayas a presentar: tabla, gráfico, mapa, imágenes, diagramas, flechas para guiar en la lectura...

3.º Selecciona la información más importante, la que será expuesta a través de elementos verbales.

4.º Organiza la disposición visual de los diferentes elementos verbales y gráficos en el conjunto del espacio dedicado a la infografía.

5.º Varía la tipografía del texto de tu infografía: fuente, tamaño, color…, con objeto de resaltar lo más importante.

6.º Repasa lo realizado recordando que tu infografía debe ser clara, directa, concreta y fácil de asimilar.

7.º Imagina cuál podría ser su ubicación final, según el tipo de texto reflejado en la infografía: revista, periódico, folleto, Internet…

8.º Edita tu infografía con alguno de los siguientes recursos digitales: Genial.ly, Easel.ly o Piktochart, por ejemplo.

9.º Revisa y relee la infografía diseñada. Comprueba que la información ofrecida resulta mucho más fácil de comprender con este diseño visual.

Normas de uso del infinitivo

- El infinitivo se emplea frecuentemente en indicaciones, advertencias o avisos dirigidos a un interlocutor indeterminado; por eso, lo encontramos muy a menudo en infografías que ilustran pasos para llevar a cabo un proyecto:

  Regar abundantemente.
  No mezclar tipos de tierra diferentes.

- No debe usarse como sustituto de la forma del imperativo plural: **¡Callarse ya!*, aunque sí se admite en las expresiones imperativas coloquiales precedido de la preposición *a:*

  ¡A callar todos!
  ¡Tú, a trabajar!

AUTOEVALUACIÓN

Contesta a las siguientes preguntas, con el fin de valorar la infografía diseñada:

- ¿La representación visual del texto en la infografía consigue hacer más comprensible la información ofrecida?
- ¿Se han empleado diferentes usos tipográficos en el texto?
- ¿Se han distribuido adecuadamente texto e imagen?
- ¿La infografía es impactante y logra captar la atención del público?

01 Las oraciones subordinadas adjetivas

Las oraciones subordinadas son aquellas que se insertan en una oración mayor y realizan en ella una función. Cuando desempeñan una función propia de los adjetivos y sintagmas o grupos adjetivales, se las llama **oraciones subordinadas adjetivas.**

El	*proyecto*	*que proponemos*	*es*	*interesante.*
				N (Adj)
Det	N (Sust)	Or. sub. adjetiva-CN	N (V)	SAdj-Atrib
SN-Sujeto			SV-PN	

Las oraciones adjetivas con verbo conjugado toman la forma de oraciones **subordinadas de relativo,** puesto que la palabra que sirve para enlazarlas con la oración principal dentro de la que se insertan es un pronombre, adverbio o determinante relativo, que cumple la función de **nexo,** además de la **función** que desempeña por su categoría **dentro de la oración subordinada.**

Gracias a su naturaleza relativa, estas palabras incrustan a la oración subordinada en otra, haciendo referencia a otra palabra de esta oración. Por tanto, tienen un valor anafórico, que contribuye a la cohesión textual.

La palabra a la que hace referencia el relativo se llama **antecedente.** El antecedente es casi siempre un sustantivo o un pronombre, y la función de la oración subordinada de relativo, por tanto, cuando hay un antecedente expreso, es la de **complemento del nombre.**

Ella,	*que no se movía de allí,*	*nos miró preocupada.*
N (Pr)	Or. sub. de relativo-CN	
SN-Sujeto		SV-PV

La	*chica,*	*que no se movía de allí,*	*nos miró preocupada.*
Det	N (Sust)	Or. sub. de relativo-CN	
SN-Sujeto			SV-PV

Como pronombres, adverbios o determinantes, estas palabras, además de la función de **nexo subordinante,** realizan su función correspondiente dentro de la oración subordinada:

Determinante →	*Cuyo/a/os/as* →	Presenta al sustantivo.
Pronombre →	*Que* *Quien/es* *El/la/los/las que* (relativo complejo) *El/la/los/las cual/es* (relativo complejo) →	Realiza cualquier función que pueda realizar un sustantivo.
Adverbio →	*Cuando* *Donde* *Como* →	Complementa al verbo.

Oraciones de relativo

Cuando no tienen antecedente expreso, las oraciones de relativo realizan funciones propias de adverbios o sustantivos: esto quiere decir que, aunque las subordinadas adjetivas se construyen con relativo, no todas las subordinadas de relativo son adjetivas.

01.1 El determinante relativo

El determinante relativo *cuyo, cuya, cuyos, cuyas,* además de servir de nexo introductorio a la oración, establece una relación de posesión entre el sustantivo al que acompaña y el expresado por su antecedente:

El determinante concuerda, como es esperable, con el sustantivo al que acompaña y no con el antecedente. En caso de acompañar a más de un sustantivo, concuerda con el primero: *Los alumnos cuyo examen y evaluación estén suspensos deberán realizar un trabajo.*

01.2 Los pronombres relativos

- *Que:* es el pronombre relativo más frecuente y resulta invariable, es decir, es independiente del género y número del antecedente: *El chico / la chica / los chicos / las chicas QUE conocimos ganó / ganaron el concurso de proyectos.*

  Este pronombre puede formar relativos complejos en combinación con el artículo, que concuerda con el antecedente: *La **chica** con **la que** nos encontramos ganó el concurso de proyectos.* Cuando va precedido de preposición, funciona como término formando grupo o sintagma con ella.

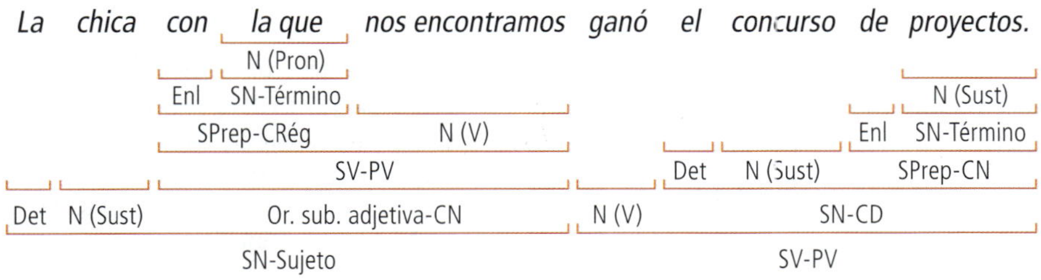

  También permite usar como antecedente una oración, mediante la forma neutra: *Aquel proyecto nunca se llevó a cabo, **lo que*** [= el hecho de que aquel proyecto nunca se llevara a cabo] *nos desilusionó bastante.*

- *Quien, quienes:* es un pronombre relativo que admite variación de número, pero no de género: *Ese no es el profesor / la profesora con **quien** pedimos la cita; Esos no son los profesores / las profesoras con **quienes** pedimos la cita.*

- *El, la, los, las cual/es:* se trata de un relativo complejo que concuerda en género y número con su antecedente: *Nos explicaron su problema* [masc. sing.], ***el cual** resultaba bastante complicado. Nos explicaron sus circunstancias* [fem. pl.], ***las cuales** resultaban bastante complicadas.*

Cuando el antecedente es una oración completa, se utiliza la forma neutra, en los mismos contextos que ***lo que:*** *Aquel proyecto nunca se llevó a cabo, lo cual* [= el hecho de que aquel proyecto nunca se llevara a cabo] *nos desilusionó bastante.*

> *****
>
> El uso de *cuyo* se restringe al habla culta y la escritura, y en el habla coloquial suele sustituirse por fórmulas como *que tiene.* No se recomienda la sustitución por:
>
> *que* + posesivo o *que* + artículo:
>
> **Conocimos ayer a un chico que su / la madre es cirujana.*

> **Cuanto**
>
> También funciona como **determinante relativo** —y entonces concuerda con el sustantivo— *cuanto/a/os/as,* en ejemplos como los siguientes:
>
> – *Fueron inútiles cuantas observaciones se le hicieron.*
> – *Te dará cuanta información necesites.*
>
> Puede aparecer también como **pronombre,** con alternancia de género y número:
>
> – *Coged cuantos queráis.*

Funciones de los pronombres relativos

Los pronombres relativos, además de servir para enlazar la oración subordinada, pueden funcionar, al igual que cualquier sintagma nominal, como:

- **Sujeto** de la oración subordinada: *¿Conoces al vecino **que** vive en el sexto?*
- **Complemento directo** dentro del predicado de la subordinada: *¿Conoces al vecino **que** acabo de saludar?*
- **Término de preposición:** *¿Conoces al vecino con **quien** me he tropezado?*

Para identificar qué función realiza, se puede sustituir el pronombre relativo por su antecedente y analizar la oración subordinada como si fuera simple:

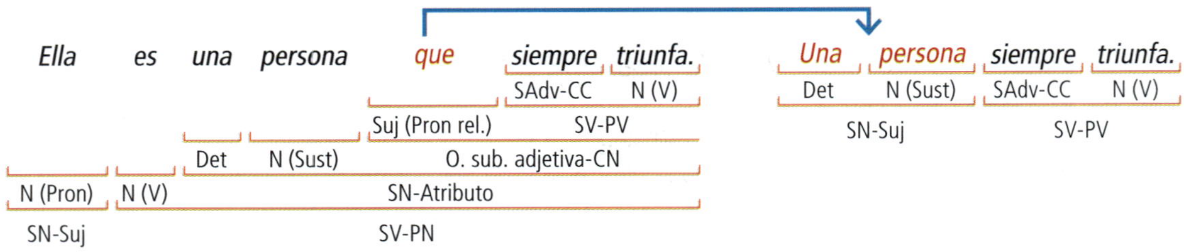

De este modo, las operaciones que hay que realizar son:

1. Localización del antecedente.
2. Sustitución del pronombre relativo por su antecedente.
3. Análisis de las funciones dentro de la oración subordinada.

Fíjate en la función del pronombre relativo:

- *El proyecto **que** presentamos ha sido aprobado* [*que:* CD *(presentamos **el proyecto**)*].
- *Unos compañeros a **quienes** vimos ayer te han saludado* [*quienes:* término del SPrep-CD *(Vimos ayer **a unos compañeros**)*].
- *Nombra a alguna persona en **quien** confías* [*quien:* término del SPrep-CRég *(Confías **en alguna persona**)*].
- *Es el proyecto con **el cual** se hizo famoso* [*el cual:* término del SPrep-CC *(Se hizo famoso **con el proyecto**)*].

En el caso del pronombre término de la preposición, suelen aparecer las formas complejas en lugar de las simples con *que*, aunque pueden alternar tratándose de las preposiciones *a, con, de, en*. Además, se refiere el relativo complejo en los casos de CRég y CI:

Esta es la persona a la que hay que dar la carta.

Es una decisión de la que quizá te arrepientas más tarde.

01.3 Los adverbios relativos

Las formas *(a) donde, como, cuando* y *cuanto* son adverbios relativos y, como tales, además de servir para enlazar la oración, dentro de la subordinada cumplen la función de complemento circunstancial:

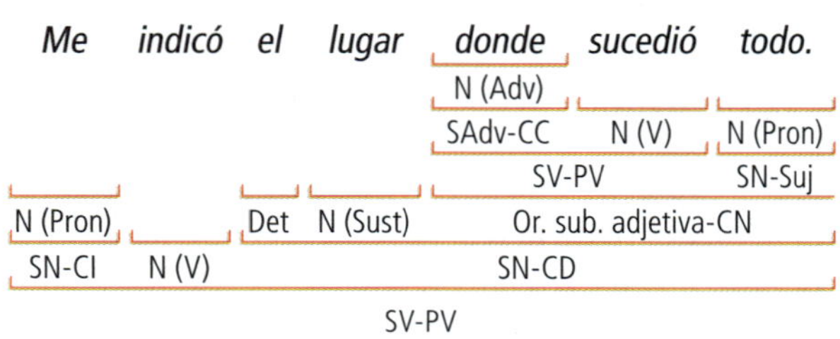

El adverbio *cuanto*, aunque menos frecuente, también introduce oraciones de relativo con antecedente:

Tengo aquí todo cuanto necesito.

ACTIVIDADES

1 Copia las siguientes oraciones en el cuaderno. Coloca entre corchetes las subordinadas adjetivas y señala cuál es el relativo que actúa como nexo y el antecedente al que se refiere. Di qué tipo de concordancia guarda con él:

a. Es una idea que nos puede proporcionar muchos beneficios.

b. Aquel cuyo proyecto resulte seleccionado podrá construir su propio huerto.

c. Se presentó a todas las convocatorias, lo cual le sirvió para adquirir mucha experiencia.

d. Nos presentaron a tu profesora, quien nos dijo que estaba muy contenta con tu rendimiento.

e. Tienes que contarnos esa historia con la que estabas divirtiendo a los oyentes.

2 Di cuál es el antecedente de las oraciones subordinadas adjetivas subrayadas en el texto. Identifica el relativo que las introduce e indica su categoría gramatical.

ORACIÓN	ANTECEDENTE	RELATIVO (Y SU CATEGORÍA GRAMATICAL)

Se trata de un proyecto sencillo que se encuadra en la línea de investigación titulada «Construcción social de la cultura e identidad de Andalucía: La configuración y evolución de una nueva identidad cultural andaluza en el s. XXI». Nuestro objetivo es detectar los vectores sobre los que se asienta la identidad andaluza tanto en las elites políticas como en la ciudadanía, establecer comparaciones y diferencias, y profundizar en ellas a través del estudio de los discursos que se originen en diversos grupos de discusión. [...] Nuestro proyecto de investigación parte de la concepción caleidoscópica de la identidad y persigue descubrir los elementos que dibujan la identidad andaluza, los dominios de identidad. Para ello se procederá en tres fases.

https://www.upo.es

3 Identifica los pronombres relativos que sirven como nexo para incrustar estas oraciones y di cuál es su función dentro de la oración subordinada:

a. Ese asunto en el que te has metido no me huele bien.

b. He comprado el detergente que vimos anunciado en la tele.

c. Elena, a quien han admitido en el curso, es una persona muy responsable.

d. Es una decisión de la que nunca me arrepentiré.

4 Haz el análisis completo de las siguientes oraciones:

a. Para llevar a cabo el proyecto que propones, tienes que tener el permiso de la persona que organiza las tareas.

b. El momento donde nos encontramos es el momento que todos estábamos esperando.

02 Oraciones subordinadas adjetivas especificativas y explicativas

Las oraciones subordinadas adjetivas pueden tener dos valores semánticos:

- Las **especificativas** son aquellas que sirven para seleccionar una parte de la realidad designada por el antecedente o añadirle una cualidad distintiva:

  Traigo los zapatos que me compré ayer → De todos los zapatos que tengo, he elegido estos.

  Ha llegado un mensajero que trae una carta para ti → Es el rasgo que define al mensajero.

  Presentan las siguientes características:

  – Forman una unidad fónica y entonativa con el antecedente, de modo que no se inserta pausa que las separe de él.

  – Admiten el uso de infinitivo como verbo subordinado:

  No queda nada que hacer aquí.

  – Son incompatibles con los pronombres personales y los nombres propios, excepto en los casos en los que el nombre propio o el pronombre se mostrara como indefinido o con múltiples opciones de entre las que se elige una:

  Hemos descubierto en esta exposición un Velázquez que no conocíamos.

  – Si se omiten, puede cambiar la verdad o falsedad de la oración, pues se refieren a solo una parte de la realidad designada por el antecedente:

  Todos los alumnos que entregaron el trabajo aprobaron ≠ *Todos los alumnos aprobaron*. No todos los alumnos entregaron el trabajo.

- Las **explicativas** añaden una información sobre un antecedente ya identificado previamente. Forman, pues, una unidad informativa independiente con respecto a la oración en que se insertan.

  Presentan las siguientes características:

  – Su independencia informativa se refleja en un grupo fónico propio, delimitado por pausas que se representan en la escritura con comas u otros signos que reproduzcan dicha entonación (paréntesis, rayas...).

  Su hermano Juan, que es psicólogo, me ha dicho que el problema tiene solución.

  – Si se omiten, no cambia la verdad o falsedad de la oración, pues se refieren a todos los miembros de la realidad designada por el antecedente:

  Todos los alumnos, que entregaron el trabajo, aprobaron = *Todos los alumnos aprobaron*. Todos los alumnos entregaron el trabajo.

He elegido los zapatos que mejor me quedaban.

RELATIVOS UTILIZADOS
ESPECIFICATIVAS
Que. *El que, la que, los que, las que, lo que* (con preposición). *Quien* (con preposición). *Cuyo, cuya, cuyos, cuyas.* *Donde, cuando, como.*
EXPLICATIVAS
Que. *El que, la que, los que, las que, lo que* (sin o con preposición). *Quien* (sin o con preposición). *Cuyo, cuya, cuyos, cuyas.* *Donde, cuando, como.* *El cual, la cual, los cuales, las cuales, lo cual.*

ACTIVIDADES

5 Identifica las subordinadas adjetivas y di si son explicativas o especificativas. Explica por qué lo son:

> Nuestro principal aliado en esta línea de investigación es ECOEMBES, con quien venimos realizando multitud de proyectos dentro del Observatorio Punto Verde del Ciclo de Vida de Envases, del cual también forma parte Sociedade Ponto Verde de Portugal.
>
> Formamos parte del International Expert Group on Life Cycle Assessment and Integrated Waste Management, gracias a lo que nos nutrimos de los últimos avances en conocimiento sobre el tema.
>
> http://unescochair.esci.es

6 En este texto se han quitado las comas. Señala las subordinadas adjetivas y coloca las comas necesarias para distinguir las especificativas y las explicativas.

> En el futuro quien controlase las últimas reservas del preciado combustible podría convertirse en el árbitro de toda la política mundial desbancando a la corporación Nur que había venido realizando aquel papel durante las últimas décadas.
>
> [...] en las fotografías de Endymion que solían circular por la Tierra solo se veía la parte central de la colonia con sus edificios más grandes. La realidad sin embargo parecía bien distinta... Alrededor de las cinco cúpulas principales que rodeaban la explanada donde se hallaban la Catedral y el Gran Estadio emergían del suelo como pequeñas setas decenas de cúpulas más pequeñas muchas de las cuales se encontraban aún en perfecto estado.
>
> Ana Alonso y Javier Pelegrín: *La ciudad infinita*. Anaya.

7 Comprueba realizando la prueba de la elisión de la subordinada si son especificativas o explicativas:

a. Las personas que no estaban invitadas no pudieron entrar. Especificativa

b. Algunas personas, que no estaban invitadas, no pudieron entrar. Explicativa

c. Los hermanos que llegaron pronto ocuparon los lugares más cercanos a los novios. Especificativa

d. Los hermanos, que llegaron pronto, ocuparon los lugares más cercanos a los novios. Explicativa

8 En el siguiente texto, extraído de una infografía, localiza tres subordinadas y, después de analizar su función y la del relativo que las introduce, justifica si son explicativas o especificativas.

La agroecología

es un enfoque de sistemas basado en una variedad de tecnologías, prácticas e innovaciones que engloban el conocimiento local y tradicional y la ciencia moderna

La agroforestería

incluye sistemas de uso del suelo tanto tradicionales como modernos donde los árboles se gestionan conjuntamente con sistemas de producción ganadera y/o agrícola en entornos agrícolas

La agricultura orgánica

es la producción agrícola sin el uso de productos químicos de síntesis u organismos modificados genéticamente reguladores del crecimiento o aditivos para piensos del ganado

La labranza cero

es una técnica utilizada en la agricultura de conservación para mantener una cubierta orgánica permanente o semipermanente que protege el suelo, permitiendo que los microorganismos y la fauna del suelo asuman la tarea de «labrar» y equilibrar los nutrientes del suelo

http://www.fao.org

9 Reformula la siguiente información utilizando oraciones subordinadas de relativo con valor explicativo. Cuida el uso correcto de *cuyo*, evitando la expresión coloquial «que su»... Fíjate en el ejemplo:

Trabajamos para los jóvenes, cuya autonomía y desarrollo personal favorecemos.

¿Para quién trabajamos?

Personas y familias afectadas por la crisis
Facilitando apoyo necesario para que puedan superar la crisis.

Infancia
Facilitando y contribuyendo a su propio desarrollo personal y social.

Personas mayores, dependientes y cuidadoras
Favoreciendo su permanencia en el domicilio y un envejecimiento activo y saludable.

http://www.cruzroja.es

03 Oraciones de relativo libres y semilibres

Es posible encontrar oraciones subordinadas de relativo donde el antecedente se omite, por innecesario *(el [concursante] que acierte)* o porque en el propio relativo va implícito (*quien = la persona que; donde = el lugar donde*). A las primeras se las llama **oraciones subordinadas de relativo semilibres;** y a las segundas, **oraciones subordinadas de relativo libres.**

Las oraciones subordinadas de relativo libres y semilibres son aquellas cuyo antecedente no se expresa.

03.1 Oraciones subordinadas de relativo libres

- Con **pronombres relativos:** el pronombre *quien/es* y, con menos frecuencia, *cuanto/a/os/as* pueden constituir una oración sin antecedente:

Quien haya suspendido deberá hacer un trabajo.

Quien	haya suspendido	deberá hacer	un	trabajo.
N (Pron)	N (V)		Det	N (Sust)
SN-Suj	SV-PV	N (Perífrasis verbal)	SN-CD	
Or. sub. de relativo libre-Suj		SV-PV		

La ausencia de antecedente hace que la oración pueda realizar las funciones propias de un sustantivo.

FUNCIONES		EJEMPLOS
SUJETO		*Quien quiera puede venir.*
COMPLEMENTO DIRECTO		*No conozco quien haya leído tres veces* El Quijote.
TÉRMINO DE SPREP	**SPrep-CRég**	*Están hablando de quien te ha visitado.*
	SPrep-CD	*Desde aquí puedo ver a quienes han llegado.*
	SPrep-CI	*Debes prestar tu libro a quien lo necesite.*
	SPrep-CC	*Fuimos al cine con quienes se presentaron.*
	SPrep-CAg	*El ladrón fue perseguido por quienes pasaban por allí.*
	SPrep-CN	*Vimos el proyecto de quien ha ganado el concurso.*
	SPrep-CAdj	*Siempre está pendiente de cuantos acuden a pedir ayuda.*
	SPrep-CAdv	*Se pondrá un toldo detrás de quienes lo necesiten.*
PREDICATIVO		*Lo nombraron quien lleva las cuentas.*
ATRIBUTO		*Ese chico es quien ha sacado mejor nota.*

- Con **adverbios relativos:** los adverbios *como, cuando* y *(a)donde*, cuando no muestran antecedente expreso, forman subordinadas que equivalen a sintagmas o grupos adverbiales y funcionan como tales:

Iremos donde quieras.

Iremos	donde	quieras.
	SAdv-CC	N (V)
	SV-PV	
N (V)	Or. sub. de relativo libre-CC	
SV-PV		

Las oraciones subordinadas de relativo libres también con el adverbio *cuanto* pueden cumplir la función de complemento circunstancial, pero son muy infrecuentes:

De los días de la semana próxima, puedes asistir al entrenamiento cuantos desees.

03.2 Oraciones subordinadas de relativo semilibres

Están formadas por el pronombre relativo *que* cuando va precedido de artículo y sin antecedente expreso, pues se sobreentiende, como si estuviera omitido: *El [alumno] que haya suspendido deberá hacer un trabajo*. Como el artículo y el relativo, en este caso, no forman unidad, y admitirían la inclusión de un elemento entre ellos, no se trata de un relativo complejo.

Las oraciones de relativo semilibres pueden entenderse como complementos de ese nombre omitido, formando parte de un sintagma nominal, el cual, a su vez, puede realizar todas las funciones propias de los sintagmas nominales:

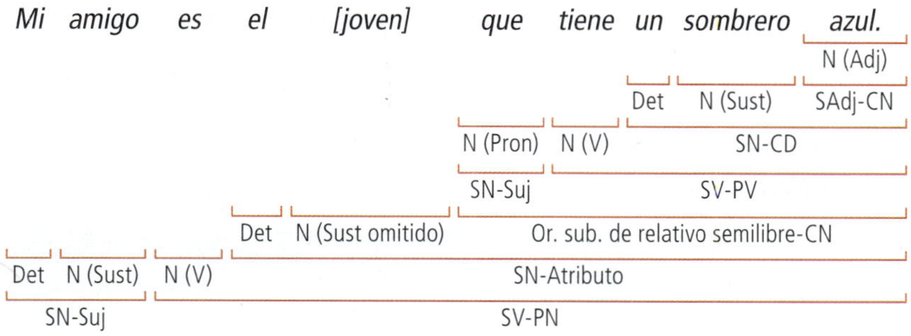

> Al igual que ocurre con las palabras sustantivadas, sobre todo cuando no hay un núcleo evidente que se sobreentiende (*Me gusta el azul*), puede interpretarse que las oraciones de relativo semilibres funcionan como núcleo del SN en el que aparecen (*Me gusta el que has comprado*).

Oraciones libres y semilibres término de preposición

Es difícil diferenciar entre una oración libre o semilibre término de preposición y una oración subordinada adjetiva (no libre ni semilibre) que comienza con una preposición. Este último caso se daría si hay antecedente y si el sintagma preposicional complementa a un verbo de la oración subordinada.

a) *Puedes asociarte con quien / **el que** prefieras*: oración subordinada de relativo libre en función de término, o semilibre dentro de un SN término.

b) *El hombre con quien / **el que** me asocié era un estafador:* oración subordinada adjetiva de relativo, en función de complemento del nombre.

EJ.	ANTECEDENTE	SPREP	ORACIÓN SUBORDINADA	FUNCIÓN DE LA ORACIÓN	FUNCIÓN DEL PRONOMBRE RELATIVO
a)	No hay	Complementa a *puedes asociarte* (verbo no subordinado).	*Quien / (el) que prefieras* (oración subordinada de relativo libre o semilibre).	Término de la preposición *con* en un SPrep-CRég.	CD dentro del predicado de la oración subordinada (CD del verbo subordinado *prefieras*).
b)	*hombre*	Complementa *a asocié* (verbo subordinado).	*con quien / el que me asocié* (oración subordinada de relativo).	CN de *hombre*.	Término de la preposición *con* en un SPrep-CRég (CRég del verbo subordinado *me asocié).*

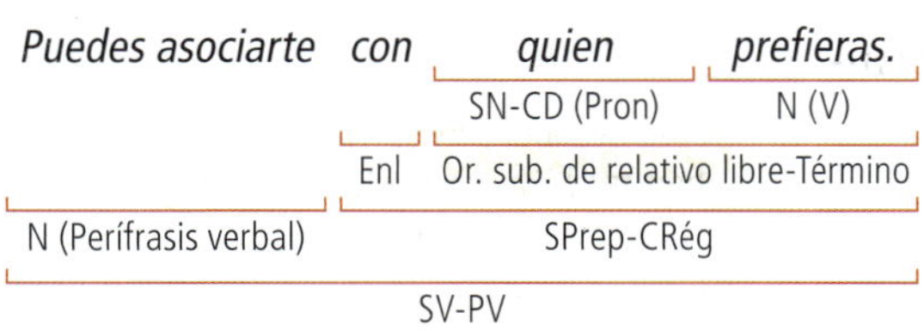

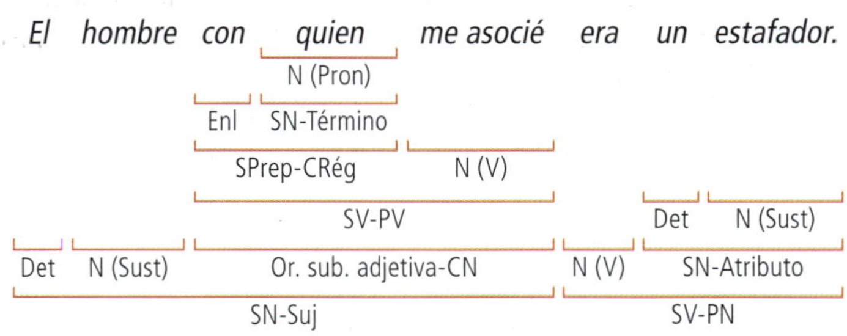

ACTIVIDADES

10 Copia estas oraciones en tu cuaderno y localiza el pronombre relativo. Di en qué casos se trata de una oración subordinada adjetiva de relativo que complementa un antecedente y en qué casos de una oración relativa semilibre.

a. Siempre se conforma con lo que tiene.

b. Agustín ha inventado un sistema con el que reducir los incidentes.

c. Vendrán con ese amigo, el que han conocido en París.

d. El que llegue primero debe avisar a los demás.

e. Tuvimos que esperar muchísima cola, lo que nos puso muy nerviosos.

f. El sistema con el que vamos a reducir los incidentes lo ha inventado Pedro.

11 En los siguientes refranes hay varias oraciones con *quien* y *quién*. Indica cuáles se corresponden con oraciones subordinadas interrogativas indirectas y cuáles con oraciones subordinadas de relativo libres (señala en cada caso la función de la oración y la del pronombre *quién* / *que*).

a. Quien a hierro mata, a hierro muere.

b. Dime con quién andas, y te diré quién eres.

c. Quien a buen árbol se arrima buena sombra le cobija.

d. A quien madruga, Dios ayuda.

e. Haz el bien y no mires a quién.

f. Quien tiene boca se equivoca.

12 Di cuáles de las oraciones que incluyen el relativo *quien* son libres. Indica cuál es la función de la oración subordinada en cada caso y cuál la del relativo dentro de la oración, al margen de servirle de nexo para enlazarla.

a. No hemos encontrado a quien se encarga de las fotocopias.

b. Allí vimos a un empleado, a quien nos dirigimos inmediatamente.

c. Quien pueda llevar su propia bicicleta debe hacerlo.

d. Invitaremos a la persona con quien vengáis a la fiesta.

13 En este fragmento, aparecen oraciones de relativo de distinto tipo. Identifícalas y completa la siguiente tabla.

> Yo, que era el que más cerca estaba de él, no pude responder. Fue Bertolucci, detrás de mí, quien lo hizo:
>
> —Estábamos jugando y vimos manchas de sangre.
>
> —¿Jugando? ¿Qué diablos hacéis jugando en una casa abandonada? —La voz del hombre denotaba su sufrimiento. Aunque no podíamos ver la herida, estaba claro que la sangre que habíamos visto fuera era suya.
>
> Daniel Hernández Chambers: *Yo me iré contigo.* Edelvives.

TIPOS DE SUBORDINADAS DE RELATIVO	EJEMPLO DEL TEXTO
ADJETIVA EXPLICATIVA	
ADJETIVA ESPECIFICATIVA	
SEMILIBRE	
LIBRE	

A continuación, di cuál es la función de cada una de las subordinadas indicadas y cuál la del relativo que le sirve de nexo.

14 Contesta a las siguientes preguntas con cada una de las oraciones:

- ¿Cuál es la extensión de la subordinada que incluyen? ¿Qué función tiene esa oración subordinada?
- ¿Son subordinadas con antecedente, son libres o son semilibres? ¿Por qué lo sabes?
- ¿Cuál es el relativo que sirve para enlazarlas y a qué categoría pertenece? Indica si es un relativo complejo o no.
- ¿Qué función tiene el relativo dentro de la oración subordinada?

a. La persona con la que hay que hablar ha llegado ya.

b. Quienes lo deseen pueden pasar a la sala.

c. Lo que me preocupa es tu salud.

d. Puedes jugar cuanto quieras esta tarde.

e. Eso sucedió en el edificio donde yo trabajaba.

f. Hemos visto un libro cuyo dueño lo había olvidado en el parque.

15 Copia las siguientes oraciones, señala los adverbios relativos y di cuál es su antecedente, cuando lo haya:

a. Iremos al lugar donde todo comenzó.

b. Iremos donde desees para celebrar tu éxito.

c. No entiendo la manera como ha planteado el asunto.

d. Aquello sucedió cuando visitamos Brasil.

e. Debemos resolverlo como nos han indicado.

16 Localiza en este fragmento de una infografía una oración subordinada adjetiva y otra de relativo libre. A continuación, di cuál es su extensión y su función.

Desigualdad

Se registra una tasa mayor de mortalidad entre niños, niñas y adolescentes que viven en hogares de menores recursos, así como entre quienes pertenecen a pueblos indígenas y viven en áreas rurales

http://www.cepal.org

17 Señala en cada caso cuál es el término de la preposición subrayada:

a. La propuesta de la que me hablaste ha sido seleccionada por el jurado.

b. La persona con la que quieres hablar se ha marchado ya.

c. Debes hablar con los que te han evaluado el proyecto.

d. No te acerques a quienes destrozan tus ilusiones.

18 Completa la siguiente tabla con los datos de las oraciones del ejercicio anterior:

OR.	ANTECEDENTE	SPREP	ORACIÓN SUBORDINADA	FUNCIÓN DE LA ORACIÓN	FUNCIÓN DEL PRONOMBRE RELATIVO
a)					
b)					
c)					
d)					

19 Realiza un análisis completo de las siguientes oraciones:

a. El que haya terminado puede marcharse ya.

b. Ella es quien nos va a ayudar.

c. El que vio aquel desastre buscó rápidamente a quien lo había provocado.

d. Nos encontramos con un problema con el que no habíamos contado.

EVALUACIÓN

Autoría: Rafael García Marco

1 ¿Por qué este texto es una infografía? ¿Qué tipo de estructura presenta?

2 ¿Cuál es el tema de la infografía?

a. Cómo hacer un proyecto.

b. Cómo recopilar ideas para la preparación de un proyecto.

c. Cómo conseguir muchos participantes para un proyecto.

d. Cómo crear entornos colaborativos.

3 En el texto aparece la referencia a cinco redes sociales. ¿Dónde está esa referencia y cómo se representan dichas redes? ¿Crees que así se identifican mejor que incluyendo solo sus nombres?

4 ¿A quién se dirige el autor del texto cuando utiliza la segunda persona?

5 La expresión «con los que consultar a los ciudadanos» es una oración subordinada de relativo.

a. Di qué función realiza y si es semilibre o no lo es.

b. Localiza el nexo relativo y señala de qué tipo es. Indica cuál es su antecedente consultando la infografía.

c. Di si la oración es de valor especificativo o explicativo y aclara por qué lo sabes.

d. Señala cuál es el término de la preposición *con* y a qué verbo complementa su sintagma preposicional.

e. Explica por qué es posible que aparezca un infinitivo como núcleo del predicado de la oración subordinada.

6 ¿Cuál es el antecedente de *que*, en la oración del paso 1? ¿Qué categoría tiene ese relativo y cuál es su función dentro de la subordinada?

7 Analiza completamente la oración que aparece en el paso 5.

8 Reformula el texto que desarrolla el paso 4, utilizando al menos dos subordinadas de relativo.

9 Diseña una nueva infografía para el paso 3, donde expliques qué tipo de preguntas pueden formularse y qué datos es posible aportar a los ciudadanos para poder opinar sobre el tema de la consulta.

10 Imagina que eres el alcalde de tu localidad. Prepara un guion para un texto oral donde, tras seguir los consejos de esta infografía, presentes un proyecto para el que requieras la participación ciudadana.

EVALUACIÓN

1 La exposición oral de un proyecto:

a. Es un tipo de texto instructivo.

b. Es un tipo de texto narrativo.

c. Es un tipo de texto dialogado.

d. Es un tipo de texto expositivo.

2 ¿Cuál de las siguientes ideas no responde a la exposición oral de un proyecto?

a. Debes documentarte para estar informado del tema.

b. Es aconsejable emplear materiales de apoyo.

c. Has de leer únicamente lo escrito en tu guion, con el fin de evitar posibles equivocaciones.

d. Tienes que utilizar un estilo claro y sencillo.

3 Señala la afirmación que no sea correcta:

a. La infografía es la representación visual de un texto.

b. Las infografías se presentan exclusivamente en la web.

c. La infografía tiene como objetivo permitir una comprensión más sencilla de la información.

d. Una infografía permite mostrar gráficamente diferentes tipos de textos.

4 ¿Cuáles son las partes fundamentales de una infografía?

a. Texto e imagen.

b. Introducción, nudo y desenlace.

c. Instrucciones.

d. Las tres dimensiones en las que se plantea la información.

5 ¿Cuáles de las siguientes definiciones se ajustan más al significado de infografía?

a. Representación visual.

b. Diagrama de textos.

c. Texto informativo.

d. Texto ilustrado.

6 Los relativos pueden ser:

a. Pronombres y determinantes.

b. Pronombres, determinantes y adverbios.

c. Pronombres y adverbios.

d. Determinantes y adverbios.

7 Las oraciones subordinadas adjetivas especificativas:

a. Solo se dan con pronombres y nombres propios.

b. Pueden aparecer con pronombres y nombres propios en determinadas circunstancias.

c. Añaden una característica a un sustantivo ya identificado.

d. Califican a antecedentes oracionales.

8 Señala la respuesta correcta. Las oraciones subordinadas adjetivas...

a. No pueden aparecer dentro de un CN.

b. No pueden realizar la función de CN.

c. Siempre aparecen dentro de un CN.

d. Casi siempre funcionan como CN.

9 Señala la respuesta correcta. En *Quien mucho abarca poco aprieta*...

a. No hay subordinación, porque no hay nexo.

b. *Quien mucho abarca* es una oración de relativo libre que funciona como sujeto de *aprieta*.

c. *Quien* funciona como CD de *abarca*.

d. *Quien mucho abarca* es una oración subordinada sustantiva con función de CD de *aprieta*.

10 Señala la respuesta correcta: la oración *que siempre me ayuda en las tareas* *José Manuel es un chico estupendo,* es explicativa porque...

a. Su contenido no sirve para identificar a José Manuel.

b. Explica por qué José Manuel es estupendo.

c. Lleva coma.

d. Usa el nexo *que*.

11 Coloca las palabras adecuadas en el hueco: *He visto en el pueblo al muchacho ..... cacatúa nos persiguió el otro día.*

a. que su. **c.** que la.

b. cuyo. **d.** cuya.

DIARIO DE APRENDIZAJE

¿Cómo he solventado o me he enfrentado a las dificultades de esta unidad?

07 A rajatabla

¿Qué meta preveo alcanzar cuando termine esta unidad?

1 ¿Por qué es necesario que unas instrucciones o unas normas sean claras y detalladas? ¿Crees que el lenguaje legal siempre se entiende con claridad? ¿Por qué?

2 ¿En qué situaciones son más útiles unas normas orales y en qué situaciones son más útiles unas escritas?

3 ¿Con qué expresiones se dan detalles sobre la finalidad, la causa o las consecuencias de una acción? Recordad casos en los que las normas deban incluir este tipo de expresiones.

4 ¿En qué medida la imagen hace referencia a las normas? Inventa una situación comunicativa para justificarlo.

VÍDEO 7.1
En tu libro digital

Tras ver el vídeo sobre las normas y los usos de la Biblioteca Nacional, contesta a las preguntas.

1 Cuando acudes a un lugar público, como una biblioteca o un centro de estudios, ¿qué tipo de conducta sueles tener?

2 En el vídeo has visto, antes de las advertencias, algunos objetos con los que se puede entrar en la biblioteca. ¿Recuerdas cuáles son?

3 Piensa en qué otros lugares existen normas relativas a objetos que no se pueden introducir en ellos.

Normas sociales

En nuestro día a día, hay diversas situaciones en las que nos vemos obligados a respetar y seguir ciertas normas: ceder el paso en una calle, esperar nuestro turno en la una cola, etc. Por tanto, se entiende como **norma social** aquella **regla**, o conjunto de reglas, que define la pertenencia a un grupo social y determina cómo se realiza una actividad, una tarea, o cómo tienen que ser nuestras conductas en sitios públicos.

Todas las normas se realizan para un determinado fin que consiste, normalmente, en su cumplimiento para garantizar diversos factores: el buen uso de unas instalaciones deportivas, una adecuada etiqueta en la manera de vestir cuando se acude a un acto, el respeto de las reglas de un juego o de algún deporte, etc. Asimismo, en un intercambio comunicativo oral será necesario cumplir también ciertas normas para lograr un espacio fluido de información entre emisor y receptor: respetar el turno de palabra, hablar con educación y respeto, no interrumpir mientras otros hablan...

Hacer una fila y esperar turno en ella es una norma social.

En el caso de que un individuo no cumpla las normas sociales, podría ser rechazado por la sociedad e incluso podría ser sancionado o multado en ciertos casos concretos.

Otros tipos de normas

Algunas de ellas son las normas jurídicas, las normas religiosas o las normas morales.

En la expresión de **mensajes normativos** se deben seguir los siguientes principios:

- Definición de un título o introducción por parte del emisor. Ayuda al receptor a saber de qué tratan las normas que va a escuchar: *Cuando un usuario accede a la Biblioteca Nacional [...].*
- Expresión de las reglas de manera clara y lógica de modo que se entiendan bien y que no haya ningún malentendido para garantizar su cumplimiento.
- Ordenación lógica del discurso que describe los pasos que se han de cumplir. Se puede hacer uso de enumeraciones: *primero, segundo...*
- Uso de formas de expresión de la modalidad exhortativa para expresar una orden o una prohibición.

Ejemplos de construcciones exhortativas:

- Perífrasis de obligación: *Tienes que respetar las normas de uso.*
- Imperativo: *Respeta las normas.*
- Infinitivo para emitir una instrucción: *Cerrar después de usar, No cubrir con tela, No fumar.*
- Subjuntivo: *No corras por los pasillos.*
- Futuro de indicativo: *Nunca se podrá imprimir la totalidad de un libro.*
- Presente de indicativo: *Luego te acercas y pides permiso al contrario.*
- Gerundio con valor incoativo: *Levantando, Evitando cometer errores, Sumando dos puntos...*
- Verbos que, por su significado, implican orden o mandato: *Te exijo, Te ordeno...*
- Orden atenuada por medio de tiempo condicional: *¿Podrías ponerme la cuenta?*

Tu turno

1 Vuelve a ver el vídeo «Normas y usos de la BNE» y contesta a las siguientes preguntas:

VÍDEO 7.1

- Indica qué objetos no está permitido introducir en la sala.
- En relación con los objetos que sí se pueden introducir en la sala, explica para qué se pueden utilizar.
- ¿Qué libros puede reproducir el usuario?
- ¿De qué otras maneras es posible reproducir el material bibliográfico?
- Imagina otra norma más que se podría aplicar en esta situación.

2 Resume las reglas que se mencionan en el vídeo. Utiliza guiones de párrafo o una numeración para ordenar cada regla.

3 En grupos de dos, elegid una situación de comunicación para la que vayáis a confeccionar una lista de normas. Os sugerimos las situaciones siguientes:

- El entrenador comunica a su equipo las normas que ha de seguir para la participación a un campeonato: qué reglas deben conocer los deportistas sobre el campeonato (la puntuación...), cuál es el comportamiento y el papel del árbitro y cuál el de los jugadores, etc.
- Recordad a vuestros compañeros las reglas para hacer un uso correcto de las redes sociales: qué fotos y qué tipo de información se tiene que evitar publicar en una red social, etc.
- El moderador recuerda el uso y la práctica en una charla coloquio a los participantes: cuáles son las normas de participación, cómo se pide el turno de palabra, cómo debe uno terminar su turno y dar paso al otro, etc.
- El vigilante del museo recuerda a un grupo de visitantes las reglas del museo: cuál es el comportamiento que se tiene que seguir para respetar las obras expuestas, etc.
- La bibliotecaria anuncia a los lectores el comportamiento que deben seguir en la biblioteca: cómo consultar libros o documentos especiales, cuáles son las instrucciones sobre lo que se puede llevar a una biblioteca, o qué material se puede fotocopiar, etc.
- El profesor de Lengua explica a los alumnos las reglas de un concurso literario: cómo deben presentarse los textos, cómo tienen que enviarse, qué requisitos formales han de cumplirse, cómo presentar la información personal...

1.º Elaborad una serie de normas en relación con la situación elegida.

2.º Recordad que para la expresión de las normas debéis seguir estos principios:

- Título descriptivo de la situación elegida.
- Seguimiento de un orden lógico: *primero, segundo, en tercer lugar, después...*
- Uso de oraciones simples orales que describan con sencillez las distintas normas.
- Uso de expresiones exhortativas.

AUTOEVALUACIÓN

Contesta a las siguientes preguntas y comprueba si las normas sociales se han expresado correctamente:

- ¿Las reglas elaboradas han sido dictadas en orden?
- ¿Se ha descrito con precisión la situación seleccionada?
- ¿Las reglas propuestas han sido expresadas de forma clara?
- ¿Las reglas han incluido expresiones exhortativas?

¿Qué tipos de textos se publican en el Boletín Oficial del Estado? ¿A quién van dirigidos y qué finalidad tienen?

BOLETÍN OFICIAL DEL ESTADO

Núm. 3 Sábado 3 de enero de 2015 Sec. I. Pág. 169

I. DISPOSICIONES GENERALES

MINISTERIO DE EDUCACIÓN, CULTURA Y DEPORTE

Real Decreto 1105/2014, de 26 de diciembre, por el que se establece el currículo básico de la Educación Secundaria Obligatoria y del Bachillerato.

DISPONGO:

CAPÍTULO II

Educación Secundaria Obligatoria

Artículo 21. *Evaluación final de Educación Secundaria Obligatoria.*

1. Al finalizar el cuarto curso, los alumnos y alumnas realizarán una evaluación individualizada por la opción de enseñanzas académicas o por la de enseñanzas aplicadas, en la que se comprobará el logro de los objetivos de la etapa y el grado de adquisición de las competencias correspondientes en relación con las siguientes materias:
   a) Todas las materias generales cursadas en el bloque de asignaturas troncales, salvo Biología y Geología y Física y Química, de las que el alumno o alumna será evaluado si las escoge entre las materias de opción, según se indica en el párrafo siguiente.
   b) Dos de las materias de opción cursadas en el bloque de asignaturas troncales, en cuarto curso. [...]
2. Podrán presentarse a esta evaluación aquellos alumnos y alumnas que hayan obtenido bien evaluación positiva en todas las materias, o bien negativa en un máximo de dos materias siempre que no sean simultáneamente Lengua Castellana y Literatura, y Matemáticas. A estos efectos:
   1.º) La materia Lengua Cooficial y Literatura tendrá la misma consideración que la materia Lengua Castellana y Literatura en aquellas Comunidades Autónomas que posean lengua cooficial.
   2.º) Solo se computarán las materias que como mínimo el alumno o alumna debe cursar en cada uno de los bloques. [...]
   4.º) Las materias con la misma denominación en diferentes cursos de Educación Secundaria Obligatoria se considerarán como materias distintas.
3. El Ministerio de Educación, Cultura y Deporte establecerá para todo el Sistema Educativo Español las características de las pruebas, y las diseñará y establecerá su contenido para cada convocatoria.
4. La superación de esta evaluación requerirá una calificación igual o superior a 5 puntos sobre 10.
5. Los alumnos y alumnas podrán realizar la evaluación por cualquiera de las dos opciones de enseñanzas académicas o de enseñanzas aplicadas, con independencia de la opción cursada en cuarto curso de Educación Secundaria Obligatoria, o por ambas opciones en la misma convocatoria. En el caso de que realicen la evaluación por una opción no cursada, se les evaluará de las materias requeridas para superar la evaluación final por dicha opción que no tuvieran superadas, elegidas por el propio alumno dentro del bloque de asignaturas troncales. [...]

Dado en Madrid, el 26 de diciembre de 2014.

FELIPE R.

El Ministro de Educación, Cultura y Deporte, JOSÉ IGNACIO WERT ORTEGA

ACTIVIDADES

1 Resume en una oración este fragmento de texto legal publicado en el Boletín Oficial del Estado.

2 Sintetiza esta publicación del BOE realizando una tabla-resumen donde recojas lo más importante.

3 Los estudiantes que residan en Galicia podrán optar a esta evaluación siempre y cuando no les quede, por ejemplo, Lengua Gallega y Matemáticas a la vez.

a. Verdadero. b. Falso.

4 En este texto oficial, al igual que en muchos otros, se establece una diferenciación entre alumnos y alumnas; ¿crees que es necesaria esta distinción de género? Razona tu respuesta.

5 Elige la opción más coherente: El presente texto legal permite...

a. Presentarse a evaluación por opciones no cursadas, siempre y cuando sean conscientes de que se les va a evaluar de las materias recogidas en esa opción y no de las que el estudiante haya cursado.

b. Optar a evaluación por igual en cualquier parte de España, sin que tener lengua cooficial o no suponga una matización.

c. Examinarse de los conocimientos adquiridos y las competencias alcanzadas.

d. Ninguna de las respuestas anteriores es correcta.

6 Este Real Decreto fue aprobado con carácter oficial para todos los españoles...

a. El día 26 de diciembre de 2014.

b. El día 3 de enero de 2015.

c. El 11 del 05 de 2014.

d. Ninguna de las respuestas anteriores es correcta.

7 El artículo 21 de la presente ley indica cómo ha de evaluarse al alumnado de Educación Secundaria y Bachillerato.

a. Verdadero. b. Falso.

8 ¿Ves lógico que el alumnado que no ha cursado una asignatura pueda evaluarse de ella? Razona tu respuesta.

MÁS QUE PALABRAS

1 Expresa con otras palabras lo siguiente:

a. Ministerio de Educación, Cultura y Deporte.

b. Logro de objetivos y adquisición de competencias.

c. La superación de esta evaluación.

d. Evaluación positiva.

2 ¿Qué indican las siguientes terminaciones? Busca ejemplos en el texto.

a. *-rá (-ará, -erá, -irá).*

b. *-ción.*

c. *-or/ores.*

d. *-ado.*

ESTRATEGIAS DE LECTURA

Textos legales

Los textos legales tienen una estructura regular; por eso es importante fijarse en sus características para comprenderlos:

- La organización del contenido habitualmente responde a una estructura concreta en la que se indica qué tipo de texto legal es (real decreto, ley orgánica, bando, recurso de alzada...).
- Se indica la fecha de aprobación, la fecha de publicación y la fecha de entrada en vigor.
- En la redacción de este tipo de textos se busca dejar claro una realidad acotándola al máximo, por lo que se intenta tener en cuenta todas las posibilidades que puedan plantearse en esa realidad (de ahí el uso de epígrafes alfanuméricos para organizar toda la casuística).
- Se busca la objetividad como rasgo de imparcialidad. Con esa intención de ser objetivos, los redactores de las leyes (figura a la que se conoce con el nombre de legislador) nunca se incluyen en el sujeto narrador (se *evaluará*, por *evaluaremos*).
- Los que redactan las leyes son cuidadosos con la norma que establece la RAE para el uso de la lengua española con la intención de no dejar lugar a dudas, ambigüedades o interpretaciones lingüísticas que puedan perjudicar la ley.
- Se utiliza con frecuencia la pasiva refleja (*se comprobará, se indica, se computará...*) con la misma intención.

Normativas y disposiciones legales

Las normativas y disposiciones legales son un tipo de **texto instructivo.** Según su ámbito de uso, se trata de un texto **jurídico-administrativo** que se publica en el Boletín Oficial del Estado (BOE) y en los boletines oficiales autonómicos.

En este tipo de texto tiene una especial importancia el **formato de presentación** y la **estructura organizada** del contenido ofrecido, pues la **claridad, la rigurosidad** y **la precisión** son rasgos fundamentales.

Tipos de textos legales

Entre los textos legales encontramos los siguientes ejemplos: la Constitución, leyes orgánicas, leyes ordinarias , decretos, órdenes ministeriales.

El **emisor** de los textos es la autoridad responsable de la orden o mandato transmitido: el rey, un ministro, un consejero de una determinada comunidad autónoma.

CARACTERÍSTICAS DEL LENGUAJE LEGAL	
Sintagmas nominales extensos. Tercera persona del singular o del plural. Modo imperativo, formas de futuro de obligación. Formas con *se.*	Oraciones largas y complejas. Sustantivos abstractos. Terminología específica. Verbos como *otorgar, pactar, certificar, solicitar.*

BOLETÍN OFICIAL DEL ESTADO

Núm. 3 Sábado 3 de enero de 2015 Sec. I. Pág. 169

I. DISPOSICIONES GENERALES

MINISTERIO DE EDUCACIÓN, CULTURA Y DEPORTE

Real Decreto 1105/2014, de 26 de diciembre, por el que se establece el currículo básico de la Educación Secundaria Obligatoria y del Bachillerato.

DISPONGO:

CAPÍTULO II

Educación Secundaria Obligatoria

Artículo 21. *Evaluación final de Educación Secundaria Obligatoria.*

1. Al finalizar el cuarto curso, los alumnos y alumnas realizarán una evaluación individualizada por la opción de enseñanzas académicas o por la de enseñanzas aplicadas, en la que se comprobará el logro de los objetivos de la etapa y el grado de adquisición de las competencias correspondientes en relación con las siguientes materias:

   a) Todas las materias generales cursadas en el bloque de asignaturas troncales, salvo Biología y Geología y Física y Química, de las que el alumno o alumna será evaluado si las escoge entre las materias de opción, según se indica en el párrafo siguiente.

   b) Dos de las materias de opción cursadas en el bloque de asignaturas troncales, en cuarto curso. [...]

2. Podrán presentarse a esta evaluación aquellos alumnos y alumnas que hayan obtenido bien evaluación positiva en todas las materias, o bien negativa en un máximo de dos materias siempre que no sean simultáneamente Lengua Castellana y Literatura, y Matemáticas. A estos efectos:

   1.º) La materia Lengua Cooficial y Literatura tendrá la misma consideración que la materia Lengua Castellana y Literatura en aquellas Comunidades Autónomas que posean lengua cooficial.

   2.º) Solo se computarán las materias que como mínimo el alumno o alumna debe cursar en cada uno de los bloques. [...]

   4.º) Las materias con la misma denominación en diferentes cursos de Educación Secundaria Obligatoria se considerarán como materias distintas.

3. El Ministerio de Educación, Cultura y Deporte establecerá para todo el Sistema Educativo Español las características de las pruebas, y las diseñará y establecerá su contenido para cada convocatoria.

4. La superación de esta evaluación requerirá una calificación igual o superior a 5 puntos sobre 10.

5. Los alumnos y alumnas podrán realizar la evaluación por cualquiera de las dos opciones de enseñanzas académicas o de enseñanzas aplicadas, con independencia de la opción cursada en cuarto curso de Educación Secundaria Obligatoria, o por ambas opciones en la misma convocatoria. En el caso de que realicen la evaluación por una opción no cursada, se les evaluará de las materias requeridas para superar la evaluación final por dicha opción que no tuvieran superadas, elegidas por el propio alumno dentro del bloque de asignaturas troncales. [...]

Dado en Madrid, el 26 de diciembre de 2014.

FELIPE R.

El Ministro de Educación, Cultura y Deporte, JOSÉ IGNACIO WERT ORTEGA

Preámbulo

- Boletín de publicación.
- Fecha de publicación, sección y página.
- Organismo responsable.
- Presentación de las disposiciones en primera persona: *DISPONGO* o *DISPONEMOS.*

Exposición central

Título de la normativa y fecha de aprobación.

Título de la sección del texto legal: la numeración del título muestra la ordenación interna de las diferentes partes en el conjunto.

Estructura organizada en apartados que jerarquizan la información: apartados numéricos y apartados alfabéticos.

Cierre

- Lugar y fecha de aprobación.
- Cargo y firma de la autoridad responsable.

Tu turno

1 Elabora un texto normativo en el que señales las normas de realización de unas pruebas extraordinarias de idiomas que se vayan a realizar a final de curso en los centros escolares. Para ello, te ofrecemos las siguientes orientaciones:

1.º Piensa qué tipo de alcance quieres que tenga tu disposición normativa: nacional o autonómico y, por tanto, cuál sería el emisor o persona que firma y autoriza dicho texto.

2.º Piensa las características del examen: qué nivel se requiere para poder presentarse, quién se puede presentar, cuándo tiene lugar la prueba, dónde se realiza, cuántas pruebas conforman el examen, qué tipo de preguntas se plantean (escritas y/u orales), cuánto tiempo dura la prueba, cuál es el título obtenido…

3.º Realiza un guion y organiza la información en apartados. No olvides que la normativa redactada finalmente debe estar estructurada en diferentes epígrafes: puedes combinar apartados numéricos y alfabéticos con el fin de ilustrar con claridad y jerarquizar de forma más precisa el contenido mostrado.

4.º Recuerda que el lenguaje empleado debe estar sujeto a un estilo concreto, impuesto en gran medida en este tipo de textos. Por tanto, no puedes improvisar su estructura, ni ser original o creativo en el uso de la lengua al redactar las normas correspondientes.

5.º Debes añadir un título que recoja el tipo de normativa realizada. Te mostramos algunos ejemplos:

– *DECRETO 48/2015, de 14 de mayo, del Consejo de Gobierno, por el que se establece para la Comunidad de Madrid el currículo de la Educación Secundaria Obligatoria.*

– *Orden ECD/65/2015, de 21 de enero, por la que se describen las relaciones entre las competencias, los contenidos y los criterios de evaluación de la educación primaria, la educación secundaria obligatoria y el bachillerato.*

6.º Añade las dos fechas correspondientes a tu normativa: la fecha de aprobación, que debe incluirse en el título de la normativa, y la fecha de publicación, que debe aparecer en el encabezado superior de tu página.

7.º No olvides incluir la firma de la autoridad responsable y su cargo.

El uso del gerundio

El gerundio es muy utilizado en los textos normativos. Hemos de realizar en general un uso correcto del gerundio y tener en cuenta las siguientes indicaciones:

- El gerundio no debe usarse como equivalente a un complemento del nombre, sino como complemento del predicado o de la oración, o bien con valor predicativo:

  Luis hace deporte *escuchando música*. (CC-Modo)

  Vi a María *escuchando música.* (C-Predicativo)

  **El perro mordió a una niña llevando un bocadillo. / El perro mordió a una niña que llevaba un bocadillo.*

- La acción expresada por el gerundio debe ser anterior o simultánea a la del verbo principal:

  Ayer cogí un resfriado andando bajo la lluvia. / Habiendo entregado el examen, todos se marcharon.

  **El chico se matriculó en inglés, obteniendo el título cuatro años después. / El chico se matriculó en inglés y obtuvo el título cuatro años después.*

AUTOEVALUACIÓN

Comprueba si tu texto cumple los siguientes requisitos:

- La información se ha mostrado de manera clara y precisa.
- El estilo empleado posee las características del lenguaje legal y responde a la función comunicativa de una disposición normativa.
- Se recoge un título que describe el contenido de la norma.
- El texto contempla la fecha de aprobación y de publicación de la normativa.
- Se recoge la firma y el cargo de la autoridad responsable.

01 Oraciones subordinadas adverbiales

Siguiendo el mismo criterio que se ha tenido en cuenta a la hora de clasificar las oraciones subordinadas sustantivas y adjetivas, las oraciones **subordinadas adverbiales** serían aquellas que, en la oración dentro de la cual se insertan, realizan una función propia de un adverbio, palabra por la que podrían sustituirse.

Sin embargo, en ocasiones, la sustitución por un adverbio es complicada, y por ello se podría distinguir entre oraciones adverbiales **propias** (de lugar, tiempo y modo), que se pueden sustituir fácilmente por un adverbio, e **impropias,** en las que es difícil realizar esa sustitución.

Esta circunstancia particular no ha evitado que todas ellas sean clasificadas como adverbiales, porque el criterio utilizado ha sido el considerar adverbiales todas aquellas construcciones que se utilizan para expresar los siguientes **valores semánticos:** tiempo, lugar, modo, finalidad, causa, condición, concesión, consecuencia y comparación.

DE TIEMPO	*Ella nunca lee mientras va en autobús.*
DE LUGAR	*Se situó obedientemente donde le indicaron.*
DE MODO	*Debe realizarse el ejercicio como he explicado.*
FINALES	*Para que obtengas el aprobado debes entregar el ejercicio completo.*
CAUSALES	*No ha conseguido la beca porque no entregó toda la documentación.*
CONCESIVAS	*Aunque insistas, no iré contigo.*
CONDICIONALES	*Si es preciso, se ampliará el plazo de entrega.*
CONSECUTIVAS	*Corrió tanto que terminó el primero.*
COMPARATIVAS	*Es un chico más trabajador que su hermano.*

La RAE denomina *construcciones* y no *oraciones subordinadas adverbiales* a las finales, causales, consecutivas, comparativas, concesivas y condicionales.

Por el carácter semántico de esta clasificación no ha de resultar extraño tampoco encontrar una oración de relativo libre, sin antecedente expreso, encabezada por *donde, como* o *cuando*, como subordinada adverbial. De la misma forma, por su valor semántico se incluyen sintagmas preposicionales o adverbiales con subordinadas sustantivas en su interior. Por tanto, hay varias formas de expresar estos valores semánticos, implicando oraciones subordinadas:

FORMA	EJEMPLO
Oraciones introducidas por adverbios relativos (oraciones de relativo libres de valor adverbial)	*Cuando comenzó la tormenta, íbamos por el monte.*
Oraciones introducidas por conjunciones o locuciones conjuntivas.	*Mientras llovía, estuvimos bajo techo.*
Sintagmas preposicionales que incluyen oraciones subordinadas sustantivas como término de una preposición.	*Estuvimos bajo techo hasta que terminó la tormenta.*
Sintagmas adverbiales que incluyen complementos dentro de los cuales hay una subordinada sustantiva como término de una preposición.	*Nos refugiamos antes de que comenzara la tormenta.*
Oraciones de gerundio.	*Comenzando la tormenta, llegamos al refugio.*
Oraciones de participio.	*Terminada la tormenta, pudimos salir de allí.*

01.1 Oraciones subordinadas adverbiales de lugar, tiempo y modo

Sirven para expresar lugar, tiempo y modo dentro de un predicado, por lo que, habitualmente, su función es de complemento circunstancial. Por eso se han llamado también **subordinadas propias** y se sustituyen con facilidad por adverbios de lugar, tiempo o modo.

Subordinadas adverbiales de lugar

Indican el lugar en que sucede la acción verbal y van encabezadas por el adverbio relativo *donde,* sin antecedente expreso, por lo que son oraciones subordinadas de relativo libres.

Ve donde quieras.

donde: N (Adv) → SAdv-CC; quieras: N (V)

Ve: N (V); donde quieras: Or. sub. de relativo libre de lugar-CC

SV-PV

Pueden ir precedidas por preposición y, por tanto, realizar la función de término del sintagma preposicional en función de complemento circunstancial.

Ve a donde quieras.

donde: N (Adv) → SAdv-CC; quieras: N (V)

donde quieras: SV-PV

a: Enl; donde quieras: Or. sub. de relativo libre-Término

Ve: N (V); a donde quieras: SPrep-CC

SV-PV

Subordinadas adverbiales de tiempo

Expresan anterioridad, simultaneidad o posterioridad con respecto a la acción del predicado y pueden ser introducidas por:

- Un adverbio relativo, en subordinadas de relativo libres: *cuando.*
- Conjunciones: *mientras.*
- Locuciones conjuntivas: *mientras que, siempre que, en tanto que, una vez que.*

También tienen este valor los adverbios *antes/después* complementados por sintagmas preposicionales con oraciones sustantivas: *Antes de salir / que salgas, quiero hablar contigo.*

Una vez que comience el examen, debe haber silencio.

comience: N (V); el: Det; examen: N (Sust); silencio: N (Sust)

Una vez que: Nexo (loc. conjuntiva); comience: SV-PV; el examen: SN-Sujeto

Una vez que comience el examen: Or. sub. adverbial de tiempo-CC; debe haber: N (Per. verbal); silencio: SN-CD

SV-PV

Las oraciones subordinadas de **gerundio** y **participio,** especialmente cuando tienen su propio sujeto, presentan una acción o estado que, en el caso del gerundio simple, es simultánea a la acción principal y, en el del gerundio compuesto y el participio, es anterior a ella, como se ve en los ejemplos del margen.

Esta relación temporal previa de las oraciones subordinadas de gerundio compuesto y de participio permite interpretar otras relaciones de significado, como la de causa o condición:

Muerto el perro, se acabó la rabia.

Sopesando todas las opciones, habrías elegido la mejor.

A este tipo de oraciones se las llama *construcciones absolutas,* a diferencia de aquellas en las que el gerundio o el participio concuerdan con algún elemento de la oración no subordinada: *Llegó silbando aquella melodía.*

Entrando el tren, salíamos nosotros.
↓
ACCIONES SIMULTÁNEAS

Habiendo llegado el momento, nos marchamos de allí.
↓
ACCIÓN ANTERIOR / ACCIÓN POSTERIOR

Llegado el momento, nos marchamos de allí.
↓
ACCIÓN ANTERIOR / ACCIÓN POSTERIOR

Subordinadas adverbiales de modo

Sirven para expresar la manera en que se realiza la acción indicada por el predicado de la oración en la que se insertan. Equivalen al adverbio *así* y pueden ser introducidas por:

- Un adverbio relativo, en subordinadas de relativo libres: *como*.
- Conjunciones: *según*, *conforme*.
- Locuciones conjuntivas: *tal y como*.

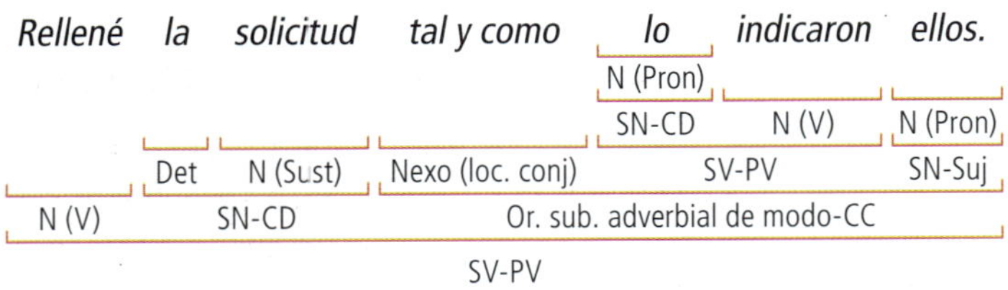

Las oraciones **subordinadas adverbiales de gerundio**, cuando concuerdan con el agente que realiza la acción a la que acompañan, suelen expresar modo o manera (y a veces causa):

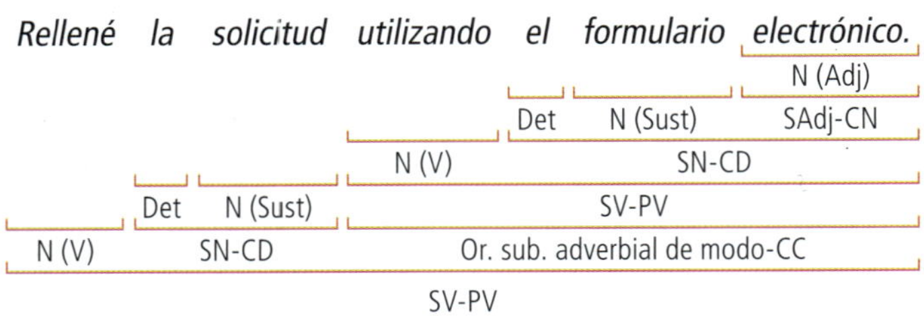

El modo verbal en las subordinadas de lugar, tiempo y modo

Es frecuente, en estas oraciones subordinadas, que alternen formas de indicativo y subjuntivo en el núcleo del sintagma verbal, tanto en las de relativo libres como en las introducidas por otro tipo de nexos. El matiz de significado que aporta el modo se refiere al grado de realidad que el hablante otorga a la acción expresada por la subordinada:

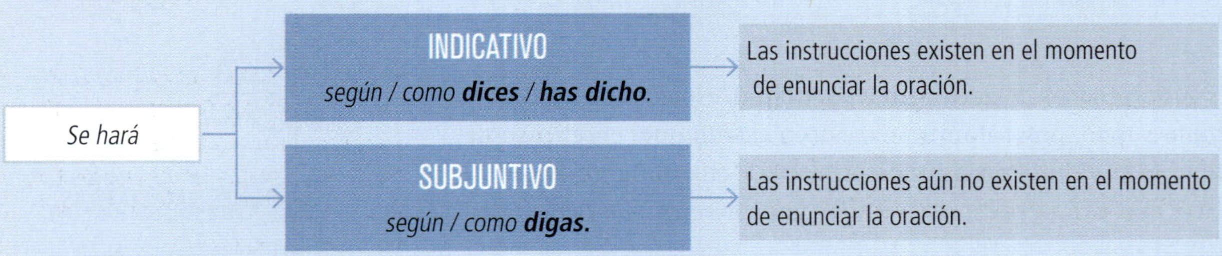

Este matiz se observa en muchas ocasiones en la correlación con el verbo del que depende la oración subordinada. Así, por ejemplo:

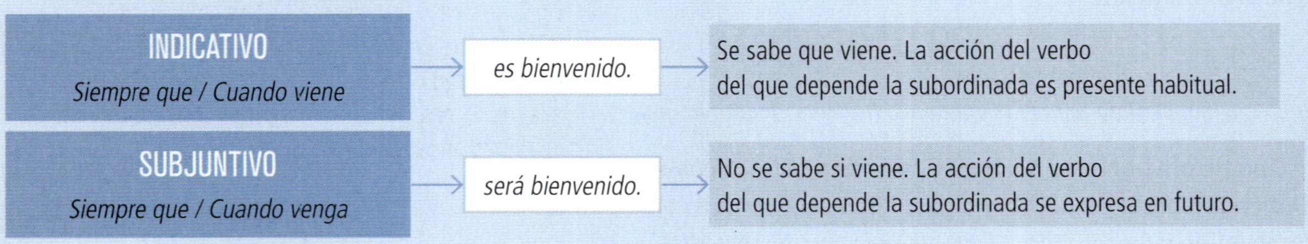

ACTIVIDADES

1 Localiza los adverbios de lugar, tiempo y modo de estas oraciones, indica cuál es la función de cada una de ellos y sustitúyelos por oraciones subordinadas con funciones equivalentes.

a. Si hacemos la tarea despacio, la haremos bien.

b. Llegaremos temprano a la fiesta de disfraces.

c. ¿Estabas allí la noche de la inauguración?

d. Marisa organizó perfectamente la carrera solidaria.

2 Sustituye los complementos circunstanciales que han sido subrayados, y que indican tiempo y modo en el siguiente texto, por oraciones subordinadas que muestren un sentido similar:

> Como encargado del pupilaje, lo primero que hizo el bachiller Velasco fue recitarle de corrido las normas de la casa:
>
> —Yo soy el pupilero de este hospedaje y, como tal, me debéis respeto y obediencia. Con el alba, deberéis abandonar vuestra cámara para ir a las clases de prima. Por las noches, os entregaré una vela que os permitirá estudiar durante al menos tres horas. La puerta de la calle se cierra con llave a la puesta del sol.
>
> Luis García Jambrina: *El manuscrito de piedra*. Alfaguara.

3 Localiza en este texto todos los verbos. A continuación, indica cuáles son núcleo de predicado en oraciones subordinadas y di de qué tipo son:

> En el proceso de evaluación continua, cuando el progreso de un alumno o alumna no sea el adecuado, se establecerán medidas de refuerzo educativo. Estas medidas se adoptarán en cualquier momento del curso, tan pronto como se detecten las dificultades.
>
> BOE, 3 de enero de 2015. Art. 20.

4 Realiza el análisis sintáctico completo de estas oraciones:

a. Mientras esté abierto el auditorio, podrán acceder todos los visitantes que lo deseen.

b. Terminaremos el evento cuando leamos el manifiesto, tal y como estaba previsto.

5 En la siguiente normativa aparecen dos expresiones que tienen sentido temporal: una oración subordinada de relativo libre y una oración subordinada sustantiva término complemento de un adverbio. Localiza ambas expresiones y realiza su análisis sintáctico. Cuando el verbo está en forma personal, ¿se utiliza el indicativo o el subjuntivo? ¿Por qué crees que es así?

> **Art. 28.º.** Deberes y responsabilidades del usuario.
>
> 1.- Todos los usuarios se identificarán, mediante su correspondiente documento, en el control de acceso o harán efectiva la tasa correspondiente antes de utilizar las instalaciones deportivas, y mostrarán su autorización de uso a los empleados del Servicio cuando se lo requieran.
>
> https://deportes.unizar.es

6 En estas normas de uso aparecen varios gerundios: señala las oraciones subordinadas de las que son núcleo del predicado y di qué valor semántico tienen. Explica por qué su uso se corresponde con la norma.

> **Normas de uso**
>
> **Obligaciones de los usuarios**
>
> Todo usuario está obligado a hacer un uso correcto del servicio municipal de alquiler de bicicleta, actuando con la mayor diligencia posible.
>
> Todo usuario está obligado a cumplir las presentes normas.
>
> Todo usuario deberá respetar en todo momento las normas establecidas en el Reglamento General de Circulación al desplazarse o estacionar la bicicleta, adoptando medidas de seguridad sin ocasionar riesgos ni molestias al resto de usuarios de la vía. Asimismo, deberá tener en cuenta las normas de seguridad.
>
> Durante la utilización del servicio se habrá de llevar la tarjeta que identifica como usuario del sistema, así como el DNI o documento identificativo admisible en Derecho. Se deberá comunicar al titular del servicio la pérdida, robo o deterioro de la tarjeta de abono, asumiendo la responsabilidad de su utilización hasta el momento de su comunicación.
>
> www.albabici.es

01.2 Oraciones subordinadas causales y finales

La causa y la finalidad son conceptos muy cercanos desde el punto de vista de la experiencia del hablante, puesto que una acción se lleva a cabo, en muchas ocasiones, porque se desea conseguir una finalidad:

FINALIDAD →	*Hago esto para que te sientas bien.*
CAUSA →	*Hago esto porque deseo tu bien.*

Desde el punto de vista lógico, en cambio, la causa precede a la acción, mientras que la finalidad se espera alcanzar tras la realización de dicha acción.

Oraciones subordinadas causales

Presentan el motivo que provoca la acción verbal de la oración a la que acompañan. Pueden ir introducidas por:

- Conjunciones: *porque, pues, como, que.*
- Locuciones conjuntivas: *puesto que, ya que, dado que.*

Como llegabas tarde hemos reservado tu sitio.

N (Adv)
N (Verbo) SAdv-CC
Nexo (Conj) SV-PV Det N (Sust)
Or. sub. adv. causal-CC de causa N (V) SN-CD
SV-PV

También pueden tener este valor los sintagmas preposicionales que tienen como término oraciones subordinadas sustantivas precedidas de *por* o locuciones prepositivas como *a causa de, con motivo de*…

Oraciones subordinadas finales

Exponen la intención o finalidad con que se realiza una acción. Son introducidas por locuciones prepositivas *a fin de, con intención de, con la finalidad de* o la conjunción conjuntiva *para que*:

Correremos para que llegues.

N (V)
Nexo (loc. conj.) SV-PV
N (V) Or. sub. adv. final-CC
SV-PV

Para que también puede considerarse como una preposición seguida de una oración subordinada sustantiva en función de término:

Correremos para que llegues.

N (V)
Nexo SV-PV
Enl Or. sub. sust.-Término
N (V) SPrep-CC
SV-PV

El modo verbal en las subordinadas causales y finales

Como las oraciones causales se refieren a hechos ocurridos y las finales a intenciones y deseos, cuando utilizan un verbo en forma personal, las causales se construyen con indicativo y las finales con subjuntivo:

Causal (indicativo) →	*Ya que hay más solicitantes que plazas, habrá que hacer un sorteo.*
Final (subjuntivo) →	*Para que haya plazas para todos, se creará un segundo grupo.*

ACTIVIDADES

7 Localiza en estas oraciones los complementos de causa y de finalidad. Luego di si se trata de oraciones introducidas por conjunciones y locuciones conjuntivas o bien de oraciones sustantivas precedidas de preposición:

a. Como no sabía nada, no le dijeron la verdad.

b. No le dijeron la verdad para que no se preocupara.

c. Eso ocurrió porque no estábamos preparados.

d. Para ser feliz, solo es necesario un poco de optimismo.

e. No se dieron cuenta de nada, ya que estaban muy ocupados.

f. Le dieron una ayuda por presentar el proyecto más creativo.

8 Señala las oraciones subordinadas y di cuál es el nexo que las introduce y el valor semántico que presentan en cada caso. Después, analiza sintácticamente las oraciones que contengan una subordinada adverbial causal.

a. Como era listo, lo entendió todo a la primera.

b. No lo hizo como le indicaron.

c. Corre, que llegamos tarde.

d. Donde las dan, las toman.

e. Descansaré mañana, pues hoy tengo que trabajar.

f. Tenemos que echar muchas horas para que todo esté listo mañana.

9 Localiza los infinitivos, gerundios y participios que son núcleos del predicado en oraciones subordinadas e indica si el valor de las oraciones de cuyo predicado son núcleo es temporal, final, causal o modal.

> El acceso a la sala de investigadores se permitirá solo con los objetos imprescindibles para realizar su investigación: ordenador portátil sin funda, papel, cinta de medir no rígida. Los objetos no permitidos se pueden dejar en las taquillas de consigna que se encuentran en una sala contigua a dicho salón.
>
> Una vez presentado el documento de identidad requerido y acreditando su condición de investigador, el usuario cumplimentará de su puño y letra una ficha, en la que también consignará las signaturas topográficas de las obras que solicite.
>
> http://rbme.patrimonionacional.es

10 Sustituye la conjunción *porque* y la preposición *para* por locuciones conjuntivas o prepositivas que mantengan el sentido del texto:

> Sé que tengo que pedirte muchas veces perdón, porque a lo mejor mientras yo tengo mucha felicidad a ti te hago sufrir. [...] He preferido decírtelo por escrito, porque tenía miedo a no saber decírtelo de palabra.
>
> Por favor, Carlos, no me busques para que hablemos, porque no sabría qué hacer.
>
> Fernando Fernán Gómez: *El viaje a ninguna parte.* Cátedra.

11 Analiza sintácticamente las siguientes oraciones:

a. Como no sabíamos nada, no pudimos actuar.

b. Mientras llovía, estuvimos en casa para refugiarnos.

12 Analiza sintácticamente la siguiente oración:

> Habían empezado a llegar los pedidos, y cuando la primera tanda estuvo casi lista ella me dijo que iba a llamar a su amigo para que los pasara a buscar.
>
> Andrea Ferrari: *Café solo.* El Barco de Vapor.

13 Completa estas normas con una oración final y causal en cada caso, indicando el modo utilizado en los tiempos en forma personal:

> **Normas del museo:**
>
> No está permitido tomar imágenes (fotográficas o videográficas) con flash, trípode o palo de *selfie*.
>
> Se ruega que los teléfonos móviles se desconecten durante la visita al Museo.
>
> No está permitido consumir comidas ni bebidas en el interior del Museo, ni en los jardines.
>
> No está permitida la entrada de animales excepto perros-guía de invidentes.
>
> No está permitido fumar en el interior del edificio.
>
> http://museosorolla.mcu.es/normas.html

01.3 Oraciones subordinadas condicionales y concesivas

Las oraciones subordinadas condicionales y concesivas presentan un estado o acción distinto al expresado por la oración a la que acompañan, pero con el que guardan una relación lógica. Puede, por tanto, decirse que actúan como modificadores oracionales. A la expresión de ese estado o condición se la llama **prótasis,** por ser previo en la relación lógica que se establece, y a la predicación que se enuncia con el verbo principal se la denomina **apódosis.**

Si estudias mucho, (Prótasis) *aprobarás.* (Apódosis)

> Es frecuente el uso expresivo de las condicionales para poner de manifiesto lo absurdo de una idea, presentando una acción imposible que niega, de este modo, las condiciones que la acompañan: *Si tú has sacado un sobresaliente, yo soy reina de Suecia.*

Oraciones subordinadas condicionales

Presentan el marco necesario para que se cumpla el predicado de la oración a la que acompañan: *Estudiar mucho* ⟶ **implica** ⟶ *aprobar.*

Las oraciones subordinadas condicionales pueden ir introducidas por:

- Conjunciones: *si, como.*
- Locuciones conjuntivas: *con tal que, siempre que, a no ser que, a menos que...*

Si estudias mucho, aprobarás.

Si	*estudias*	*mucho,*	*aprobarás.*
		N (Adv)	
	N (V)	SAdv-CC	
Nexo (Conj)	SV-PV		N (V)
Or. sub. condicional-Mod oracional			SV-PV

También pueden tener este valor los sintagmas preposicionales que tienen como término oraciones sustantivas precedidas de locuciones prepositivas como *a condición de, con tal de...*

Oraciones subordinadas concesivas

Enuncian unas circunstancias que, aunque suponen un problema para que se cumpla el predicado de la oración a la que acompañan, no impiden que se lleve a cabo:

Aunque he perdido el tren, (Prótasis) *llegaré a tiempo.* (Apódosis)

Perder el tren ⟶ **supone** ⟶ retraso (problema) ⟶ **no impide** ⟶ llegar a tiempo.

Las oraciones subordinadas concesivas pueden ir introducidas por:

- Una conjunción: *aunque.*
- Una locución conjuntiva: *si bien.*

También pueden tener este valor los sintagmas preposicionales que tienen como término oraciones sustantivas precedidas de locuciones prepositivas como *a pesar de, pese a, a sabiendas de...*

Finalmente, expresan concesión los gerundios precedidos por las conjunciones *aun* o *incluso: Aun estando preparado, no pudo aprobar el examen.*

El modo en las condicionales y concesivas

Las condicionales y concesivas permiten la alternancia de modo verbal, de manera que, si muestran el indicativo, se refieren a una acción que se entiende como real; mientras que en el caso del subjuntivo dicha acción se concibe como irreal. Es la concepción del hablante, y no la realidad objetiva de la acción, la que se codifica de este modo.

> El problema que introducen las concesivas no tiene por qué ser real: es el hablante el que lo entiende como tal problema:
>
> *Aunque nunca ha ido a Inglaterra, habla perfectamente inglés* (el uso de la concesiva implica que para el hablante no ir a Inglaterra supone un impedimento a la hora de hablar inglés).

01.4 Oraciones subordinadas comparativas y consecutivas

Las oraciones subordinadas comparativas y consecutivas tienen en común el funcionar como complementos de un cuantificador *(más, menos, tal, tanto...)*:

Comparativa: *Este niño miente **más** que habla.*

Consecutiva: *Se esforzó **tanto** que fue el primero de su promoción.* / *Tenía **tantas** asignaturas que no sabía cuál escoger.* / *Tenía **tantas** que no sabía cuál escoger.* / *Dio **tal** golpe que rompió la ventana.*

El adverbio puede incluir el primer término de la comparación, como en *mejor* (= más bueno), *peor, mayor, menor.*

Oraciones subordinadas comparativas

Establecen una relación de igualdad o diferencia (superioridad o inferioridad) entre cualquier elemento de la oración subordinada y otro presente en la oración en la cual se insertan. Se caracterizan por la elipsis frecuente de los elementos no comparados, y habitualmente aparecen sin verbo explícito:

EJEMPLOS	TÉRMINOS COMPARADOS	RELACIÓN
Es mejor ahora que después.	*Ahora / después.*	Superioridad
Es tan alto como [es] delgado.	*Alto / delgado.*	Igualdad
Compró menos pan que [compró] dulces.	*Pan / dulces.*	Inferioridad

Son introducidas por las conjunciones *que* y *como:*

Estudia tanto como [estudia] su hermano.

N (V) · Det · N (Sust)

Nexo (Conj) · SV-PV · SN-Sujeto

N (Adv) · Or. sub. comparativa-CAdv

N (V) · SAdv-CC

SV-PV

Oraciones subordinadas consecutivas

Las oraciones consecutivas expresan el resultado de una cuantificación presente en la oración en que se insertan:

Estudia tanto que siempre aprueba.

N (Adv)

SAdv-CC · N (V)

Nexo (Conj) · SV-PV

N (Adv) · Or. sub. consecutiva-CAdv

N (V) · SAdv-CC

SV-PV

En el habla coloquial, las consecutivas permiten la omisión del adverbio del que dependen, en enunciados de gran expresividad: *Estoy que trino.*

Las oraciones **ilativas** también expresan una consecuencia, pero esta deriva de toda la situación expresada por la oración a la que acompañan. Van introducidas por:

- Conjunciones: *conque, luego, pues* (utilizado principalmente tras una pausa, lo que acentúa la independencia de la oración: *¿Estamos todos? Pues nos vamos).*
- Locuciones conjuntivas: *de modo que, así que, de manera que, de ahí que...*

ACTIVIDADES

14 Analiza el significado de las siguientes oraciones completando la tabla:

a. Como sigas en ese plan, nos volvemos a casa.

b. Si no lloviera, podríamos ir al campo.

c. No habríamos sufrido este retraso si hubiéramos cogido el AVE.

d. No tendrás ningún problema con esta asignatura si te aplicas.

ORACIÓN	CONDICIÓN (PRÓTASIS)	RESULTADO (APÓDOSIS)

15 Señala en cuáles de las siguientes oraciones *si* y *como* funcionan como conjunciones condicionales. Sustitúyelas, en esos casos, por locuciones conjuntivas o locuciones prepositivas + *que*, de manera que tengan el mismo valor:

a. Como no nos apresuremos, no llegaremos a tiempo.

b. Me han preguntado si iremos al cine.

c. Claro que iremos, como hacemos siempre.

d. Como vino tarde, no se enteró del comienzo de la clase.

e. Superarás la asignatura si estudias suficiente.

16 ¿Por qué se utilizan oraciones concesivas en lugar de condicionales en el texto del margen? Explica en qué sentido cambiarían las condiciones de pago si se utilizara el nexo *si*.

17 Identifica si el valor de las siguientes oraciones es condicional o concesivo. Para ello, puedes probar a sustituirlas por otras con *si* o *aunque* como nexos introductorios:

a. Con todo lo que estudia, y no obtiene buenos resultados.

b. Una palabra más y nos vamos.

c. Lo haremos como digo, opines lo que opines.

d. Como vuelva a distraerse, le llamaré la atención.

e. Se lleva todo el día trabajando y gana muy poco.

f. Por mucho que lo digas, no lo va a entender.

18 Localiza en el siguiente texto las oraciones subordinadas, di cuál es su tipo y su valor semántico. Explica también por qué crees que presentan el modo verbal que en ellas aparece:

> 3. Si la solicitud fuese defectuosa o la documentación incompleta, la Dirección de Competitividad requerirá a la entidad solicitante para que en el plazo de diez días subsane las faltas o acompañe los documentos preceptivos, con indicación de que, si no lo hiciese, se le tendrá por desistida de su petición, previa resolución que se dictará en los términos del artículo 42 de la Ley 30/1992, de 26 de noviembre.
>
> http://www.xunta.es

COMPRA EL TÍTULO Y VALÍDALO SIEMPRE AL SUBIR AL TRANVÍA

– Aunque subas por primera vez.
– Aunque hagas un trayecto corto.
– Aunque el tranvía vaya lleno.
– Aunque tengas un título temporal (T-Día, T-50, T-Mes, T-Trimestre, T-Familiar, T-Joven, títulos turísticos).
– Aunque vengas de otro medio de transporte.

19 Utiliza cinco oraciones comparativas para hacer una descripción conjunta de estas dos fotografías. Después, indica cuál es el cuantificador complementado en cada una de las oraciones y qué tipo de relación de comparación establece.

20 En cada una de las oraciones de la tabla:

a. Identifica cuál es el cuantificador.

b. Subraya cuál es la oración que lo complementa.

c. Di si se trata de una oración consecutiva o comparativa.

ORACIÓN	CUANTIFICADOR	TIPO DE ORACIÓN
Corría con tanto ímpetu que se cansó muy pronto.		
Tenemos más probabilidades de ganar que de perder.		
Vinieron tantos a felicitarlo que quedó abrumado por la emoción.		
Leyó menos libros durante el verano que durante el invierno.		

21 Analiza sintácticamente la oración subrayada y explica cómo el uso de esas oraciones apoya el sentido del fragmento.

> Fue un beso tan corto
> que duró más que un relámpago,
> que un milagro, más.
>
> Pedro Salinas: *Poemas de amor.* Lumen.

22 Distingue cuándo las locuciones prepositivas *de manera que* y *de modo que* tienen valor consecutivo o de modo:

a. Terminamos el trabajo de modo que quedó perfecto.

b. Todo se hizo con tiempo suficiente, de modo que el trabajo se entregó a tiempo.

c. Todo estaba dispuesto a la perfección de tal manera que no hubo peligro para los asistentes.

d. Se preparará todo de manera que no haya ningún peligro para los asistentes.

23 Las consecutivas son muy utilizadas para crear hipérboles, exageraciones desmesuradas que muchas veces tienen valor cómico. Indica en estas expresiones cuál es la oración consecutiva que contiene la exageración. ¿Cuál es la función de *tan* en todas ellas?

a. Había un hombre tan alto, tan alto, que se comió un yogur y le llegó al estómago caducado.

b. Había un señor tan pequeño, tan pequeño, que en vez de viajar en metro viajaba en centímetro.

24 Organiza el contenido de esta normativa de inventario atendiendo a las relaciones de causa y consecuencia.

> Desaparece la firma del responsable de la dependencia, ya que esta firma no solo retrasa el certificado de inventario, sino que además no sirve para crear conciencia de dicha responsabilidad, así que se propone que sea el responsable de la Unidad de Gasto quien asuma la tarea de velar por el correcto etiquetado y localización de su inventario, ya que en la última auditoría realizada se observó una mayor eficacia del inventario en aquellos sitios en los que existía una preocupación interna por él.
>
> http://www2.uca.es

..... | .....

causa

Desaparece la firma del responsable de la dependencia

consecuencia

.....

causa

.....

EVALUACIÓN

La Orden 2509/2013, de 1 de agosto, de la Consejería de Educación, Juventud y Deporte (BOCM 09.08.2013), establece el procedimiento de admisión de alumnos en centros sostenidos con fondos públicos para cursar Formación Profesional de Grado Medio. [...]

Con el fin de organizar el proceso de admisión de alumnos en centros sostenidos con fondos públicos de la Comunidad de Madrid, para cursar Ciclos Formativos de Grado Medio durante el curso académico 2015-2016, estas direcciones generales dictan las siguientes

INSTRUCCIONES

I. PROCESO DE ADMISIÓN EN CENTROS SOSTENIDOS CON FONDOS PÚBLICOS

1. Solicitudes de admisión: Plazo y lugar de presentación de la instancia de solicitud.

El plazo para presentación de las solicitudes de admisión será desde el **24** de **junio** al **3** de **julio** de **2015**, ambas fechas incluidas.

Para los alumnos que obtengan el título de Graduado en Educación Secundaria en la convocatoria extraordinaria del mes de septiembre, dicho plazo se trasladará al período extraordinario comprendido entre el **7** y el **10** de dicho mes, ambas fechas incluidas.

Cada solicitante podrá presentar únicamente **UNA INSTANCIA DE SOLICITUD** de admisión. La instancia se cumplimentará por triplicado, entregándose en la secretaría del centro que el solicitante señale como primera opción.

Si el Servicio de apoyo a la escolarización tuviese conocimiento de que un solicitante ha presentado más de una instancia de solicitud, solo le adjudicará plaza, si aun quedaran vacantes, una vez que se hubieran matriculado quienes presentaron la instancia conforme al procedimiento establecido.

www.madrid.org

1 ¿Quién es el emisor de este texto? ¿A quién va dirigido?

2 ¿Cómo identificas el tema de este artículo? ¿Qué tipo de información crees que se podría incluir en los siguientes artículos de las instrucciones? Escribe, a imitación de este texto, unas normas para obtener el carné de socio de un club de lectura que inventes para tu centro.

3 Di cuáles de estas afirmaciones son ciertas. En el caso de las falsas, vuélvelas a escribir de modo que den la información correcta:

a. Si Juan obtiene el título de 4.º de ESO en la convocatoria de junio, tendrá que presentar su solicitud del 7 al 10 de septiembre.

b. Ana debe hacer tres copias de su solicitud para entregar una en cada centro solicitado.

c. María entregó dos instancias de solicitud, de manera que, en caso de que se descubra esta circunstancia, no tendrá plaza en ningún ciclo.

d. Luis se ha enterado, con fecha de 6 de septiembre, de que ha obtenido el título de Graduado en ESO. Al día siguiente puede entregar la solicitud para entrar en un Ciclo Formativo de Grado Medio.

4 Localiza en el texto una construcción absoluta de participio e indica cuál es su sujeto. Señala también una oración de gerundio y explica si su uso es normativo, de forma justificada.

5 Indica cuántas subordinadas adverbiales hay en el último párrafo y de qué tipo son.

6 Sustituye la expresión introducida por «conforme» por otra que incluya una subordinada. ¿De qué tipo sería?

EVALUACIÓN

1 Las normativas y disposiciones legales son:

a. Textos descriptivos, pues dicen cómo son las circunstancias de cada caso legal.

b. Textos narrativos, pues cuentan cómo se ha llegado a la situación que proponen.

c. Textos instructivos, pues dan unas pautas de funcionamiento de obligado cumplimiento.

d. Textos argumentativos, pues indican por qué es preciso que se cumplan las normas que constan en ellos.

2 Di cuáles de los siguientes rasgos propios de las normativas y disposiciones legales aparecen en este fragmento del BOE:

> *4. Titulación y otros requisitos de participación*
>
> En el caso de titulaciones obtenidas en el extranjero se deberá estar en posesión de la credencial que acredite su homologación o convalidación en su caso, a efectos académicos y profesionales. Este requisito no será de aplicación a los aspirantes que hubieran obtenido el reconocimiento de su calificación profesional, en el ámbito de las profesiones reguladas, al amparo de las Disposiciones del Derecho de la Unión Europea.
>
> BOE, 263, 3 nov 2015

a. Ordenación en epígrafes.

b. Formas de tercera persona.

c. Formas del imperativo.

d. Sustantivos abstractos.

e. Uso del futuro con valor imperativo.

f. Terminología específica.

3 Di en cuáles de las siguientes oraciones se hace un uso normativo del gerundio:

a. Presenté todos los papeles, obteniendo la plaza por méritos quince días después.

b. Han publicado unas instrucciones pensando que así será más fácil que todos cumplan los requisitos.

c. Descubrieron al aspirante copiando en el examen y lo suspendieron por ello.

d. Descubrieron la trampa usando un detector de plagio.

e. Han enviado un BOE conteniendo todas las instrucciones para solicitar el puesto.

4 Señala cuál es la afirmación correcta sobre este texto:

> Los usuarios deberán mostrar su carné de usuario a la entrada y salida de la Institución cuando el personal de la BNE, debidamente identificado, lo solicite.
>
> www.bne.es

a. Hay una subordinada temporal que abarca de «cuando» a «solicite».

b. Hay una subordinada temporal que abarca de «cuando» a «BNE».

c. Hay una subordinada temporal de participio cuyo núcleo es «identificado».

d. Hay una subordinada temporal que abarca de «debidamente» a «solicite».

5 Señala todas las respuestas correctas sobre el nexo *como:*

a. Siempre tiene valor de modo.

b. Puede ser un adverbio relativo que puede llevar o no antecedente.

c. Puede tener valor de modo, condición y causa.

d. Encabeza siempre oraciones de relativo libres.

6 A partir de este fragmento, di si son verdaderas o falsas las siguientes afirmaciones:

> El cansancio acumulado era tanto que ya apenas lo sentía, pero en ningún momento se permitió un breve descanso, porque adivinaba que después sería incapaz de volver a ponerse en marcha.
>
> Manuel ALONSO: *Juego de adultos.* El Barco de Vapor

a. En el fragmento hay una oración subordinada consecutiva y una causal.

b. El nexo «que» de la primera línea tiene valor causal.

c. En el fragmento hay una oración subordinada comparativa de igualdad.

d. El sujeto de «sentía» es el mismo que el de «era».

DIARIO DE APRENDIZAJE

¿He cumplido el objetivo que me planteé en esta unidad?

Flippeando las infografías

TRABAJO COOPERATIVO

EN CASA

A continuación te presentamos algunas tareas que deberás realizar en casa para, después, completar las actividades que realizaremos todos juntos en clase. Los pasos que tendrás que seguir son muy sencillos.

1 Vídeo y ejemplos de infografías

Busca en YouTube el vídeo *¿Qué es, para qué y cómo hacer una infografía?*, de Montenegroagencia. Toma nota, mientras lo ves de las ideas más importantes y contrasta esta información con la de tu libro de texto sobre este contenido.

Busca, luego, al menos dos ejemplos de infografías para llevar a clase.

EN CLASE

El trabajo que has realizado en casa te va a permitir ahora, en clase, relacionar y comprender mejor los contenidos con los que vamos a trabajar.

1 Resolución de dudas

Comenzaremos resolviendo las dudas que nos hayan surgido al ver el vídeo, bien en los grupos de trabajo habituales, bien en el grupo clase en general.

2 Análisis de infografías

En grupos, compartiremos las infografías buscadas en casa. Identificaremos sus características y completaremos la información del vídeo y del libro de texto con algún otro aspecto que se haya deducido de los ejemplos analizados.

3 Proyecto de creación de una infografía

En esta tarea, los grupos van a pensar y redactar los pasos previos a la realización y diseño de la infografía. En otras palabras, cada grupo deberá preparar el proyecto de creación de una infografía sobre el tema elegido.

Para la elección del tema, se puede pensar en un contenido de esta asignatura que pueda ser explicado a través de una infografía: vida y obra de un escritor, comparación de dos tipos de texto, explicación de un contenido gramatical…

Recordad que para que los pasos queden claros, el tipo de lenguaje que se utilice debe ser muy preciso. Asimismo, cuidad convenientemente la estructura del proyecto.

Compartid el proyecto de creación de la infografía con la clase a través de GoConqr, para que cada grupo elija uno de los proyectos realizados por otro grupo.

4 Diseño de la infografía

Seguid los siguientes pasos:

- Una vez elegido el proyecto que vais a desarrollar, lo evaluaréis siguiendo la rúbrica que os facilitará vuestro profesor. Entre otros aspectos, comprobad que la información del proyecto está expresada correctamente y no existe ambigüedad u otro tipo de problema que afecte a la comunicación del mensaje. Si en algún momento se detectara alguna incongruencia o ambigüedad en la redacción, debéis anotar dónde ocurre el problema y pedir al grupo que ha redactado el proyecto que os aclare la duda.
- Seguid los pasos incluidos en el proyecto para proceder con el diseño de la infografía. Podéis utilizar una herramienta de diseño como Genial.ly, Easel.ly, Piktochart o Canvas.
- Compartid vuestra infografía a través de GoConqr.

PBL. Gestión de reclamaciones

TRABAJO COOPERATIVO

Los siguientes problemas debéis resolverlos en grupo. Después de leerlos, el profesor os indicará con qué recursos contáis para el trabajo y cómo debéis presentar el producto final.

- Tu padre llega a casa indignado. Hoy le han puesto una multa de tráfico por una causa, a su parecer, injusta. Quiere escribir una reclamación a Jefatura de Tráfico exponiendo la situación y reclamando la retirada de dicha multa.
- Ayer por la tarde salió la nota del último examen que tu hermana ha realizado en la facultad donde estudia. Ha llegado desanimada a casa porque esperaba una calificación mucho más alta de la obtenida. Ha pensado escribir una reclamación al profesor para exigirle, educadamente, la visualización del examen y exponerle su descontento por la corrección realizada.
- Después de pasar todo el año ahorrando para pasar las vacaciones en Londres, el viaje de tus padres ha resultado mucho peor de lo prometido y contratado en la agencia. Tras hacer caso omiso de las quejas que, personalmente, realizaron en la empresa, se disponen a redactar una queja formal para reclamar la indemnización.
- Los compañeros de clase os habéis puesto de acuerdo para escribir una reclamación al director del colegio ya que ha incumplido la promesa que había hecho a propósito de abrir por la tarde la biblioteca del centro para poder estudiar allí en grupos.

Evalúa tu **talento emprendedor**

Te proponemos que realices esta autoevaluación teniendo en cuenta el trabajo que has realizado en el desarrollo de alguna de las propuestas de esta sección o de alguna otra tarea realizada a lo largo de este trimestre.

AUTOEVALUACIÓN

	NIVEL MAESTRO	NIVEL AVANZADO	NIVEL APRENDIZ	NIVEL INICIAL
1. Utilizas el modo eficaz de lenguaje para relacionarte mejor y lograr objetivos en tus interacciones sociales.	He utilizado con eficacia el lenguaje para el desarrollo de mis tareas.	He utilizado el lenguaje con un nivel suficiente para lograr terminar adecuadamente las tareas.	He utilizado el lenguaje, pero necesito hacerlo con más eficacia para lograr mejores resultados.	Necesito mejorar mi uso del lenguaje, ya que mis resultados no me satisfacen del todo.
2. Cooperas y trabajas en equipo con otras personas de tu entorno académico y social, fomentando relaciones constructivas.	Se me ha dado muy bien cooperar y trabajar en equipo, haciendo que otros también colaboren y cooperen.	Me ha gustado cooperar y trabajar en equipo, aunque a veces he tenido dificultades para trabajar en equipo con algunas personas.	He tenido dificultades para cooperar, me falta saber cómo hacerlo y tener más experiencia.	Me ha costado trabajar en equipo, ya que prefiero hacer las cosas por mí mismo, que es lo que he hecho siempre.

Las zapatillas

SIÉNTASE CÓMODO CON SUS ZAPATILLAS DEPORTIVAS

Durante 14 años el Centro de medicina deportiva de Lyon (Francia) ha estado estudiando las lesiones de los jóvenes deportistas y de los deportistas profesionales. El estudio ha establecido que la mejor medida a tomar es la prevención... y unas buenas zapatillas deportivas.

Golpes, caídas, desgastes y desgarros

El 18 por ciento de los deportistas de entre 8 y 12 años ya tiene lesiones de talón. El cartílago del tobillo de los futbolistas no responde bien a los golpes y el 25 por ciento de los profesionales han descubierto ellos mismos que es un punto especialmente débil. También el cartílago de la delicada articulación de la rodilla puede resultar dañado de forma irreparable y si no se toman las precauciones adecuadas desde la infancia (10-12 años), esto puede causar una artritis ósea prematura. Tampoco la cadera escapa a estos daños y en especial cuando está cansado, el jugador corre el riesgo de sufrir fracturas como resultado de las caídas o colisiones.

De acuerdo con el estudio, los futbolistas que llevan jugando más de diez años experimentan un crecimiento irregular de los huesos de la tibia o el talón. Esto es lo que se conoce como «pie de futbolista», una deformación causada por los zapatos con suelas y hormas demasiado flexibles.

Proteger, sujetar, estabilizar, absorber

Si una zapatilla es demasiado rígida, dificulta el movimiento. Si es demasiado flexible, incrementa el riesgo de lesiones y esguinces. Un buen calzado deportivo debe cumplir cuatro requisitos. En primer lugar, debe proporcionar protección contra factores externos: resistir los impactos del balón o de otro jugador, defender de la irregularidad del terreno y mantener el pie caliente y seco, incluso con lluvia y frío intenso. Debe dar sujeción al pie, y en especial a la articulación del tobillo para evitar esguinces, hinchazón y otros problemas que pueden incluso afectar a la rodilla.

También debe proporcionar una buena estabilidad al jugador, de modo que no resbale en suelo mojado o no tropiece en superficies demasiado secas.

Finalmente, debe amortiguar los golpes, especialmente los que sufren los jugadores de voleibol y baloncesto que continuamente están saltando.

Pies secos

Para evitar molestias menores, pero dolorosas, como ampollas, grietas o «pie de atleta» (infección por hongos), el calzado debe permitir la evaporación del sudor y evitar que penetre la humedad exterior. El material ideal es el cuero, que puede haber sido impermeabilizado para evitar que se empape en cuanto llueva.

fuente: INEE

PREGUNTAS

1 ¿Qué intenta demostrar el autor en este texto?

a. Que la calidad de muchas zapatillas deportivas ha mejorado mucho.

b. Que es mejor no jugar al fútbol si eres menor de 12 años.

c. Que los jóvenes sufren cada vez más lesiones debido a su baja forma física.

d. Que es muy importante para los deportistas jóvenes calzar unas buenas zapatillas deportivas.

2 Según el artículo, ¿por qué no deberían ser demasiado rígidas las zapatillas deportivas?

3 Una parte del artículo afirma: «Un buen calzado deportivo debe cumplir cuatro requisitos.» ¿Cuáles son esos requisitos?

4 Fíjate en esta frase que está casi al final del artículo. Aquí se presenta en dos partes: «Para evitar molestias menores, pero dolorosas, como ampollas, grietas o "pie de atleta" (infección por hongos)» (primera parte); «el calzado debe permitir la evaporación del sudor y evitar que penetre la humedad exterior» (segunda parte).

¿Cuál es la relación entre la primera y la segunda parte de la frase?

La segunda parte…

a. Contradice la primera parte.

b. Repite la primera parte.

c. Describe el problema planteado en la primera parte.

d. Describe la solución al problema planteado en la primera parte.

Gógar y el misterio del punto infinito

José Luis Saorín

José Luis Saorín nació en Cartagena en 1967. Estudió Ingeniería Industrial y ahora imparte clases de dibujo técnico en la Universidad de La Laguna. José Luis es un gran aficionado al dibujo y la lectura. Le gusta escribir un poco de todo y para todos, colabora con periódicos locales y ha recibido algunos premios literarios por sus cuentos.

ARGUMENTO

Domingo García, un joven agente de seguros, realiza una llamada de teléfono al azar, en una tarde de aburrimiento, que le va a cambiar la vida. De repente, se encuentra con el cadáver de Jorge Rellat en una biblioteca. Incapaz de dominar su curiosidad, Domingo pone en acción a su otro yo, el detective Gógar, y empieza a investigar un misterio relacionado con *El Aleph*, de Borges, y el punto infinito.

Las hipótesis barajadas por la policía se orientan hacia el ajuste de cuentas, ya que el muerto es un pequeño traficante de cocaína. Pero Gógar descubre un móvil mucho más complejo al leer un manuscrito que ha dejado Jorge Rellat: allí los hombres grises del libro *Momo* y otros personajes ficticios desean drogar a la humanidad para consumir su energía y relegarla al mundo de la imaginación, mientras ellos conquistan la realidad. Estos seres imaginarios empezaron a viajar de unos libros a otros a través de ciertos puntos, como el Aleph. Sin embargo, ahora, gracias al ciberespacio, todo se ha simplificado.

Gógar ha determinado colaborar con la atractiva comisaría que lleva el caso, pero solamente se atreve a hacer partícipe de su descubrimiento sobre el complot literario a Pelusa, una chica que ha conocido en un cibercafé. La trama se complica cuando el editor al que Gógar ha entregado el manuscrito es asesinado. Pero poco a poco las piezas empiezan a encajar y Gógar, con la ayuda de su amiga experta en Internet, consigue atacar al cerebro de la operación, un ordenador central. Los personajes literarios no tendrán más remedio que abandonar su sueño de ocupar el espacio de los humanos.

TEMAS

1. La falta de límites entre la realidad y la imaginación. La novela plantea la posibilidad de pasar de un espacio a otro gracias a las redes de comunicación electrónica; también juega con la posibilidad de la literatura para crear el mismo efecto de ilusión.
2. El poder que ejerce la lectura y los mundos ficticios sobre los lectores.
3. Los peligros y las ventajas de Internet.
4. Las posibilidades de difusión de la red.
5. La necesidad de evasión del ser humano y el consumo de drogas.
6. El influjo de los cibercafés y los *chat* en las relaciones sociales. Gógar, por ejemplo, conoce a Pelusa en uno de estos lugares, y esta mantiene el contacto con su novio a través de la red.

Juegos inocentes juegos

Ricardo Gómez

Ricardo Gómez (Madrid, 1954) es uno de los más destacados autores de literatura infantil y juvenil de la actualidad. Ha sido profesor de Matemáticas, lo que se traduce en sus novelas tanto en el interés por los temas científicos y tecnológicos como por su conocimiento de la psicología de los adolescentes. Ha cultivado también la literatura adulta y la divulgación científica. En el ámbito de la literatura juvenil el catálogo de sus obras es muy extenso: destacan títulos como *Bruno y la casa del espejo, Zigurat, Diario de un campo de barro, El contador de estrellas o La isla de Nuncameolvides*. Hablando de sí mismo, escribe: «Me repugnan la injusticia y la barbarie. Odio a los que promueven la guerra. No comprendo cómo permitimos que haya hambre en el planeta. Desprecio a quienes se enriquecen a costa ajena. Creo que os podéis hacer una idea de a qué lado estoy».

ARGUMENTO

Sebastian (sin tilde) se considera a sí mismo un chico difícil. Vive en el barrio madrileño de Vallecas y repite curso de bachillerato en un instituto. Pero hay algo que lo hace diferente: hace tiempo trabaja desde el ordenador de su casa como probador de videojuegos y consigue con ello unos ingresos que le permiten ayudar a la economía familiar. La Fábrica, que es la empresa que le hace los encargos, le exige que no revele este trabajo a nadie, ni siquiera a su madre, la cual se teme que el dinero proceda de un origen oscuro y se alarma con las llamadas de una tal Catarina, quien ejerce de contacto de La Fábrica con el chico. Para entrar en los videojuegos, Sebastian utiliza el *nick* de Assassin, El Asesino.

A través de sus recuerdos y reflexiones, vamos conociendo más de la vida de Sebastian. De niño, su padre lo matriculó en una academia de mecanografía para que adquiriera agilidad en los dedos, con la idea de convertirlo en pianista. Pero esa habilidad le ha servido para manejar los teclados y convertirse, desde temprana edad, en un experto en programas y aplicaciones informáticas. Ningún código parece tener secretos para él, que es capaz de *craquear* cualquier videojuego o programa. Un día descubre un fallo en un videojuego y se lo comunica a la compañía responsable. Desde entonces pasó a ser probador de videojuegos. Contentos con su trabajo, le ofrecen pruebas cada vez más difíciles. En la actualidad le envían misiones virtuales para realizar con *drones* o aviones sin tripulación. Ha alcanzado el nivel A, aunque todavía existen el A+ y el A++.

También conocemos su historia familiar, que viene marcada por un suceso trágico, la muerte de su hermana Lucía, con apenas doce años, a causa de una encefalitis. Poco después su padre abandonó la casa; ahora está con otra mujer y bebe más de la cuenta. La madre, por su parte, trabaja para sacar adelante la casa, y aunque Sebastian se comunica poco con ella y la mantiene al margen de su vida, le tiene cariño y procura ayudarla económicamente.

TEMAS

1. Los videojuegos. Adicción, violencia, pros y contras.
2. *Los drones.* Su uso militar.
3. La adolescencia. Sentimientos de soledad, el instituto, la rebeldía.
4. Las relaciones familiares. Falta de comunicación, familias desestructuradas, la muerte de un familiar.
5. Las lecturas. La biblioteca, los cómics y aventuras gráficas.
6. La amistad y el amor entre adolescentes.
7. La guerra tecnológica y el conflicto de Oriente Medio.
8. Realidad y fantasía, dificultad para distinguirlas en los juegos virtuales.

ACTIVIDADES

1 Completa con *b* o *v* las palabras.

a. Si ..①..ienes pronto, podremos ir juntos al concierto.

b. Se ha disfrazado de bruja y se ha puesto una ..②..erruga en la nariz.

c. El culpado aseguró que pedirá la re..③..ocación de la sentencia.

d. Se dice que Lope de Vega tu..④..o 17 hijos.

e. Varios arqueólogos estiman que los a..⑤..orígenes llegaron al continente australiano por primera vez hace unos 45 000 años.

2 Elige la palabra correcta.

a. ¡Ojalá *haya* / *alla* algo que podamos hacer!

b. ¡Ojo! No *vayas* / *vallas* a saltar la vaya / valla.

c. *Calló* / *Cayó* dando volteretas al saltar pero no se hizo daño.

d. Hemos reformado el piso y hemos puesto papel *rayado* / *rallado* en el salón.

e. Para la cultura *maya* / *malla* el maíz fue la base de su alimentación diaria.

3 Corrige la palabra errónea de cada serie.

a. ajedrez / ejecutiva / geroglífico / paradójico

b. gefatura / genial / genio / generosidad

c. porcentaje / aterrizaje / propaje / lenguaje

d. crugir / proteger / tejer / rugir

e. trajiste / digera / dedujiste / redujiste

4 Completa con *h* las palabras en los casos que sea preciso.

a. Las ..①..uchas tenían forma de cerdito porque este animal siempre ha sido sinónimo de abundancia y prosperidad.

b. El comisario ..②..a dicho que habían adelantado mucho en la investigación.

c. La finalización de las obras de ..③..abastecimiento de agua a Pontevedra y su ría llevará consigo un importante ahorro energético.

d. Para el entrenamiento de waterpolo salgo ..④..a nadar todos los días de la semana.

e. ¿Qué muletillas usas ..⑤..a menudo?

5 Elige la palabra correcta en cada caso.

a. Se preguntaba *cómo* / como iba a poder hacerlo, si no sabía por *donde* / *dónde* empezar.

b. Llegó la primavera y se olvidaron de *el* / *él*.

c. Coge *tu* / *tú* abrigo y *vámonos* / *vamonos*.

d. *Aun* / *Aún* ellos saben que no se debe hacer.

6 Pon la tilde en las palabras en cursiva en los casos que sea preciso.

a. Si te lo digo yo, *creetelo*.

b. Con la humedad se ha creado *moho* en las paredes.

c. Le encantaba *oir* a su hijo *reir* a carcajadas.

d. Me lo compré yo, es *mio*.

7 Copia el texto y coloca las tildes.

> Se levanta muy mono, se ajusta la cintura de los pantalones y viene hacia mi. Me da dos besos y se sienta en el sofa.
>
> — Bueno, ya era hora de que se te viera el pelo –me dice sonriente.
>
> — Bien, pues tu diras.
> — No; diras tu. ¿No querias tu hablar conmigo?
> — Es verdad –se cubre la cara con las dos manos y se las va pasando hacia la frente y por toda la cabeza, dejandolas a ambos lados del cuello.
> — Desde que estoy aqui, no he tenido un minuto de respiro.
> — Me lo imagino.
> — No te lo imaginas.
> «Esta bien, no me lo imagino de todas maneras me importa un bledo. No empieces a contarme tu vida, guapo», pienso.
>
> — Voy a cambiar todo. Voy a sacudir este periodico de la apatia en la que habia entrado. Voy a haceros trabajar el doble a todos para que los lectores se diviertan tambien el doble y nos compren el triple.
>
> Carmen Rico-Godoy: *Cómo ser una mujer y no morir en el intento.* Planeta de libros.

8 Sustituye los números por alguno de estos signos de puntuación: . , ; « »

A mi hermano Rafael no le importaban los cuentos y las revistas..①.. Él tenía buena mano para los animales..②.. era el dueño de un par de chivos que mi papá le había dado desde que estaban chiquitos..③.. Y él los alimentaba con yerba de la huerta y de las que crecían a la orilla del río..④.. Y también eran suyas las palomas de los palomares..⑤.. Y lo curioso era que eran muchas y a todas las conocía y tenían nombre propio..⑥.. Palomas blancas y moradas..⑦.. A veces..⑧.. cuando estábamos en el río..⑨.. volteaba al cielo y decía..⑩.. ..⑪..Allá va Romañona..⑫.. ..⑬.. Ya adulto..⑭.. tengo que aceptar que había una rivalidad que apenas afloraba..⑮.. que apenas se notaba..⑯.. entre nosotros dos..⑰.. él era el hijo de mi padre..⑱.. y yo..⑲.. el de mi madre..⑳..

Severino Salazar: «Libro Corazón», en *Los mejores cuentos mejicanos*. Ed. Planeta México

9 Responde a las siguientes preguntas sobre el texto que sigue a continuación.

a. Explica diez reglas de ortografía que puedas ejemplificar con palabras tomadas de este texto.

b. Escribe una respuesta para la pregunta que se formula en el texto. Pide a un compañero que te la corrija y haz una valoración crítica de tu dominio de la ortografía.

¿Aprobarías a un alumno de universidad que escribe muchas faltas de ortografía?

Imaginemos el siguiente escenario: un alumno de universidad aprueba un examen con una nota de 6 sobre 10. El profesor se encuentra ante un dilema: el examen está plagado de faltas de ortografía y ahora duda entre aprobarlo y suspenderlo. Estas son algunas de esas faltas de ortografía que ha subrayado en rojo: *habrir* (en vez de *abrir*), *becino* (en vez de *vecino*), *a ido* (en vez de *ha ido*), *pais* (en vez de *país*), *asfixia* (en vez de *asfixia*), *jente* (en vez de *gente*)…

¿Crees que el profesor debería suspender el examen por las faltas de ortografía o, por el contrario, debería aprobarlo a pesar de ellas?

Le he hecho esta pregunta a numerosas personas (escritores, libreros, profesores, correctores, etcétera) y esto es lo que han respondido:

Miguel Díez (profesor y autor de ensayos sobre literatura)

En el caso que planteas pienso que el profesor debería suspender, sin ninguna duda, a ese alumno por ese tipo de faltas de ortografía tan abundantes e importantes. A un universitario hay que exigirle un nivel ortográfico mínimamente aceptable.

Gloria Díez (periodista y poeta)

Desde mi punto de vista, no se puede aprobar a un alumno universitario que pone «habrir» y «vecino». Otra cosa es que existiera una sola falta, que podría atribuirse a los nervios del examen, a un lapsus… pero ese conjunto, a mí me parece descalificador.

En todo caso, podría aprobar, pongo por caso la química inorgánica con un 6, bajo la condición de hacer un cursillo de ortografía. Iba a ser por su bien.

Felipe Samarán Saló (profesor universitario)

Sus-pen-so. Si el mejor cirujano del mundo me escribe una nota médica en la que (suponiendo que entienda su letra) dice: «El paziente deveria operarse de hapendizitis», el resultado sería que NO ME OPERARÍA CON ÉL. Del mismo modo que entiendo que nadie dejaría hacer su casa por un arquitecto que no sabe encontrar el «orizonte» ni se sentiría seguro volando con un piloto que diga «zeñorah y zeñoreh, apretense bien er cinto, que en na y menoh eschamoh a volá». Educación integral implica que desde la forma de vestir, a la forma de hablar o escribir, son relevantes. Y quien no tuvo tiempo de aprender a escribir, antes de seguir en su camino personal debe hacer una ineludible pausa y ponerse al día de su educación superior.

http://correccionyestilo.com/aprobar-alumno-faltas-de-ortografia/

La *tipología* o *tipo de texto* clasifica los textos según su **intención comunicativa,** su **estructura** y los **elementos lingüísticos** que en ellos se encuentran.

Estos parámetros se relacionan entre sí, pues cada tipo de texto se utiliza con una finalidad o intención y presenta una estructura que resulta apropiada para ella.

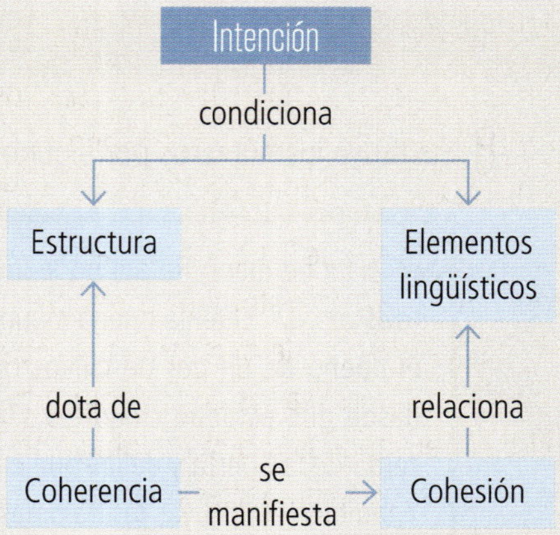

- La **intención comunicativa** responde a la función que el hablante pretende conseguir con el texto: informar sobre un hecho, decir cómo es un objeto, mover a la acción, explicar un fenómeno complejo…
- Cada tipo de texto prefiere una ordenación del discurso diferente y elige, por tanto, una ordenación temática y unos mecanismos de cohesión distintos: una receta de cocina sigue una secuencia temporal, mientras que una visita turística, probablemente, se atiene a un orden en el espacio. Esto se manifestará en conectores como *a continuación, después, finalmente*, en el primer caso, y *a su derecha, de frente, al fondo*, en el segundo.

Además, cada tipo de texto puede presentar en su **estructura** una **división específica en partes visuales u orales.** Así, el teatro se define por usar el diálogo, en forma de turnos de palabra, y acotaciones; una noticia, por su parte, incluye titulares, entradilla y cuerpo…

- Los **elementos lingüísticos** que se asocian con una tipología determinada son:
  - El predominio de unas categorías gramaticales específicas.
  - La aparición de un tipo de verbos y formas verbales (persona, tiempo y modo) adecuadas al fin comunicativo.
  - Un léxico concreto, si bien este está determinado por el tema del texto más que por su tipología. Con todo, el léxico científico y humanístico se asocia con la exposición, por ejemplo, y los términos abstractos suelen aparecer en la exposición y la argumentación.

A pesar de la independencia entre la tipología y otros factores de clasificación de textos, hay ciertas correlaciones entre ellos: por ejemplo, los temas de fantasía no suelen usar la exposición o la argumentación, y los temas científicos, en cambio, sí.

Estos tres parámetros dan lugar a **cinco tipologías básicas:** narración, descripción, exposición, argumentación y diálogo. A su vez, estas se combinan en tipos complejos en las que destaca una u otra. Por ejemplo, una novela será marcadamente narrativa y una conversación es dialogada.

Las diferencias entre las tipologías textuales se mantienen constantes independientemente del tema que trate el texto y de la situación (formal o informal), canal (oral o escrito) o medio (estático o dinámico) en que aparezca. Así, una noticia de radio y un cuento en un libro infantil son textos de tipología narrativa, y un texto descriptivo puede ser un poema de amor o una entrada de un diccionario.

Por ejemplo, un texto que tenga por tema «el tenis» puede manifestarse en distintas tipologías, medios y canales:

Narración	Descripción	Exposición	Argumentación	Diálogo
Crónica de la final de un torneo en la radio.	Web sobre distintos tipos de pelota según el campo para el que se utilicen.	Entrada en una enciclopedia sobre el tenis.	Conferencia sobre por qué es beneficioso para la salud practicar tenis.	Conversación sobre qué raqueta quiere adquirir un miembro de un grupo de amigos.

La narración

En la narración se muestran unos hechos que ocurren a unos personajes en un lugar y un tiempo determinados. Estos hechos son presentados por una voz narrativa o narrador, desde cuyo punto de vista se presenta la historia.

La **estructura** de un texto narrativo se basa en la secuencia temporal de los hechos, que constituye la historia (con planteamiento, nudo y desenlace), aunque el discurso, es decir, la forma de presentarla, puede alterar dicha secuencia o modificar su ritmo, mediante elipsis (saltos en el tiempo) o digresiones (inserción de fragmentos de narraciones secundarias u otras tipologías). Cada tipo de texto narrativo presenta una estructura externa en partes diferente.

En el **aspecto lingüístico,** la narración presenta abundancia de conectores temporales y verbos, que suelen ser de tipo **predicativo** e ir acompañados por complementos que indican las circunstancias en que sucede lo relatado. Los tiempos más utilizados son los tiempos del *pasado* y el presente histórico. El léxico se refiere, en muchas ocasiones, a **acciones**, lugares y **objetos**.

La **narración** por excelencia es la literaria (cuento, novela), pero también es frecuente en textos de ámbito personal (diarios, correos electrónicos) y de los medios de comunicación (noticia, crónica). La biografía es un tipo de texto puramente narrativo, con un personaje protagonista cuya vida se narra en tercera o en primera persona (autobiografía).

> Ursula Wölfel **se cuenta** entre los más arraigados y polifacéticos autores alemanes de **libros** infantiles y juveniles. ***Nació*** en 1922 en la cuenca del Ruhr y ***estudió*** filología alemana en Heidelberg. Tras la Segunda Guerra Mundial ***trabajó*** como ayudante escolar y, más tarde, ***cursó*** la carrera de pedagogía. Después ***trabajó*** en una escuela de educación especial de Darmstadt. Desde 1961 es escritora independiente y en la actualidad **vive** en Odenwald.
>
> http://www.goethe.de

La descripción

La descripción se utiliza para decir cómo es una realidad. Dependiendo de cuál sea esa realidad, la **estructura**, reforzada por los conectores adecuados, será de tipo espacial, estática o dinámica, objetiva o subjetiva, etc.

En el **aspecto lingüístico,** abundan los adjetivos y los sustantivos con complementos preposicionales, así como los verbos de tipo atributivo, normalmente **en tercera persona.** Según el grado de objetividad que presente el texto, los adjetivos serán más descriptivos y con valor especificativo (para las descripciones objetivas científicas, por ejemplo) o valorativos y con valor explicativo (en las descripciones subjetivas literarias, por ejemplo). Las descripciones subjetivas incluirán modalizadores, comparaciones o verbos de percepción, para mostrar la perspectiva de quien describe, mientras que las objetivas tendrán mayor abundancia de impersonales y pasivas, pues no consideran al sujeto que percibe.

La **descripción** es frecuente dentro de narraciones literarias extensas, como en este ejemplo, o en forma de poemas líricos, pero también en textos científicos y técnicos, como parte de la exposición, en textos publicitarios y en los medios de comunicación y de ámbito personal. En el terreno académico es muy frecuente en diccionarios, enciclopedias y libros de texto.

> **Era** mucho más alta que Bastián y muy hermosa. **Vestía** una larga túnica de seda violeta, sus cabellos **eran** rojos como el fuego y los **llevaba** recogidos en un extraño peinado de trenzas y coletas. Su rostro **era** pálido como el mármol y pálidas **eran** sus manos largas y delgadas. Su mirada **era** extraña y turbadora, y Bastián necesitó algún tiempo para comprender a qué **se debía: tenía** dos ojos distintos, uno verde y otro rojo. **Parecía** tener miedo de Bastián, porque **temblaba**.
>
> Michael Ende: *La historia interminable.* Alfaguara

La exposición

La exposición es el tipo de texto utilizado para explicar realidades o ideas, a menudo relacionadas con algún campo del saber.

La **estructura** puede variar, aunque predomina la división en subtemas o apartados, tras una introducción y, normalmente, con un final que recapitula lo anterior. Suele estar reforzada por conectores relacionados con la ordenación del discurso, la adición, el contraste, la ejemplificación o la **reformulación**.

En el **aspecto lingüístico,** predominan, como en la descripción, los adjetivos (en este caso, de tipo descriptivo u objetivo) y los verbos atributivos o semiatributivos en tercera persona del presente de indicativo, pero abundan las pasivas e impersonales. También son frecuentes los sustantivos especializados, correspondientes a la materia sobre la que trata el texto (**tecnicismos**) y los *complementos* que matizan y completan la información verbal, cuando es predicativa.

La **exposición** es muy frecuente en los ámbitos académico y laboral: monografías, manuales o libros de texto, conferencias, apuntes y enciclopedias son sus manifestaciones principales. En el ámbito de los medios de comunicación, suelen aparecer dentro de reportajes.

Resulta del todo imposible levantar un castillo *solo con arena seca*. [...] Sin embargo, si vertemos agua *sobre la arena*, los granos son envueltos por una delgadísima película acuosa que carga la arena de **fuerza electrostática**. La razón es que la **molécula** de agua es estrictamente polar —**o sea**, *con carga negativa en una zona y positiva en la zona opuesta*— y ello hace que las moléculas de agua próximas a la pared del grano de arena cargado sean atraídas y queden adheridas.

El libro de los porqués. Ed Biblok

La argumentación

La argumentación es la tipología usada para sustentar una idea y para convencer. Si la idea que se quiere defender aparece al comienzo del texto, se dice que la **estructura** es deductiva, e inductiva si el razonamiento conduce a ella en su parte final. También es frecuente que se repita al principio y al final (estructura redonda). Además de los organizadores del discurso, predominan los conectores que indican relaciones lógicas, con el fin de guiar el razonamiento del receptor. Esto no quiere decir que los argumentos hayan de ser siempre racionales, basados en la exposición de datos o ideas, pues muchas veces se trata de convencer al otro mediante argumentos emocionales, narraciones de anécdotas, descripción de vivencias...

Desde el punto de vista lingüístico, los textos argumentativos suelen incluir subordinación compleja y verbos en **tercera persona del presente de indicativo,** o bien del subjuntivo en el caso de las hipótesis. La mayor o menor subjetividad implicará el uso de primera y segunda persona y la aparición de **adjetivos valorativos,** adverbios de modalidad y **entonaciones diversas**.

Frecuentes en el ámbito académico, donde aparecen en particular en monografías y ensayos especializados, los textos **argumentativos** se relacionan, sobre todo, con los géneros de opinión de los medios de comunicación: debate, tertulia, columna, crítica, editorial, reseña... En nuestro ejemplo se utiliza una reseña literaria como excusa para plantear la reflexión sobre un tema general.

Leer o no leer *Pippi Calzaslargas*

¿Qué **ocurre** con la literatura infantil y juvenil?, ¿**debe ser** siempre aleccionadora, edificante e instructiva? En tal caso, ***¿dejaríamos*** leer a nuestros hijos historias protagonizadas por una niña de nueve años, huérfana de madre, con un padre pirata —es decir, ladrón—, que no **va** al colegio, **vive** con un mono y un caballo que es capaz de levantar con una sola mano, **duerme** las horas que quiere y **desobedece** e incluso **reta** a la autoridad representada por unos policías con pinta de lelos? La respuesta **parece** obvia. Entonces, ¿en qué misterioso lugar **radica** el colosal éxito de esta niña sueca que **nace** justo en las postrimerías de la Segunda Guerra Mundial?

María Jesús Espinosa de los Monteros: «*Leer o no leer Pippi Calzaslargas*». http://cultura.elpais.com

El diálogo

El diálogo muestra una interacción entre varios emisores y receptores que alternan su papel comunicativo. La **estructura** básica del diálogo es el turno de palabra, que puede ir acompañado de narración, en el caso del diálogo indirecto, y de acotaciones en el del diálogo teatral o el guion cinematográfico. En tipologías específicas, como las utilizadas en los medios de comunicación, aparece la figura del moderador, que guía el diálogo. El diálogo suele mostrar conectores de distinto tipo, sin que predomine uno en particular, pero, sobre todo si es coloquial, presenta **exclamaciones** e interjecciones así como abundantes elementos de carácter fático, destinados a la comprobación de la efectividad del canal.

En el aspecto lingüístico, abundan en el diálogo los pronombres y vocativos, que facilitan la interacción, y los elementos deícticos. Los verbos suelen estar en presente y en **primera** y **segunda** persona, y es frecuente el imperativo. Aparecen adverbios modalizadores con frecuencia y la entonación es más variada que en el resto de tipologías.

—¡Doctor, doctor, mi mujer está a punto de dar a luz!

—¿Es su primer hijo?

—No, **soy** su marido.

—¿Se quedará a dormir?

—Sí.

—Quizá debería saber que la casa está encantada.

—Ah. Pues **díga**le que a mí también me hace ilusión quedarme.

La **conversación** es el modo básico de comunicación, pero el diálogo está también muy presente en la literatura (en prosa y en verso, pero de manera específica en el drama) y en los medios de comunicación (en cualquier género oral, como la tertulia o el debate, y de forma específica en la entrevista). En el ámbito académico, se da cada vez más la interacción dialogada. Los chistes, como en nuestro ejemplo, utilizan muy frecuentemente el diálogo.

Tipologías complejas

En los textos reales, las tipologías no se muestran casi nunca en forma pura, sino mezcladas entre sí, dando lugar a tipologías complejas y a que las fronteras entre ellas resulten difusas. Así, por ejemplo, la exposición y la descripción son difíciles de distinguir en los textos científicos, y la narración, la descripción y el diálogo aparecen yuxtapuestas sin solución de continuidad en cuentos y novelas, del mismo modo que el diálogo puede incluir a cualquiera de las otras tipologías. Otros tipos de texto pertenecen a una tipología por su intención, pero muestran en su estructura y forma lingüística otras: ocurre así, por ejemplo, con los textos publicitarios, que pueden adoptar forma narrativa, descriptiva, dialogada o expositiva, pero siempre son argumentativos, pues intentan convencer al receptor.

Los textos trabajados en este volumen se relacionan con las tipologías según se indica en esta tabla: en rojo se marca la tipología básica, si la hay, y se indica también otras que pueden incluir; en el caso de los **textos instructivos,** que se utilizan para indicar pautas de funcionamiento (normas) o pasos para alcanzar un fin (receta), podrían considerarse como una tipología básica distinta o bien entenderse como un **tipo específico de texto expositivo.**

	NARRACIÓN	DESCRIPCIÓN	EXPOSICIÓN	ARGUMENTACIÓN	DIÁLOGO
Conversación	✗	✗	✗	✗	✗
Reclamación	✗		✗	✗	✗
Receta		✗	✗		
Publicidad	✗	✗	✗	✗	✗
Videocurrículum	✗	✗	✗	✗	
Portafolio		✗	✗	✗	
Entrevista	✗	✗	✗	✗	✗
Proyectos		✗	✗		
Infografía		✗	✗	✗	
Normas			✗	✗